U0506177

人类航海的维度与面向

上海中国航海博物馆 编

Dynamic Seascapes

Dimensions and Directions of Human Navigation

上海古籍出版社

图书在版编目(CIP)数据

广域万象：人类航海的维度与面向 / 上海中国航海博物馆编. —上海：上海古籍出版社，2020.6
ISBN 978-7-5325-9637-9

Ⅰ.①广… Ⅱ.①上… Ⅲ.①航海—国际学术会议—文集 Ⅳ.①U675-53

中国版本图书馆 CIP 数据核字(2020)第 082128 号

广域万象：人类航海的维度与面向

上海中国航海博物馆　编

上海古籍出版社出版发行

（上海瑞金二路 272 号　邮政编码 200020）

（1）网址：www.guji.com.cn

（2）E-mail：guji1@guji.com.cn

（3）易文网网址：www.ewen.co

上海展强印刷有限公司印刷

开本 787×1092　1/16　印张 12.25　插页 10　字数 239,000

2020 年 6 月第 1 版　2020 年 6 月第 1 次印刷

ISBN 978-7-5325-9637-9

K·2844　定价：88.00 元

如有质量问题，请与承印公司联系

电话：021-66366565

2010 年中海博首届国际学术研讨会合影

首届国际学术研讨会现场

2011 年中海博第二届国际学术研讨会合影

第二届国际学术研讨会现场

2012 年中海博第三届国际学术研讨会合影

第三届国际学术研讨会现场

2013 年中海博第四届国际学术研讨会合影

第四届国际学术研讨会现场

2014 中海博第五届国际学术研讨会合影

第五届国际学术研讨会现场

2015 年中海博第六届国际学术研讨会合影

第六届国际学术研讨会现场

2018 年中海博第七届国际学术研讨会合影

第七届国际学术研讨会现场

2019 年中海博第八届国际学术研讨会合影

第八届国际学术研讨会现场

目　录

序　言
Preface

航海给世界带来的改变令人瞩目。在航海所形成的网络中，不仅有人口的流动、商品的交换、物种的迁移乃至思想文化的融通，更有新的经济体系的形成、政治权力的重组，乃至文明的崛起与沉浮。从某种意义上讲，航海史就是包罗万象的世界史。

世界历史发展的历程告诉我们，21 世纪是海洋的世纪。面对新时代与新挑战，党和政府一直高度重视航海事业的发展。这赋予了港航文博机构、海洋文史学界重要的历史使命。面对时代诉求，如何坚定文化自信，“让文物活起来”，让历史服务现实并与未来对话，成为涉海文博、文史学界乃至相关企事业单位共同面临的课题，人类航海的过往也因此展露了更多值得挖掘、探究的空间和余地。

2019 年 7 月 25～26 日，中国航海博物馆与上海交通大学联合主办了“广域万象：人类航海的维度与面向”国际学术研讨会，作为本馆与高校联合办会的首次尝试，该会已画下圆满句号。中国航海博物馆定期举办国际学术研讨会的惯例由来已久，自 2010 年至今已顺利举办八届，来自海内外各地的航海史业界同仁聚谈畅聊，赓续了非常好的学术传统。

今年正值中国航海博物馆开馆十周年，船行十载，海域留痕。衷心希望中国航海博物馆在人类历史发展的大海中能披荆斩棘、帆行致远；也希望这一系列学术成果的出版，在沟通历史、当下与未来的过程中发挥出独特作用。

南宋温州市舶务设置新考*

陈少丰**

摘　要：《永乐大典·常州府》保留了一条关于南宋温州市舶务设置的史料。温州市舶务的设置与温州海商的实力及积极巧妙地争取密不可分，即多将贸易船舶驶回温州港，然后争取朝廷批准设立市舶机构，方便就地管理。温州市舶务的设置与此前泉州市舶司的设置有相似之处，本地海商发挥了重要的推动作用。

关键词：南宋　温州海商　温州市舶务　泉州市舶司　《永乐大典》

据《宋会要辑稿》记载，温州市舶务于南宋绍兴元年（1131 年）以前成立。① 后据邱志诚先生考证，温州市舶务设立的时间应该在建炎二年至建炎四年（1128～1130 年）之间。② 据《宝庆四明志》卷六载："宁宗皇帝更化之后，禁贾舶泊江阴及温、秀州，则三郡之务又废。"③温州市舶务废止于嘉定元年（1208 年）开始的"嘉定更化"之后。温州市舶务至少存在了 77 年。但是关于南宋温州市舶务的史料很少，后世难以知晓其设置及运行情况。④ 近年来，《〈永乐大典·常州府〉清抄本校注》一书出版。笔者发现一条与温州市舶务相关的新史料，特撰小文，以抛砖引玉。

---

* 本文为 2018 年度国家社会科学基金重大项目"中国古代海上丝绸之路图像资料的收集、整理与研究（18ZDA186）"的阶段性成果之一。

** 作者简介：陈少丰，泉州海外交通史博物馆副研究馆员。

① 徐松：《宋会要辑稿》，上海古籍出版社，2014 年，第 4211 页。

② 邱志诚：《宋代温州市舶务设置时间考辨》，《浙江海洋学院学报（人文科学版）》2013 年第 6 期。

③ 罗濬：《宝庆四明志》卷六，台北成文出版社，1983 年，第 5136 页。

④ 代表性论著有：［日］藤田丰八著，魏重庆译：《宋代之市舶司与市舶条例》，商务印书馆，1936 年；周梦江：《宋代温州港的开辟及其原因》，《温州师专学报（社会科学版）》1981 年第 1 期；张健：《宋元时期温州海外贸易发展初探》，《海交史研究》1988 年第 1 期；倪尔爽：《南宋时温州海外贸易发达的原因》，《海交史研究》1998 年第 2 期。

一、史　　料

上海图书馆藏有一部清朝嘉庆年间抄本，各卷书口、卷端题有“常州府志”，书中记载了永乐元年的户口、田赋，所以有资料暂时将其命名为“[永乐]常州府志”。但后来，经过王继宗先生的考证，此书乃是《永乐大典》卷6400至6418“常州府一至十九”的抄本。[①] 其中“常州府十”有一条与温州市舶务相关的新史料。

南宋咸淳二年(1266年)，江阴军知军赵孟奎在《便民札子》中写道：

> 五曰：宽舶征。臣初见海舶置司抽解，必是海道要紧之冲、州县镇压之所。气势号令，蛮商听服。可以检防铜镪出界之弊，机察漏舶瞒税之奸。故福建则在泉南，二浙则在四明。其他小处，如漫，则以归舟恋家山，势同回马；如江阴，则以大舟易于入港，便于偃帆。从前创立，不为无说。[②]

王继宗在校注中认为：“漫”，不知何意，疑当作“温”，即温州。为与下文对仗，此字或当作两字“温州”。[③] 王氏还引用了《宋会要辑稿》的一段记载来佐证此观点。即乾道二年(1166年)，“两浙路惟临安府、明州、秀州、温州、江阴军五处有市舶”。[④]

笔者赞同王继宗的观点。从整段史料分析，赵孟奎是在分析宋代市舶机构的设置条件。泉州和明州作为大港，设立于蕃商云集、海道紧要之处，既可抽解保证税收，又可稽查各种违法现象；江阴作为小港，其设置得益于港口条件优越，便于大船停泊及避风。“漫”字出现在三个港口之间，实在令人费解。合理的解释是，“漫”字为“温”字之误。

王继宗紧接着在校注中认为：家山，家乡之意。此句不详何意。疑指：来舟到岸过夜休息而成市。[⑤] 其实本句的理解乃至断句是难点。钱建中先生的断句为：“其他小处如漫，则以归舟恋家，山势同回马。”[⑥]

笔者赞同王继宗的断句方式，并结合宋代市舶条例的规定，参照泉州市舶司的设立经过，考证“则以归舟恋家山，势同回马”背后耐人寻味的含义。

---

① 王继宗：《〈永乐大典〉十九卷内容之失而复得——[洪武]〈常州府志〉来源考》，《文献》2014年第3期。

② 王继宗校注：《〈永乐大典·常州府〉清抄本校注·常州府十》，中华书局，2016年，第631页。

③ 同上书，第674页。

④ 徐松：《宋会要辑稿》，第4218页。

⑤ 王继宗校注：《〈永乐大典·常州府〉清抄本校注·常州府十》，第674页。

⑥ 钱建中：《无锡方志辑考》，世界知识出版社，2006年，第311页。

二、解　读

受政治经济形势影响，熙丰之前宋朝忙于建政集权，对海外贸易的管理比较粗放，仅为掌控海外贸易资源以补充财用，允许未立市舶机构的港口比较自由地贸易。① 此时泉州海商往返的贸易港口均为泉州港。神宗即位之前，泉州出现了“舶商岁再至，一舶连二十艘，异货禁物如山”②的盛况。

熙丰之时，宋朝施行新法，为了实现富国目标，在海外贸易上强化市舶司的职能，将发舶和住舶港口限定在三个设立市舶司（广州、明州、杭州）的地方，尽可能地垄断海外贸易资源，不允许未立市舶机构港口实行直航贸易，而只能进行转口贸易。③ 泉州海商“熙宁中始变市舶法，往复必使东诣广，不者没其货”。④ 泉州港因为没有设立市舶司，失去了发舶和住舶的主动权：“自泉之海外，率岁一往复，今迂诣广，必两驻冬，阅三年而后返，又道有焦石浅沙之险。”⑤但是“海道回远，窃还家者过半，岁抵罪者众。太守陈偁奏疏，愿置市舶于泉，不报”。⑥ 泉州海商还是认为取道广州过远，不惜私自返回泉州，犯法者众多。泉州地方官请求在泉州设市舶司，解决难题，但没有被立即批准。

由于泉州港日趋繁荣，地位也日益重要，逐渐受到宋朝统治者的重视。⑦ 熙丰变法结束后的元祐二年（1087 年），泉州市舶司设立。这表明大宋朝廷已经认识到闽南商人在海上贸易的重要性。⑧

熙丰之后，朝廷采取务实态度经营海外贸易，但其余未立市舶机构的港口依然只能实行转口贸易。⑨ 所以，尚未设立市舶机构的温州港也面临着当年泉州港同样的境遇。温州港地处明州港和泉州港的中点，距两边都较远，海外贸易往返取道明州或泉州，较为不便。

在宋代，温州海商有了一定发展。据《高丽史》卷九四：“周伫，宋温州人。穆宗时，随商舶来。”⑩南宋绍兴年间（1131～1162 年），“温州巨商张愿，

---

① 陈少丰：《宋代未立市舶机构港口之海外贸易》，《海交史研究》2016 年第 1 期。

② 晁补之：《鸡肋集》卷六二《朝散郎充集贤殿修撰提举西京嵩山崇福宫杜公行状》，《钦定四库全书荟要》第 386 册，吉林出版集团有限公司、海天出版社，2005 年，第 482 页。

③ 陈少丰：《宋代未立市舶机构港口之海外贸易》，《海交史研究》2016 年第 1 期。

④ 解缙：《永乐大典》卷三一四一，中华书局，1986 年，第 1836 页。

⑤ 同上。

⑥ 马端临：《文献通考》卷六二《职官考十六》，中华书局，2011 年，第 1868 页。

⑦ 胡沧泽：《宋代福建海外贸易的管理》，《福建师范大学学报（哲学社会科学版）》1995 年第 1 期。

⑧ 苏基朗著，李润强译：《刺桐梦华录》，浙江大学出版社，2012 年，第 49 页。

⑨ 陈少丰：《宋代未立市舶机构港口之海外贸易》，《海交史研究》2016 年第 1 期。

⑩ ［朝鲜］郑麟趾：《高丽史》卷九四《周伫传》，西南师范大学出版社，2014 年，第 2929 页。

世为海贾，往来数十年，未尝失时”。[①] 绍兴三十二年，温州发生风灾，“有巨商檥舟寺下”。[②] 南宋中后期，王德用、王德明兄弟“伪造禁物，为国书以奉交趾。其国主大喜，亲与宴会，出宫女佐樽。以德用材艺而敏给，厚礼而留之。遣乃兄回，金玉货宝犀象白牛角之类，充牣舟中”。[③] 南宋末期，温州人薛氏前往真腊，后“居三十五年”。[④] 因此，温州海商实力的增长引发了温州港设立市舶机构的需求。

“以归舟恋家山，势同回马”的意思是，温州海商眷恋热爱故土温州，多将贸易船舶驶回温州港。其用意是以一定的贸易量引起朝廷注意，然后争取朝廷批准设立市舶机构，方便就地管理。温州商人处事灵活多变，“其货纤靡，其人多贾。……疏通之才，适于权变”。[⑤] 况且温州市舶务设立的时间是南宋初年，宋廷南渡，财政困难，对外贸较为倚重，正值“市舶之利最厚”[⑥]的良好时机，朝廷较容易批准。

赵孟奎在肯定江阴港设立市舶务是因为其自然条件优越时，不方便直言温州港设立市舶务的背后有温州海商运作的“嫌疑”，因此采取了委婉的说法，让理解这条史料成了难点。但正是宋代温州社会经济的发展，再加上温州海商积极巧妙的争取，促成了温州市舶务的设置。

① 洪迈：《夷坚志》支丁卷第三《海山异竹》，中华书局，1981 年，第 987 页。

② 洪迈：《夷坚志》丙志卷第六《温州风灾》，第 416 页。

③ 俞文豹：《吹剑四录》，《全宋笔记》第七编，大象出版社，2016 年，第 176 页。

④ 周达观：《真腊风土记》，中华书局，1981 年，第 178 页。

⑤ 程俱：《席益差知温州制》，《全宋文》第 155 册，上海辞书出版社、安徽教育出版社，2006 年，第 20 页。

⑥ 徐松：《宋会要辑稿》，第 4213 页。

New Evidence of the Establishment of the Wenzhou Maritime Trade Bureau during the Southern Song Dynasty

Abstract: The entry on Changzhou Prefecture in the *Yongle Encyclopedia* contains newly discovered information on the Wenzhou Maritime Trade Bureau. Its establishment by the court, just like the Quanzhou Trade Bureau, was related to the power and influence of local sea traders, who transformed Wenzhou into a major port for trade and maritime traffic.
Keywords: Southern Song Dynasty, Wenzhou Sea Traders, Wenzhou Maritime Trade Bureau, Quanzhou Maritime Trade Bureau, *Yongle Encyclopedia*

克虏伯与瓦瓦司：晚清南洋水师早期舰船武器装备初探

陈一川*

摘　要：目前发现的直接涉及晚清南洋水师早期舰船的史料十分稀少，很大程度上制约了相关研究的开展。本文研究发现，相比南洋水师早期舰船自身的资料来说，1870 年代南洋水师从克虏伯、瓦瓦司等国外公司进口舰炮的相关史料相对丰富。对这些史料进行深入分析，不但能对南洋水师早期舰船的技术特征有一些新的认识，而且为研究 19 世纪后期欧洲武器公司争夺国际市场的情况提供了一个实际案例。

关键词：南洋水师　武器装备　市场竞争　克虏伯　瓦瓦司

一、绪　　论

近年来国内对晚清海军及其舰船的研究多集中于北洋海军和清末新建海军，而关于南洋水师、福建船政水师及广东水师舰船的研究成果则凤毛麟角。如果说舰船本身尚有部分可供参考的研究成果，这些舰船的武器装备则几乎无人探讨，仅在林庆元《福建船政局史稿》(1999 年)、陈悦《近代国造舰船志》(2011 年)中有所提及，而且均有部分讹误。的确，很多早期的国产舰船自身的图像和详细资料都不易获取，对其武器装备进行超出简单表格罗列的有价值的考证和探讨似乎是“痴人说梦”。

然而事实不尽如此。福州船政局和上海江南制造总局虽然能自制轮船及其蒸汽机，但船上的火炮仍多数需从外国进口；而船只拆解后，其火炮经常被移往炮台上继续使用。因此，在舰船本身的资料极为缺乏的情况下，其装备的火炮有时反而会有相对丰富的图像和技术资料。通过这些资料不但能够看出南洋水师早期舰船武器装备的实况，还能管窥当时西方武器公司争夺中国市场的一些情形。本文就以清末民国时代大量出现在长江沿岸炮台，并有实物保存至今的 12 厘米克虏伯舰炮为切入点，对南洋水师早期

*　作者简介：陈一川，伦敦大学学院地理学院硕士研究生。

(1870年代)舰船的武器装备情况进行简要的探讨。

二、长江沿岸炮台上的12厘米克虏伯舰炮

翻检清末民国江防炮台的照片和文献记载,会发现在长江沿岸多处炮台上均出现过一种非常特殊的12厘米克虏伯炮。从目前所见的照片来看(图一),上海吴淞南石塘炮台、南京富贵山炮台及武汉的某些炮台均曾装备该型火炮,有的一直遗留到1930年代。在一些文献资料中还载有该炮的技术数据,《姚锡光江鄂日记》中对上海吴淞南石塘炮台的该型火炮记载称:"四十磅子克虏伯后膛护台炮三尊。口径四寸八分,身长九尺七寸。吃药七磅。击远二千六百六十五码,合华里三里七分。"①民国初年编纂的《江苏省宁澄镇淞四路要塞图》中的《富贵山要塞炮表》则载有该炮更详细的技术数据:

图一　1932年淞沪抗战时的吴淞南石塘炮台

(可见至少两门12厘米克虏伯舰炮,笔者收藏照片)

克鹿卜后膛炮
口径:十二生的
身长倍数:二十四倍
身重:二千五百四十启罗(kilos,千克)
最大射距离:四千米达

① 姚锡光:《姚锡光江鄂日记》,中华书局,2010年,第5页。

装药袋：
种类：石子药
质量：十二磅
来复线条数：十八条
架重：一千一百十启罗。①

非常幸运的是，这种12厘米克虏伯炮仍然有一门实物保存至今。从目前陈列在台北的一门该型12厘米克虏伯炮实物可以看出(图二)，该炮显然不是作为所谓"护台炮"制造的，甚至根本就不是炮台炮，而是一种装备后部驻退船舷炮架(rear-check carriage，又称Marsilly carriage)的舰炮。但与19世纪后半叶仍然大量使用的简易木制或铸铁船舷炮架相比，该炮的炮架又显得颇为特殊：在炮架的左右两块铁制侧板(cheek)外装有摇把和操纵杆，两块侧板之间还有一些机械装置。

图二　台北陈列的12厘米克虏伯舰炮
(戴伯威摄)

这种炮架实际上是19世纪70～80年代德国海军特有的一种船舷炮架，专用于12厘米及15厘米口径的后膛钢套炮(Ringkanonen)，其侧板内部的机械装置是炮架的反后坐装置(图三)。炮架的两块侧板之间装有一个绞盘，其上缠绕的就是与舷檣炮门下方的转轴相连的绳索。绞盘的右侧装有大直径的齿轮，转动炮架两侧的摇把就可通过齿轮传动带动绞盘转动；绞盘

① 《江苏省宁澄镇淞四路要塞图·富贵山炮表》，"中研院"近代史所档案馆，档案号：000107。

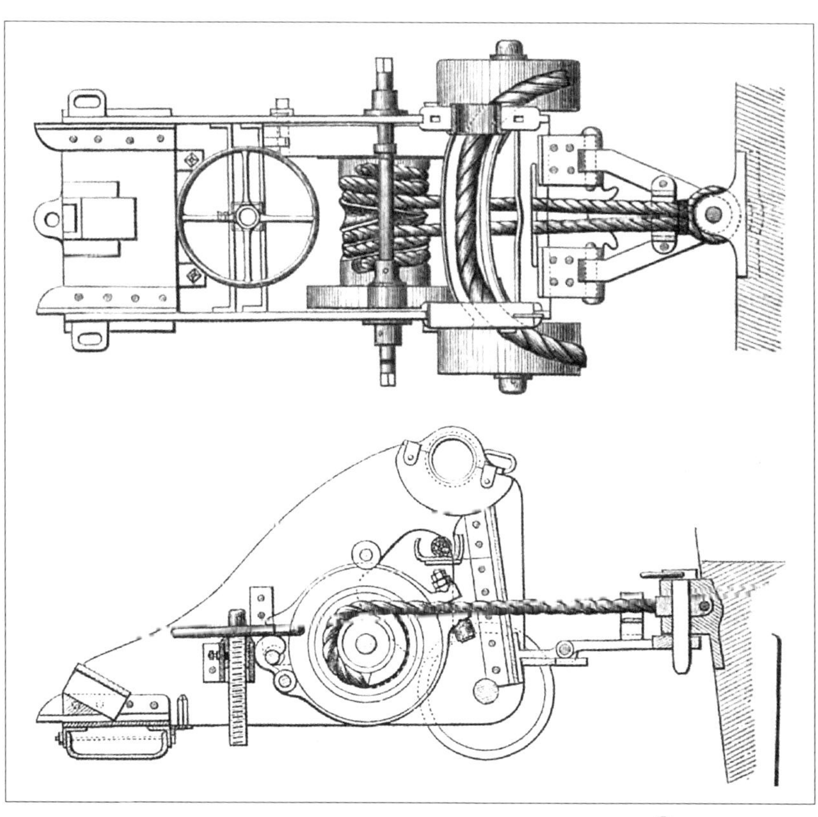

1. 德国海军12厘米后膛钢套炮所用布鲁克维尔式炮架[①]

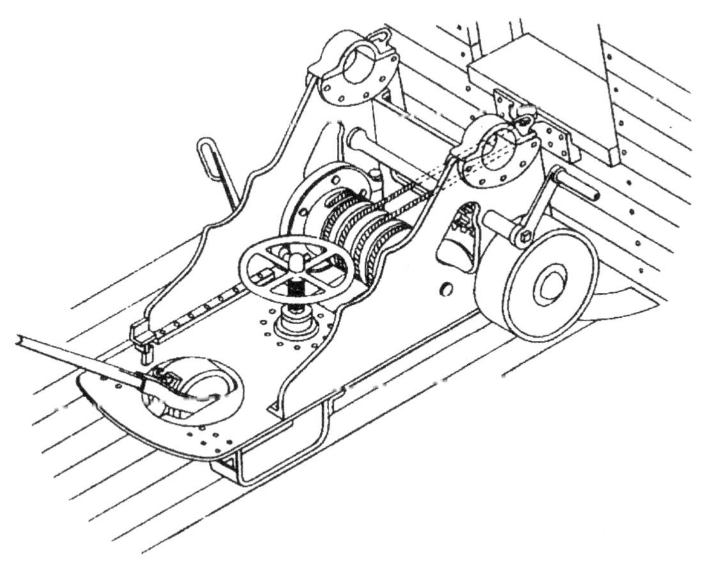

2. 德国海军15厘米后膛钢套炮所用船舷炮架，其基本结构与12厘米炮架相同[②]

图三　德国海军 12 厘米、15 厘米后膛钢套炮炮架

---

① Die Schiffs-und Küstengeschütze der deutschen Marine.

② Annual Report of the Chief of Ordnance to the Sectary of War for the Fiscal Year ended June 30 1877.

左侧则装有一个摩擦鼓，环形的摩擦片环绕在摩擦鼓的外侧；火炮射击时炮身炮架整体后坐，绳索带动绞盘及摩擦鼓转动，此时摩擦片抱紧摩擦鼓以控制火炮后坐距离。其原理非常类似于当代汽车的鼓式刹车装置，唯一的区别在于摩擦片位于摩擦鼓的外部而非内部。火炮射击后，扳动炮架左侧的操纵杆释放摩擦片，然后转动左右两侧的摇把带动绞盘转动缠绕绳索即可将火炮复位。该炮架还具有一定的方向射界，火炮复进时，炮架前部安装的铁制叉架可以卡住舷樯炮门下方固定绳索的转轴以便瞄准。但由于火炮射击时炮架整体后坐，因此叉架并不固定在转轴上，仅在瞄准时起到对位的作用。

不难看出，这种炮架属于一种高度机械化的船用带轮炮架(truck carriage)；带轮炮架在当时已经落后，但在1870年代各国大多还拥有船舷列炮军舰的情况下这种炮架仍然是颇为实用的设计。1876年柏林出版的《德国海军的舰炮与炮台炮》(Die Schiffs- und Küstengeschütze der deutschen Marine)一书中则根据摩擦鼓装置的名称将该炮架称为Brookwell-Laffeten。[①] 江南制造总局也曾翻译出版此种炮架的说明书，即金楷理口译、李凤苞笔述的《克虏伯螺绳炮架图说》(以下简称《图说》)。[②] 书中称该种炮架为“西名卜洛克怀耳架”，显然即Brookwell-Laffeten的音译。对于这种炮架的设计目的和设计者，书中明确记述道：“凡十二及十五桑的有腰箍之炮，所用药力甚大；且用硬质弹及钢弹以透铁甲，或用更轻之弹以透无甲之物，弹力愈大则炮退愈猛……近年布国丹即厂中华亨克乃希特思得一法，夹定其螺轴之轮以减退力。”而1877年的美国兵器总监报告中提及这种炮架是由但泽(今波兰格但斯克，即《图说》中的“丹即”)的瓦根克内希特(Wagenknecht，即《图说》中的“华亨克乃希特”。该名德语与英语发音不同)为普鲁士海军设计制造的，[③]可与《图说》互相印证。比较晚清进口的12厘米克虏伯舰炮与《德国海军的舰炮与炮台炮》书中所刊载的12厘米后膛钢套炮所用布鲁克维尔式炮架线图，可见除侧板的形状稍有区别外，两者的造型和结构完全相同(图四)。

对照德国埃森克虏伯基金会所藏19世纪克虏伯公司售华火炮一览表，同样很容易发现该型火炮的踪迹：从年代、口径和身管长度来看，该炮显然就是表格中所称的“12厘米 R.K. L/24, Schiffs”(R.K.即Ringkanonen，钢套炮)，1872、1873、1874、1875、1877年中国分别购入17门、20门、14门、2门和3门，堪称1870年代中国进口最多的大口径克虏伯炮。而主要在长江口活动的南洋水师，恰在这一时期装备了大量克虏伯舰炮。

---

① Die Schiffs- und Küstengeschütze der deutschen Marine, Berlin: Ernst Siegfried Mittler und Sohn, 1876, pp.67－75.

② 金楷理口译，李凤苞笔述：《克虏伯螺绳炮架图说》，《丛书集成续编》卷九〇，台北新文丰出版公司，1988年，第245～258页。

③ United States Army Ordnance Department, *Annual Report of the Chief of Ordnance to the Sectary of War for the Fiscal Year ended June 30 1877*, Washington: Government Printing Office, 1877, pp.484－485.

图四　台北保存的 12 厘米克虏伯舰炮炮架内部的反后座装置

（从左至右为连接摇把的齿轮、绞盘、摩擦鼓，戴伯威摄）

三、南洋水师早期舰船装备的克虏伯炮

南洋水师舰船从 1870 年代初开始大量装备克虏伯炮，这些克虏伯炮正是前文所述的采用卜洛克怀耳炮架（螺绳炮架）的克虏伯舰炮。这一事实除了克虏伯售华火炮一览表的间接证据以外，在主要记载清廷驻德公使李凤苞购买军火活动的《李凤苞往来书信》中还可以找到直接证据。光绪七年（1881）山海关道台因在营口修筑炮台，曾通过李凤苞向克虏伯公司订购两门 12cm 克虏伯炮，并指定其炮架"照光绪三年派利经手此间订购三尊之式"。[①]克虏伯公司查询后发现"该三尊并非座架，乃系船上之螺轮炮架，不合炮台之用"。[②]山海关道台获悉后解释道："查光绪三年敝处所购北塘海口用者，因炮洞低矮，按照海安轮船所用旧式，猥（委）系螺架。"[③]"按照海安轮船所用旧式"一语，明确证明南洋水师早期舰船所装备的正是采用卜洛克怀耳炮架（螺绳炮架）的克虏伯舰炮；同时说明北塘和营口炮台也曾配备这种炮架的火炮，但数量极少。明确了南洋水师舰船的火炮类型之后，下文将对南洋水师订购克虏伯炮的时间、口径和数量进行考证。

① 张文苑（整理）：《李凤苞往来书信 上》，（北京）中华书局，2018 年，第 439 页。
② 同上书，第 480 页。
③ 同上书，第 509 页。

《北华捷报》(*North China Herald and Supreme Court & Consular Gazette*)1873年11月20日有关"驭远"的报道称："这艘军舰与1872年下水的那艘(即'海安')较为相似，并且和她一样将安装克虏伯炮。两船装备的火炮将从欧洲运到，现在正在被日夜盼望着。"① *The Engineer* 杂志1874年4月3日转载了Shanghai Budget关于"驭远"下水的一篇旧报道，其中也称："舷侧炮位将安装26门克虏伯42磅后装线膛炮，两门同样为克虏伯制造的90磅换门架炮则装在上层甲板"。② 此处的42磅炮、90磅炮显然分别指12厘米、15厘米克虏伯炮。

同年7月18日《北华捷报》则非常详尽地报道了南洋水师为现有军舰加装克虏伯炮和克虏伯炮操练的情形："'威靖'的首尾楼甲板分别安装一门60磅克虏伯换门架炮和一门40磅的类似火炮进行了补强。此外她还将在首楼上安装一门20磅布勒克里炮，并在两舷安装四门4磅布勒克里线膛炮……(江南制造总局的)大型船用机器厂已被改造以制造40磅与20磅的克虏伯与布勒克里实心弹和开花弹，日产量分别为125枚和80枚……与目前的这些准备工作相关，上海这几艘军舰的水手正在吴淞口的五号轮船(即'海安')上进行一段时间的操炮训练，教官是克虏伯公司派遣的一位普鲁士军官，操练的成绩据说十分优良。"③由于克虏伯公司当时并无介于12厘米与15厘米之间的舰炮型号，此处的60磅炮只能指15厘米克虏伯炮，以非常约略的"磅数"指代火炮口径也是19世纪的习惯做法。由这篇报道可以看出，此时"海安"的克虏伯炮已经整备完成，而此前已经完工的"威靖"也在加装克虏伯炮，下文将看到这与《江南制造局记》的记载是完全符合的。同时也能了解到，正如为北洋的大沽炮台所购克虏伯炮提供的服务一样，克虏伯公司也派遣了德国军官到南洋提供相关训练。奥匈海军上尉von J. Lehnert 1874年9月关于江南制造总局的报告则提及"上一批到货的12厘米和15厘米克虏伯炮已经在几天前被拆封"，④确证了南洋订购的克虏伯炮正是在1874年下半年到货的。

《江南制造局记》中的《征缮表》是目前发现的关于南洋水师早期舰船武备唯一详细的中文记载，但其中对早期克虏伯炮均以一号至五号而非口径或磅数进行区分，因此需要进行一定的解码工作。首先，在光绪四年(1878)"驭远"领用武器的记载中并列出现"三号克鹿卜钢炮十二尊"、"四号克鹿卜钢炮四尊"和"五号克鹿卜钢炮一尊"，因此初步判断《江南制造局记》中克虏

① *North China Herald and Supreme Court & Consular Gazette*, Issue 342, Nov. 20, 1873, p.431.

② *The Engineer*, April 3, 1874, p.239.

③ *North China Herald and Supreme Court & Consular Gazette*, Issue 376, July 18, 1874, p.55.

④ von J. Lehnert (1875) Das chinesische Seearsenal zu Shanghai, *Mittheilungen aus dem Gebiete des Seewesens*, Vol.3, No.1, pp.51 - 53.

伯炮的号数最可能指火炮口径。以此为前提可以采用以已知推未知的方法进行推测，在铁甲蚊子船“金瓯”的英文记载中可知该船初建成时仅装备一门6又3/4英寸（17厘米）克虏伯炮，[①]而根据《江南制造局记》，在光绪二年（1876年）至光绪五年间“金瓯”只领用过五号克虏伯炮的炮弹，因此猜测最大的五号克虏伯炮即是17厘米口径。由此逐级下推，三号、四号分别可能是12厘米、15厘米口径的克虏伯炮。

这种推测是否符合事实呢？可以再次使用“威靖”改装的案例对其进行检验。根据《江南制造局记》，“威靖”最初于同治九年（1870年）领用了十二磅开花弹单耳铜炮二尊、二十四磅开花弹单耳铜炮十尊及相应炮弹，这显然是江南制造总局生产的铜制滑膛炮。而到同治十三年，“威靖”除领用12磅、24磅铜炮相应的炮弹外，还领用了“三号克鹿卜实心弹三百个，又开花弹一百五十个，四号克鹿卜实心弹一百个，十八磅来福开花弹一百个”。如果三号、四号克虏伯炮口径分别为12厘米、15厘米，则恰与《北华捷报》所载“威靖”改装克虏伯炮的口径相符。同时，查阅19世纪克虏伯公司售华火炮一览表也能发现，在1870年代中国购买的大口径克虏伯舰炮除12厘米炮外也仅有“15厘米 R.K. L/26，Schiffs”（1872、1873、1874年分别购买2门、3门、4门）及“17厘米 R.K. L/25，Schiffs”（1873、1874年分别购买2门）两种。因此，在新的证据出现之前，五号、四号、三号分别对应17厘米、15厘米、12厘米克虏伯炮是一种相对合理的猜测。

尽管在南洋水师早期舰船装备的克虏伯炮中，型号、造型和技术数据能完全确定的仅有12厘米24倍径克虏伯炮一种，但仔细阅读《江南制造局记》的《征缮表》还是能够发现很多值得进一步考证的问题。除《北华捷报》已有记载的江南制造总局早期舰船于1874～1875年改装克虏伯炮（可以确认“操江”、“测海”和“威靖”均进行了改装，“测海”和“威靖”可能于1877年进一步换装了更大口径的克虏伯炮）的情况外，从光绪七年开始“金瓯”所领用的炮弹便从五号克虏伯炮弹变为四号及三号克虏伯炮弹，此后一直如此。在目前国内对于“金瓯”船的研究中均未提及该船在服役数年后就更换过火炮，而具体情况究竟如何尚有待于进一步考证。

四、克虏伯的竞争者：南洋水师的瓦瓦司炮

在1870年代克虏伯炮作为南洋水师主要武器装备的地位并非没有挑战者。1874年3月30日 *The London and China Telegraph* 刊登了一篇非常特殊的报道：

---

① *North China Herald and Supreme Court & Consular Gazette*, Issue 434, Sep. 19, 1875, p.230; *The Engineer*, Nov. 5, 1875, p.318.

> 一门 14 厘米口径钢制后装线膛炮此前刚刚在乌理治皇家兵工厂进行了一系列测试，即将被运往中国。该炮将与 15 厘米克虏伯钢炮竞标两艘大型军舰(frigate)的武器装备，两舰现正由上海的中国海军造船厂为中国政府建造中。每艘舰将装备 12 门大约 60 磅级别的火炮，每舷各 6 门。目前考虑装备的这种火炮由瓦瓦司公司制造，由一根在油中淬火的钢制内筒及围绕它的一系列钢箍组成，仅在靠近炮口的部位没有钢箍加固。炮尾为整体铸钢件，炮耳环也由相同材料制造。该炮的尺寸如下：炮身长 101 又 1/4 英寸，最厚处直径 18 又 1/2 英寸，膛线阳线直径 5.5 英寸，阴线直径 5.55 英寸。理所当然地，该炮采用密集膛线(polygroove)设计。炮弹重 66 磅，表面缠绕有铜丝(即后膛炮弹所用的弹带，当时英文中 driving band 一词尚未出现)。该炮全重 3 吨，计划采用的发射药为 12 磅石子药。该炮在乌理治靶场的测试结果令人非常满意，炮弹的平均速度(疑为初速)很高：采用 15 又 1/2 磅石子药时为每秒 1 538 英尺，采用 12 磅石子药时则为每秒 1 413 英尺。

无独有偶，英国伦敦萨维克地方历史档案馆所藏瓦瓦司公司产品相册中的一种 1874 年生产的“60 磅后膛钢炮—配熟铁船舷炮架”照片(图五)旁也写有显然是实测得来的初速数据，其采用 15 磅石子药时初速为每秒 1 538 英尺，采用 12 磅石子药时初速为每秒 1 447 英尺。该炮与 *The London and China Telegraph* 所载未必是同一门，但极有可能是同一型号/批次。

这些资料是罕见的晚清国外厂家为中国制造的火炮的靶场实测数据，但同时也包含了一些颇为蹊跷的信息：克虏伯档案显示，从 1872 年开始中国便大量订购 12 厘米克虏伯舰炮，而且根据英文报纸的报道至迟在 1873 年底“海安”、“驭远”便确定采用克虏伯炮，为何到 1874 年初竟半路杀出个程咬金，瓦瓦司公司也开始为“海安”、“驭远”制造火炮并声称将与克虏伯炮竞标？值得注意的是，上海载生洋行(Buchister & Co.)恰于 1874 年左右开始介入清政府的武器购买工作，而其推销的主要军火之一就是瓦瓦司炮。载生洋行与瓦瓦司公司到底通过何种运作手段而使瓦瓦司炮获得与克虏伯炮竞标的机会，抑或这样的报道本身即是其运作手段之一，尚有待更多资料的发现。

尽管“海安”、“驭远”最终并未装备瓦瓦司炮，但南洋水师的确有部分船只最终换装了瓦瓦司炮。目前有据可查的就有福州船政所造的“登瀛洲”及江南制造总局所造的“操江”。根据光绪二年阴历九月二十五日船政大臣吴赞诚的奏片，“登瀛洲”竣工时“惟炮位只安船头七十磅螺丝前膛一尊，尚有应配边炮六尊，因经费支绌，艰于筹办，应由江省自行补足”。① 根据《江南制

① “中研院”近代史研究所：《海防档 乙 福州船厂(下)》，“中研院”近代史研究所，2015 年，第 704 页。

图五　瓦瓦司产品相册中的1874年所产60磅后膛钢炮照片及尺寸和初速数据①

造局记》，“登瀛州”于光绪三年领取了“三号克鹿卜实心弹一百三十三个”，如果前文关于克虏伯炮号数与口径对应关系的猜测成立，则此时“登瀛洲”与南洋水师的不少船只一样配备了12厘米克虏伯炮。② 然而第二年“登瀛洲”便领取了“瓦瓦斯四十磅后膛钢炮六尊，又实心弹一百二十个，又开花弹一千二百二十四个”，也就是说其舷炮全部换成了40磅（4.7英寸）瓦瓦司炮。尽管正如前一章所述，反复更换武器装备的情况在当时南洋水师的舰船中可能并不罕见，但像“登瀛洲”这样用一种品牌的火炮替换口径、性能都几乎相同的另一品牌火炮的做法仍然有些匪夷所思；其背后的原因有待考证。

“操江”换装瓦瓦司炮的时间与“登瀛州”接近。根据《江苏省立国学图书馆第四年刊》所刊登的《操江轮船档案》，③光绪三年“操江”领取了80磅瓦

① Southwark Local History Library & Archives.

② 陈悦《近代国造舰船志》（山东画报出版社，2011年）第144页称“‘登瀛州’舰到达两江后立即领用了主炮所需的弹药，过后于1878年领取安装了六门进口的120毫米法华士后膛炮”。该描述有误，1870年代所有的克虏伯炮均为后膛炮，“三号克鹿卜实心弹”显然并非“七十磅螺丝前膛”炮的炮弹。而同书第142页认为该“七十磅螺丝前膛”炮为威斯窝斯（Whitworth）炮，若确实如此，则该炮显然不可能使用克虏伯炮弹。

③ 庄严：《操江轮船档案》，《江苏省立国学图书馆第四年刊》，国学图书馆，1931年，第686～724页。

瓦司前膛炮一门、40磅瓦瓦司后膛炮两门。由于当时“操江”已经调往北洋使用，代管“操江”的直隶候补巡检马复恒就近聘请天津机器局的工人为“操江”安装了这三门火炮，“安装八十磅前膛钢炮一尊，位置卑船前舱面正中；四十磅后膛钢炮二尊，位置卑船后舱面两边。所有添制铜路，修改舱口、炮门各节，均于十二月十五日一律完工”。值得注意的是，根据《江南制造局记》“操江”于光绪元年领用的弹药还是“一号克鹿卜实心弹三百个，又开花弹一百个，三号克鹿卜实心弹一百个，又开花弹一百个，十二磅来福实心弹二百个，十八磅来福开花弹三百个”，而根据《操江轮船档案》新任署理管带黄裳吉在光绪九年四月初一接管“操江”时，该船的武备除了前述的三门瓦瓦司炮外只剩下“十六磅前膛头炮一尊”（可能即《江南制造局记》所记十二磅来福炮）和“十八磅子前膛边炮二尊”，而此前安装的克虏伯炮的遗迹只剩下“前克鹿卜炮上用铁轱辘四个”。可见，“操江”是用三门瓦瓦司炮取代了原安装的克虏伯炮。

可惜的是，由于南洋水师的大部分原始档案毁于抗日战争，现在很难确定有没有其他的南洋水师船只在光绪三、四年之间换装了瓦瓦司炮，而“登瀛洲”和“操江”所配备的40磅瓦瓦司后膛炮的型号与造型也很难直接判断。不过伦敦萨维克地方历史档案馆所藏瓦瓦司公司产品相册中的一种40磅瓦瓦司炮的炮架与前文所述12厘米克虏伯炮所用的卜洛克怀耳炮架几乎完全相同（图六）；而该炮左侧炮耳上有汉字铭文“瓦瓦司制造钢炮局WT 3458LBs伦敦”（中部数字指该炮重3 458磅），显然该炮是为出口中国而制造的。瓦瓦司产品相册中也有炮耳铭文为英文的同型号40磅炮，但并未装备这种炮架。[①] 这不禁使人联想，该炮的炮架设计是否有意模拟南洋水师大量使用的装有卜洛克怀耳炮架的12厘米克虏伯炮，以期与克虏伯炮竞争南洋水师这一客户？“登瀛洲”、“操江”所用的40磅瓦瓦司后膛炮是否就是这一型号？这些猜测，同样有待进一步的证实。

五、结　　论

在晚清海军舰只中，有关南洋水师的舰船资料可谓极为稀少，尤其是许多船只的图像资料几乎为零，给相关研究带来了很大困难。然而从本文的探讨可以看出，从此前少有研究关注的火炮入手，反而可以获得相对丰富的有关南洋水师早期舰船武器装备的图像与技术资料。尽管这离了解南洋水师早期舰船的全貌还有很大差距，但充分说明深入认识这些“资料稀缺”的船只并非完全不可能；未来如果晚清海军史料搜集的深度和广度能有进一步的提升，这些舰船的全貌想必终有一天能较为完整地展现在世人面前。

---

① 目前国内保存的两件同型号瓦瓦司40磅炮炮身，福州马尾昭忠祠（马江海战纪念馆）的一门铭文为英文，宁波镇海中学吴公纪功碑旁的一门铭文未详。

1. 瓦瓦司产品相册中的40磅后膛钢炮照片

2. 上图的局部放大，炮耳上的汉字铭文清晰可见

图六　瓦瓦司产品相册中的后膛钢炮照片及铭文①

本文还涉及了克虏伯与瓦瓦司两家欧洲武器公司在国际市场上的竞争。武器供应商的选择向来不是纯粹由武器装备的性能决定的：将南洋水师采用的克虏伯与瓦瓦司舰炮进行比较，除了瓦瓦司炮的炮弹已经开始使

① Southwark Local History Library & Archives.

用铜制弹带，与仍在使用裹铅炮弹的克虏伯炮相比略微先进外，两者并无本质差别。而1870年代后期瓦瓦司公司面对同样制造全钢火炮的克虏伯公司屡屡摆出竞争姿态，两者的竞争在1878年因瓦瓦司起诉克虏伯公司侵犯瓦瓦司的铜制弹带专利而达到高潮①。而在南洋水师的案例中，作为后来者的瓦瓦司炮究竟是如何打入南洋市场的，尤其是为何1870年代与北洋同样是克虏伯炮大客户的南洋此后便几乎不再购买克虏伯公司的产品，曾经代理瓦瓦司炮的载生（后改名瑞生）洋行却成为南洋的主要武器供应商之一，这背后影响洋务运动时代军购供应商选择的因素值得深入研究。

附记：戴伯威先生为本文拍摄了现存台北的12厘米克虏伯舰炮实物照片，在此谨致谢意。

① Vavasseur v. Krupp, in James Brown Scott (ed.), *Cases on International Law: Selection from Decisions of English and American Courts*, St Paul: West Publishing Co., 1906, pp.182 - 186.

Krupp and Vavasseur: A Study of the Armaments of Early Nanyang Fleet Warships

Abstract: The lack of related historic documentations has severely limited the research on the warships of Nanyang Fleet during the late Qing. However, this study has found that the documentation regarding naval guns imported by the Nanyang Fleet from foreign producers like Krupp and Vavasseur in the 1870s are relatively abundant, especially considering the extreme lack of information directly related to the ships themselves. Not only can these materials provide some new insights into the technical features of Nanyang warships in 1870s, but they can also provide a case study about the competition between different European arms manufacturers for the international market in the late 19th century.

Keywords: Nanyang Fleet, Armament, Market Competition, Krupp, Vavasseur

民国初期吴淞商船学校概述（1912～1915）

顾宇辉*

摘　要： 吴淞商船学校是中国近代高等航海教育的源头。民国初年，有关该校校长甄选、发展状况、办学经费来源、停止办学及校基纠纷等问题尚有待深入研究。中央临时政府对该校校长萨镇冰的任命系由该校师生力荐；萨镇冰担任校长期间，该校在课程设置、师资聘任、学生就业等方面进行了积极探索。该校停办后，围绕校基归属问题，该校校友与相关机构产生了持续的纠纷。这段史实的发掘，有助于丰富近代高等航海教育早期办学的若干历史面向。

关键词： 吴淞商船学校　萨镇冰　校基纠纷

吴淞商船学校在晚清经历了邮传部上海高等实业学堂船政科、邮传部高等商船学堂等两个阶段。邮传部高等商船学堂开办不足两月，辛亥革命爆发。1912 年邮传部改称交通部，奉国民政府命令，学堂改为交通部吴淞商船学校，仍归交通部管辖，并任命萨镇冰为商船学校首任校长。以往学界对该校办学历史的关注主要集中于对校史的溯源及近代中国高等航海教育的发展历程等考察维度，并相继取得了系列成果。① 因该校的档案史料散落各地，以往对于该校民国初期的发展状况关注不够，有关该校民国初期发展的重要历史问题涉及较少。笔者依据新搜集的相关档案及该校早期毕业生的相关论述资料，拟对 1912～1915 年间该校的发展状况进行论述，以求教于方家。

---

* 作者简介：顾宇辉，上海中国航海博物馆馆员。

① 校史溯源主要集中于与该校办学有渊源的交通大学、上海海事大学、大连海事大学等学校有关校史编纂方面的成果，代表性的著作有王杰等著《中国高等航海教育史略》（大连海事大学出版社，2009 年）。学界近年有代表性的论文主要有张姚俊《民国时期高等航海教育的探索与实践——以吴淞商船专科学校为例》（《国家航海（第四辑）》，上海古籍出版社，2014 年）、樊琳《中国高等航海教育之滥觞——吴淞商船专科学校》（《都会遗踪》2014 年第 2 期）、陈松林《萨镇冰就任商船学校校长世间考》（《张謇研究》2019 年第 1 期）等。

一、校长甄选

晚清民国鼎革之际，由于办学经费无着等原因，唐文治坚辞商船学校校长一职，学校校务陷于停顿。南京临时政府成立伊始，商船学堂新校长人选未遑顾及。鉴于此，该校师生异常着急，在教师陈霭比（在海军学堂时陈氏曾与萨镇冰共事，并对其甚为了解）的推荐下，学生派代表赴南京向政府请愿，建议萨镇冰担任该校校长。时萨氏在上海休养，临时政府征询张謇建议后，采纳商船师生提议，任命萨镇冰为校长。①

对于商船学校校长的任命一事，学界以往囿于史料不足多语焉不详。其时，南京临时政府任命商船学校校长如上所述是基于船校师生的请求和建议。而其间更为详细的历史细节，以往的研究则较少涉及。其实在接到船校师生的请愿和建议后，交通部曾就此问题征询该校出资筹办人张謇，请其帮助物色该校校长人选：

> 上海小东门沿滨大生纱厂账房张季直先生台鉴
>
> 现据商船学校全体学生等函称该校为公筹款组织，近经费短绌停课，且有议将专科学生改入路电二科之说等情。查此项学校铸造航业人才，为现时所亟需，创始之难，成立之不易，如中道废辍，实属可惜。拟请我公代为物色校长，本部当速委任，俾资整顿，所需经费即由该校长切实核计，部中当尽力筹备，期尽补助之义。想公经始于先，自乐维持于后。务望迅加遴选电示，俾得早日开学，翘盼实深。至该生等函称监督唐君文治曾向本部呈请拨款一节，查本部并未接有唐监督来文，合并陈明。
>
> 交通部印鉴②

南京临时政府交通部给张謇的来函中透露出有关商船学堂的几个信息。首先该校因经费短绌业已停课。据当时在校学生凌肇基回忆，辛亥革命爆发后，上海宣布独立，官府与北京清廷脱离关系。上海高等实业学堂、商船学堂与邮传部失去联系，两校办学经费来源中断，为维持学校运转，学堂靠抵押校产、借款度日。而学校监督唐文治在是年寒假因经费问题亦辞去商船学堂兼职负责人职位。③ 因经费问题，当时有议论将商船学校学生转

---

① 参见凌肇基：《吴淞商船学校掌故》，《淞水潆洄海涛澎湃》，吴淞商船专科学校同学会，2006年，第26～27页。

② 《纪事：交通部电张季直物色商船校长以凭委任文》，《临时政府公报》1912年第44期。

③ 凌肇基：《吴淞商船学校掌故》，《淞水潆洄海涛澎湃》，第26页。

入上海高等实业学堂路电二科。函电核心内容即是请张謇代为物色该校校长人选。至于商船学校经费问题，新成立的交通部表示"当尽力筹备"，可见当时交通部是支持该校继续办学的。

经过征询和商议，1912 年 3 月底，南京临时政府交通部任命萨镇冰为商船学校校长。在该部颁布的照会中载："照得商船学校之设立，所以造就航政人才、为收回江海权利、扩充外洋航线张本，现在新校业已落成，亟应筹备开学，夙仰贵校长，航海专家，于航政一门学术最优，经验尤富。应请担任该校校长，综持全校一切事务，督率进行，期收成效。相应照会贵校长请烦查照施行可也。"①

该照会内容说明新成立的南京临时政府交通部对商船学校的定位和认识基本沿袭清末邮传部设立该校时的宗旨，即通过设立商船学校，造就航政专门人才，借以达到收回江海航权、扩充外洋航线之目的。对于南京临时政府聘请萨镇冰为该校校长一事，在《临时政府公报》里亦有体现：

> 上海虹口义昌洋行萨镇冰君鉴
>
> 上海商船学校铸造航业人材，为现时所亟需，中道废辍实属可惜，拟请阁下担任校长，以资整顿，所需经费即请阁下切实核计，部中自当尽力筹备，以期早日开学，无任翘企电复。
>
> 于右任叩
>
> 交通部②

在校舍落成之际，交通部聘请萨镇冰总理该校校长。萨镇冰曾督办晚清海军，任晚清海军提督，早年毕业于马尾船政后学堂驾驶班，1876 年赴英国皇家海军学院深造。他在任商船学校校长之前已经带舰三十余年，有丰富的海军管理和海战经验。商船学校虽然为培养商船驾驶和轮机方面的人才，但在人才培养及舰船操纵技术方面，商船和舰船无疑是相同的。因此，交通部任命萨氏为该校校长对该校后来的发展具有重要意义。

二、萨镇冰主持下的吴淞商船学校

萨镇冰就任商船学校校长后，"亲自制定教育方案，编写教材；监制训练器材……"，他十分重视学生航海实践能力的培养，组织学生进行商船实习。"航海之学识，非富有经验不足以尽驾驶之长"，当时西方各国商船学校，学

---

① 《交通部任命萨镇冰为商船学校校长等照会》，西安交通大学档案馆藏档案，商船学校全宗。

② 《纪事：交通部电萨镇冰任上海商船学校校长文》，《临时政府公报》1912 年第 46 期。

生除在校学习外，必赴海上商船实习有年方可。商船学校没有实习之地，而实习必要去相关航运公司。当时国内唯一的大型轮船企业招商局，航海人才悉聘外人。当时该校前二班学生驾驶航海主科已经授课完毕，正待赴船实习，但该校并无船可派练习。萨氏为此曾与招商局一再情商，指派数人赴招商局实习，但人数有限，大部分学生无地方实习。为解决学生实习困难，萨镇冰曾提议创办(航运)公司，购置商船。“既使收来学生□实习有所，且一面作营业进行，即可收息金盈余，补助学校经费，一举两得……”①后与海军部商定，拨借保民军舰，经改修后作为商船学校学生的实习校船，并委任英籍教员作为该船船长航行于南北洋沿海。上自驾驶员，下至舵工，悉由学生分任操作，较有成效。②

商船学校保民实习船在学生航海实践中起到重要作用，其间亦曾作为商船，在做练习之用的同时进行贸易活动。1914年6月前，该校保民练习船曾与浦申公司订立合同，拟在南京浦口停泊装卸货物，赚取利润用以补益学校办学。当时津浦铁路通车后，浦口地方商贸日盛，商船学校派保民船欲在该处停泊，“借营业以资实习”，为此曾上书北京交通部。交通部在接到请示后曾函商税务处，税务处认为该船是该校“系为造就人才起见，与寻常商船不同，且该处系自开辟商埠，停泊本国船只似无不可”。为保险起见，令金陵关监督查复。金陵关认为该船拟在浦口装卸货物，据海关关章载明：凡商轮往来贸易，必须在通商口岸及准载卸之口岸，其余各处均不准私自起下货物。时浦口既非通商口岸，亦非准装卸口岸，并未开埠设关。如果准许该船停泊装卸货物，各国洋商亦会援照《内港行轮章程》③中规定的华洋一体规定，要求在浦口驻泊。另外金陵关给出的理由是保民船所领江海关船照只载明在南京泊船卸货，并无准在浦口卸货，“如该轮所载系政府用物或浦信路材料等件，自可在浦口起卸”，很显然该关认为保民船如在浦口起卸商品不合定章，并指出该船为开展营业领有江海关船照，按照关章规定应与一般商轮一律办理。交通部基本认同金陵关的处理意见，遂咨行商船学校校长萨镇冰查照。④ 该事件说明因近代中国航权(特别是内港航行权)的丧失，萨镇冰将保民船做实习校船时兼为贸易的办学理念难以实践。同时也折射出

---

① 《商船学校上交通部书》，《吴淞商船学校交待接收及校长任免事宜，教职员名单》，上海交通大学档案馆藏档案，档号：LS3－002。

② 洪振权：《淞水潆洄海涛澎湃》，第61页。

③ 近代列强在劫夺中国沿海贸易权和内河航行权后，为把洋货推销到非通商口岸，一直觊觎中国内港航行权。为满足列强的要求，1898年清政府命赫德订立《内港行轮章程》，该章程第一款规定：“中国内港，嗣后均准特在口岸注册之华洋各项轮船，任便按照后列各款，往来专作内港贸易。”(王铁崖：《中外旧约章汇编》第一册，三联出版社，1982年，第786页。)

④ 《部咨：交通部咨吴淞商船学校萨校长文准税务处复开保民练习船未便停泊浦口等因咨行查照由(中华民国三年六月初三日)》，《邮传公报》1914年第6期。

在国力弱小，航权外落的状况下，要兴办本国商船教育的艰难。

鉴于航海事业的特殊性，萨镇冰在办学过程中十分重视学生体魄的培养，鼓励学生进行体格训练（表一）。

表一　1914 年 5 月吴淞商船学校运动成绩表

记事	十一秒	二十一尺十寸半	二分二十七秒	四尺十寸	二十六秒	八尺八寸	六分八秒	七十六尺五寸	一分四秒	十七尺七寸半	十七秒	一千码二分五十秒		奖品由萨先生发给
运动名目／学生姓名	百码赛跑	掷铁球	八百八十码赛跑	跳高	二百二十码	凭竿跳高	一英里赛跑	掷铁锤	四百四十码	跳远	跳栏赛跑	替换赛跑	共计得分	第二、三名奖杯萨先生奖；第四、五名银表夏先生奖；第六名银圆冯先生奖
黄显淇	五			三	五	五		五			五		二十八	大银杯一个；银牌六面
陈景舆	三	三		一	三			三		三		二	十八	中银杯一个；银牌七面
顾维翰				五						五	三	二	十五	小银杯一个；银牌四面
薛奎轮			五				五		三			二	十五	银表一只；银牌四面
蒋　奎			一						五				六	银表一只；银牌二面
甘育志			三				三						六	银圆四元；银牌二面
林梦棖		五											五	银牌一面
朱绍裘	一									一		二	四	银牌三面
梁砥中						三							三	银牌一面
冯扉模		一							一				二	银牌二面
胡乃钧							一						一	银牌一面
蒋志成						一							一	银牌一面
杨志雄					一								一	银牌一面
盛祖康								一					一	银牌一面
张慕翰											一		一	银牌一面

资料来源：

上海交通大学档案馆馆藏档案，档号：LS3－002。

教职员方面,吴淞商船学校在民国初年基本按照上海高等实业学堂的各项章程办学,教职员采取聘任合同制,聘期一般为一年,外籍教员在聘任时亦如此。根据该校1912年的一份教职员名录显示,该校当时共有22名教职员工,其中有14位不同专业的教师。从该份名录中可以看出此期该校的教职员构成的一些特点:

教职员工队伍构成比例较为合理。22名教职员中,管理人员4人,教辅人员4人,占37%;专任教师14人,占总数的63%,各类人员的比例较为合理。教员年龄结构亦比较合理(表二)。教员中年龄最长者52岁,年轻者26岁,一般在三四十岁。教师整体处于年富力强阶段,尤其是航海、数学与外文,年轻教员构成主力;而国文和历史等课程则以年长者为主,比较符合课程本身的特点。兼任教员较多,有些教师同时兼任两到三门课程,一方面说明学校受经费限制,教员聘任数量有限,另一方面也有利于培养教师一专多能。教师学历与资历结构比较合理。校长和教务长均毕业于英国海军驾驶科,14位专任教师中,2位外籍驾驶教员为前招商局船员,3名数学教员分别毕业于英国海军、天津水师学堂和上海高等实业学堂,外语教员则毕业于福州美国公立招考学校和上海复旦公学。专任教师的学历与资历足以充任商船学校各专业的教师。

表二　壬子上学期商船学校教职员名单(1912年)

教职员姓名(职位)	年龄	籍　贯	出　　身
萨镇冰(校长)	54岁	福建侯官	
夏孙鹏(教务长兼理全校事务)	26岁	江苏江阴	英国海军毕业
奥斯德(驾驶教员)	36岁	英　国	前招商局轮船大副
贺兰比(西文驾驶教员)	37岁	英国人	前招商局浦东局员
吴其藻(西文教员)	50岁	广东香山	
陈伯涵(几何、力学教员)	52岁	福建闽县	英国海军毕业
冯　琦(算学教员)	47岁	福建闽县	天津水师学堂电工科毕业
胡寿颐(电学、算学教员)	27岁	浙江定海	上海高等实业学堂电工科毕业
林鸿斌(西文教员)	27岁	福建闽县	福州美国公立招考学堂毕业
蒋恩镐	26岁	江苏太仓	上海复旦公学毕业
祝君舜(算学教员)	37岁	江苏华亭	
霍　锐(国文、历史教员)	46岁	江苏江宁	
黄彬林(国文教员)	41岁	江苏太仓	
孟　柏(旗语教员)	47岁	直隶天津	
任正瑞(驾驶术教员)	30岁	福建闽县	
王松年(驾驶术教员)	34岁	福建闽县	

（续表）

教职员姓名(职位)	年龄	籍　贯	出　　身
归炳勋(监学兼庶务员)	27岁	江苏常熟	
金汝砺(监学兼书记员)	45岁	江苏吴县	
金　鹏(会计员)	24岁	江苏江宁	
洪　荻(中文缮校员)	36岁	安徽桐城	
陆　斯(西文缮校员)	23岁	江苏华亭	
王小云(中医员)	41岁	江苏松江	

资料来源：
上海交通大学档案馆馆藏档案，档号：LS3－002。

学生就业情况：该校在停办之前，共招收培养6届学生。1914年第一届学生毕业，共30多人，当时拟派招商局为候补船员，但“该局主事者绝无互助之诚意，以至未能实行”。其后连续毕业三届学生计72人。由于当时西方列强把持中国海关，排斥中国自己培养的航海人才，外国保险公司也拒绝华人担任高级船员。如1913年招商局曾计划任命4位中国人担任船长，但是董事会认为各船“骤换华人，恐与保险有碍”(即当时大的保险公司多为外人所办，招商局轮船投保多为外国保险公司)，最后决定继续聘任洋人担任局内各轮船长。在这种洋人把持高级船员职务的局势下，国内出洋海轮的高级船员必须由外籍人员充任，中国人只能当水手、服务员等。这样由国内商船学校培养出的毕业生就业之难也就不难理解了。

1914年，萨镇冰应总统电召入京供职，交通部委任该校教务长夏孙鹏暂行代理校长。是年冬，该校分派赴招商局轮船及保民、登瀛各船舰实习学生二十三名。时在校预科生20名，本科第一班学生17名，第二班13名，第三班14名，第四班45名，共132名。1915年交通部因经费奇绌，毕业学生就业困难等因，决定收束停办该校。是年2月，交通部呈文，获总统批准吴淞商船学校交海军部接管，改办海军学校，并将商船学校房屋校具图书一切器物暨前收管宁波益智学堂房产契据等，由代理校长夏孙鹏在沪移交海军部委员接收。时任交通总长的梁敦彦呈大总统有关停办商船学校的文牍，对商船学校此段停办历史阐释较详：

> 窃本部所辖吴淞商船专门学校，自开办以来已历多年，校内经费悉由本部育才经费项下开支办理尚形切实。惟该校本为造就商船人才而设，本国航政方在幼稚，此项学生毕业后不免供过于求，且先距各班毕业尚需数年，当此财政苦难，亦复穷于支绌。查该校地点若以之改为海军学校，极为相宜，且该校科学本系驾驶管轮，于海军甚有关系。现当海军注重培才之际，拟将该校送将海军部接收，就原有学生参加海军科学，重行组织，以备造就海军人才，或者将该校并归上海工业专门学校，

严重考核，学业优秀者留校肄业，其程度稍次者，饬令转入他校，以免贻误后生。以上两项办法均于节省经费之中，仍寓作育才之意。

恭候 批示即由本部分别咨饬办理。①

其时，该校将已派往各船舰的练习生发给毕业文凭，其本科第一班学生17名由学校给予修业完毕证书，派赴各船舰练习。在未毕业学生中录用优秀者30名改习海军，其余或转入交通部所辖各工业学校肄业，或自行考入其他学堂，自此，商船学校在民国初年的办学遂告结束。

三、早期办学经费来源及校基纠纷案

1914年6月，在吴淞商船学校濒临停办、受海军部接收之际，时任上海工业专门学校（交通大学前身）校长的唐文治曾向交通部发函，请求交通部"恳饬令吴淞商船学校即将本校前垫该校建筑费如数拨还"。② 从此份函件中可以大致看出当时建筑商船学校的经费来源及具体的细节：

民国三年六月十九日
致交通部总务厅函

敬启者 查吴淞商船学校开办之初，指定渔业公司存款六万元为建筑校舍经费等款，原系张季直君募集办理渔业学校之用。弟□前在商部时不曾接洽此事，嗣未能举办。经前邮传部规定设立船校，当由弟商之张君，即将此款移拨。辛亥夏间，船校□□建筑，陆续向樊郭两君提用五万元，随时发给工价。迨至九月，工程告竣（应拨未批工价五千一百五十二两）。会各省起事，沪上金融恐慌，尚余一万元。樊郭两君未能如其拨交。而包造工头催索甚急。因念房屋业已验收，万无使工人吃亏之理，迫不得已提用本校基本存款，得以付清。嗣于民国元年三月，船校由萨鼎铭君接收，弟办理交卸，曾将该校建筑项目收支一切造具清册，于是年四月间函送。

大部核销并经声明本校垫付之款应俟樊郭两君解到后，由船校归还本校，以清垫款。事后并屡向该□司催提，迄无眉目。查本项本校垫款，既为船校建筑之用，本应早由该校设法归还，惟念大部财政艰难，该

① 交通部铁道部交通史编纂委员会：《交通史总务编》，交通部总务司，1937年，第374页。

② 《恳饬令吴淞商船学校即将本校前垫该校建筑费如数拨还由》，上海交通大学档案馆馆藏档案，档号：LS8－2339。

校□处窘迫之际，是以未经催取。现闻是项一万元已由萨前校长向樊时勋君提还，又值海军部接收交待之际，该校当有结存款项应请大部查明前案。该校收支西数，所有前□□□，是否业已拨还并饬令该校即将本校垫付之建筑费五千一百五十二两，如数归垫，以清款项，至□

公谊□□

台□　　　　　　　　　　　　唐

附：

辛亥九月份度支册

一据商船学堂规元五千一百五十二两

原册注　查该校由本监督兼理，本月中旬吴淞船校按照承揽落成，第末批造价，该校因银市阻滞，无款可提。由本校照付，以应急需，报销由该校另造，按此款仍指明建筑

辛亥十二月份度支册

一支船校经费银四千零三十一两五钱七分六厘

原册往　由该校令造报册

该份档案显示，商船学校办学经费六万元原系张謇筹办渔业学校之用。晚清邮传部设立船校后，由唐文治商与张謇，将此款项移拨用作商船学校建筑之用。该款募集后，张氏系托浙江兴业银行樊时勋、渔业公司郭潄霞两人存放经理。故在1911年夏间，有向樊、郭两君陆续提用之说。至9月以后，武昌辛亥首义，各省纷纷响应，沪上金融恐慌，银行钱庄等金融机构停业倒闭者增多，剩下款项支取无着。商船学校建筑工程方催款甚殷，在此情况下唐文治将工业专门学校款项拨付商船学校用以支付学校建筑尾款。后南京临时政府任命萨镇冰为商船学校校长，唐氏交卸后曾向交通部函送该校建筑项目经费收支清册。交部给予的回复是拟等樊、郭两君将剩余一万元款项解到后，由商船学校归还工业专门学校。后者多次催要该款项，事情并无眉目。适值商船学校停办，受海军部接收之际，请求交部将商船学校结存款项如数偿还。该事件从一个侧面亦反映出交通部的财政拮据。

1912年3月萨镇冰就任该校校长。除经交通部核定收取的学生应缴学费膳费及操衣书籍等费七千余两抵作部分开支外，每年由交通部拨给银三万四千两。其时吴淞校舍为巡防营军队屯驻，经屡次商谈迁移事宜，是年秋间方交还校址。于是，商场学校得迁入新校舍。但当时校舍被“军人蹂躏，垣墉荒圮不可以居”。萨镇冰对校舍进行修葺，添造泅水池并添购校具图书及教学所需器物，学校规模渐备。惟是时交通部财政支绌，复捐廉俸银二千两充作该校经费。①

1915年，吴淞商船学校停办，上海的航海教育陷入低谷。但有关吴淞炮

① 交通部铁道部交通史编纂委员会：《交通史总务编》，第372页。

台湾商船学校校址纠纷成为此期上海航海教育史上的重要事件。萨镇冰去职后，交通部委任该校教务长夏孙鹏代理是职。1914 年年底《申报》等沪上报纸曾报道商船学校将改组或售与海军部，为此该校还曾在报纸上声明并无此事。[①] 奈何经费无着，最后不得不面临停办。

停办后，因该校"肄业各生均学习兵商轮船航海驾驶各法并明晰外洋长汪水势暨水中明暗□礁山岛地理事，归海军专□。业已改归海军部管辖，仍以夏孙鹏为校长"。[②] 即停办后的吴淞商船学校曾短期内改隶海军部管辖。其时，海军部接收该校房产后曾作为办理海军学校之用，未几海军学校亦停办。该处房产被海道测量局及同济中学借用。1924 年江浙战事爆发，同济中学迁出。就在同济中学迁出该校址之前，同济中学与海岸巡防处曾为占用该校址不断发生争执。

围绕校址纠纷海军上海海道测量局、同济大学（中学部）及商船学校校友进行了激烈争辩。商船学校校址原系营产，[③]旋归商船学校，另由张謇等筹款六万余元建筑校舍，当时管理权属归交通部。自船校停办后，由当时的国务院议决划归海军部接收。而其校舍实际由同济大学所属中学部和海道测量局分别借用。

该起校址纠纷的导火索是海道测量局局长许继祥将商船学校地产转换成华商道契，意图私卖。江苏省教育会会员陆规亮闻讯后，在该会干事会开会时提议设法制止。干事会成员有感于中国与国外国际贸易日益增进，恢复商船学校，培养商船人才，既有利于发展海外商业，也可改变国家航海权操于外人的境况。有鉴于此，该会认为商船学校基地不宜任由旷废并函询创办该校的张謇、唐文治，主张续办该校。张、唐接函后即转函江苏省长，再函海军部及同济学校。海道测量局闻悉极为反对，鼓动海军部向江苏省署提出抗议。而同济大学则坚持利用商船校址增设商船科。江苏省署两处为难，遂咨请海军、交通两部核办。[④]

对于海道测量局将商船学校地亩呈请清丈改给道契，社会各界多表示反对。时宝山地方士绅曾联名电请江苏省署请咨海军部阻止进行。[⑤] 亦有社会人士认为第一次世界大战后，中国海外航业不振，力主恢复商船学校，培养驾驶人才，设法阻止该局转换道契的行径。[⑥]

此时，涉事双方更是交恶不断。同济学校攻击海道测量局将校地转换成道契、意图私卖。而海道测量局则怂恿海军部驱逐同济，并限六日内让同济交还商船学校房屋器具。迫于形势，同济电请南京江苏军民两长给予声

---

① 《吴淞商船专门学校来函》，《申报》1915 年 1 月 1 日第 11 版。

② 《海军司令部纪事三则》，《申报》1915 年 2 月 8 日第 10 版。

③ 清海防营地。

④ 《同济大学增设商船科消息》，《申报》1923 年 10 月 18 日第 14 版。

⑤ 《南京快信》，《申报》1923 年 9 月 12 日第 10 版。

⑥ 《恢复吴淞商船学校之所闻》，《申报》1923 年 7 月 30 日第 19 版。

援。商船学校学生同学会亦在此时上书交通部呈请交通部收回学校恢复办学，而同济为扩充航海科亦不让步。① 因商船学校前属交通部，后由海军部接收，产权到底归属何方，一时难以划定。② 为解决商船学校校址纠纷，江苏省长曾派马国文为委员来沪调解。③

在同济中学和海道测量局相持不下之时，商船学校校友认为，前两者均居客位而商船学校方为校产主人。两者均须迁让归还船校。该校友会同人呈请交通部请恢复商船学校，并请咨海军、教育两部分别饬令海道测量局和同济中学予以迁让，并请张謇和唐文治给予赞助。不惟此，商船学校校友（时该校前毕业生在各商轮、交通部水利局等处均有服务）曾于 1922 年呈请交通部恢复该校，因财政拮据未能批准。④

江苏省长就商船学校校舍问题，曾咨请与海道测量局划分，遭到该局拒绝，海军部亦赞同海道测量局的建议。提请交通部后，后在国务会议上进行公决。在国务会议上经海军部、交通部、教育部提议并通过，最后达成商船学校房地"应由交部重办商船学校，至现在借住该校之同济中学，应由财（政）部查案，迅将同济建筑费七万，设法指拨，责成本年内建筑完竣，即行迁出"。⑤ 交、海两部虽然表面上同意上述方案，但后来事态的发展表明，两部分歧仍然很大，交部认为该地系吴淞校舍地址，而海部则不认为是吴淞商船地址。⑥ 至 1925 年 12 月，北京执政会议上原则统一按前议办法进行。⑦ 北京政府做出上述阁议后，江苏省方面则由张謇等人出面向北京陈略：商船学校旧址已经江苏方面统一拨归同济大学，添设商船科之用。⑧

商船学校经交通部向海军部迭次交涉收回该校全部校舍，并划分余地为海军部建设海岸巡防处公署之用。⑨ 由交通部决定重办商船学校，经国务会议议决后，即行设立筹备处，并指派南洋大学校长凌鸿勋兼任商船学校筹备处主任，负责该校复校筹备工作。⑩ 随后，海军部亦令时任巡防处长的许继祥将商船学校校舍物品限十天之内移交商船学校筹备处。⑪

---

① 同济大学声称是在张謇指示下设置商船科。见《省教育会常年大会纪》，《申报》1924 年 8 月 21 日第 14 版。

② 《吴淞商船校址纠纷现状》，《申报》1923 年 11 月 2 日第 13 版。

③ 《省委回省复命》，《申报》1924 年 2 月 10 日第 14 版。

④ 《商船学校校友呈请恢复母校》，《申报》1924 年 2 月 11 日第 13 版。

⑤ 《吴淞商船校舍问题》，《申报》1924 年 5 月 23 日第 14 版；《国内专电》，《申报》1924 年 6 月 20 日第 6 版。

⑥ 《国内专电》，《申报》1925 年 4 月 25 日第 4 版。

⑦ 《二十四日之执政会议》，《申报》1925 年 12 月 2 日第 9 版。

⑧ 《同济商船科与另办商船校问题：京苏趋向不同》，《申报》1924 年 7 月 17 日第 14 版。

⑨ 《航政部：商船学校恢复之续闻》，《交通丛报》，1925 年第 112 期，第 11～12 页。

⑩ 《凌鸿勋兼任商船筹备主任之函知》，《申报》1925 年 8 月 29 日第 15 版；《交部派南洋凌校长筹办商船学校》，《申报》1925 年 8 月 17 日第 9 版。

⑪ 《国内专电》，《申报》1925 年 9 月 25 日第 4 版。

尽管交部已经收回吴淞商船学校，但因开办经费未能筹定，在国民政府奠都南京前并未能恢复。其间，商船学校毕业生时任肇兴轮船公司总船主陈干青、德兴轮船长□鼎锡、凤浦轮船长李高涓、美南船长沈际云、江大船长蒋志成、江靖船长杨英、固陵船长徐斌、水产学校航海主任徐祖藩等联名向交通部详述应恢复开办商船学校的理由及筹划经费的办法，并请交部速开船校。

该校停办后，该校学生曾联络相关人员，组织中国航海协会，入会者以船主、大副、二副、三副、领港、正机司、副机司为限。当时曾有恢复该校，改归商办之议，后因种种原因未能实现。① 1921 年时，张謇曾向交通部提出请求，将吴淞商船学校校址官地 74 亩拨归商埠之用。②

商船学校停办后，往届毕业生的就业成为一个重要问题。商船学校同学会曾专门上书招商局请求招录该校前毕业学生。时招商局修正章程委员会鉴于国内航海人才"借才异域"的情况，曾有"船长船员应用本国人之建议"，并认为此项建议系遵奉交通部 1919 年颁布的《海军部会同交通部拟定海军军官充任商船职员服务证书暂行规则》。据此，商船学校同学会认为既然海军军官可以充当船长船员，而毕业于商船学校受过专门航海教育的该校学生更应该服务于商船，并详列该校学生服务于太古、鸿安、宁绍、戊通、三北、广兴、顺昌、裕丰、肇兴等轮船公司，充任船长船员的实绩。他们建议招商局援海军军官充当船长船员的成案，将从前所有商船学校毕业人员一体录用。③ 该事件一方面反映当时国内商轮"率用外人居多"的状况，另一方面也反映出本国培养的航海人才就业之难。

1915 年吴淞商船学校办学中辍后，近代上海乃至全国高等航海教育处于空白状态，高级航海人才的培养陷于停顿。国内航海人才培养的缺失只是此期中国航运发展落后的一个侧面。此期中国航务的不振在多个方面都有体现：政府层面既无航政主管机关之设立，更遑论各类齐备的航运发展政策的制订和施行。航权的丧失，导致了外商航运企业对沿江、近海及远洋航运的垄断。

① 《外人之中国航业谈、亟须养成航海人才》,《申报》1922 年 9 月 1 日第 14 版。

② 《国内专电二》,《申报》1921 年 4 月 27 日第 6 版。

③ 《商船学生请求招商局录用函》,《申报》1921 年 11 月 20 日第 15 版。

Overview of Wusong Merchant Shipping School During the Early Republican Period (1912～1915)

Abstract: Wusong Merchant Marine School is the source of modern higher education in navigation in China. In the early years of the Republic of China, issues regarding the selection of the principal of the school, development status, sources of funding, disputes and suspension of operations remain to be further studied. The Central Interim Government appointed Sa Zhenbing to be the principal upon the enthusiastic recommendation of teachers and students. During his tenure, the school actively experimented with curriculum setting, teacher appointment, and student employment. After its suspension, disputes continued between the alumni and the authorities. The excavation of historical facts has shed new light on the early years of modern maritime education in China.

Keywords: Wusong Merchant Shipping School, Sa Zhenbing, School Venue Disputes

中国叭喇唬船与东南亚帆船的技术交流

何国卫*

摘　要：通过对明代几种史籍记载的中国叭喇唬船主要特征的比较分析可知，叭喇唬船是兵船，且具有多种船型。通过对划桨技术的解析和广西贵港出土东汉陶船模的分析可知，早在东汉时期中国就出现了桨手呈坐姿面向后划桨的形象。叭喇唬船的桨手呈坐姿向后划桨乃是技术的必然，并非学习西洋技术。除此之外，叭喇唬船的船底龙骨和尖底船型也是中国古船常见的特征。明代古籍《经国雄略》所附"叭喇唬船"图和文字描述证明，中国明代叭喇唬船的制造"起于番夷"而仿造使用，因此中国叭喇唬船是对东南亚叭喇唬船技术的引进和改造，反映了中国与东南亚国家舟船建造的技术交流。

关键词：叭喇唬　明代史籍　舟船技术　关联交流

中国明代史籍记载的叭喇唬船与东南亚的一种帆船同名。两者的异同之处和关联乃是中国与东南亚舟船文化研究学者所关注的一个重要问题。

一、史籍记载的叭喇唬船

叭喇唬船（个别写作叭喇湖船），又有叭喇船、叭唬船、唬船等不同称谓，也有称叭吓唬船的。《水运技术词典》记载："唬船，又称叭唬船。"①这些可能都是出于译音之差异。

明代记有"叭喇唬船"的史籍很多。明郑若曾所撰的《筹海图编》成书于明代嘉靖年间，书中附有沿海布防形势图及战船、武器详图。书中在"舟山之捷"条载有"总兵俞大猷等以福船，并叭喇、乌艚、八桨、串纲船，往来策应……"。②

---

*　作者简介：何国卫，中国船级社武汉规范研究所高级工程师。

①　水运技术词典编辑委员会：《水运技术词典 · 古代水运与木帆船分册》，人民交通出版社，1980年，第33页。

②　郑若曾撰，李致忠点校：《筹海图编》卷九，中华书局，2007年，第624页。此段文字原点校为"总兵俞大猷等以福船，并叭喇乌艚、八桨串纲船，往来策应……"

其中“叭喇”一词当指叭喇唬船，但此书对叭喇船不仅没有文字细述也未附有船图说明。其他记有中国叭喇唬船的还有《筹海重编》《虔台倭纂》《登坛必究》《兵录》《武备志》和《金汤借箸十二筹》等明代史籍。现将上述史籍记载的叭喇唬船列于下表：

表一　史籍记载的叭喇唬船对照表

史　籍	史籍中的船图及文字记载
《筹海重编》 万历二十年 （1593 年）	图一。（以后船制出自浙直）叭喇唬船，浙中多用之，福建之烽火门亦有其制，底尖面阔，首尾一样，底用龙骨，直透前后，阔约一丈，长约四丈，末有小官仓，艛面两傍各用长板一条，其兵夫坐向后而棹桨，每边用十枝或八枝，其疾如飞，有风竖桅用布帆，桨斜向后，准作偏舵，亦能破浪，甚便追逐、哨探，倭奴号曰软帆，贼盖怕之也。①
《虔台倭纂》 万历二十三年 （1595 年）	图二。（以后舡制出自浙直）叭喇唬，浙舡，福之烽火门亦有之，底尖面阔，首尾一样，底用龙骨直透前后，阔约一丈，长约四丈，有风竖桅用布帆，无风用桨十枝、八枝，其疾如飞，梁斜向后，堪作偏舵，甚便追逐、哨探，贼号曰软帆，盖畏之也。②
《登坛必究》 万历二十七年 （1599 年）	图三。（以后船制出自浙直）叭喇唬船，浙中多用之，福建之烽火门亦有其制，底尖面阔，首尾一样，底用龙骨，直透前后，阔约一丈，长约四丈，末有小官仓，艛面两傍各用长板一条，其兵夫坐向后而掉桨，每边用十枝或八枝，其疾如飞，有风竖桅用布帆，桨斜向后，准作偏舵，亦能破浪，甚便追逐、哨探，倭奴号曰软帆，贼亦畏惮。③
《兵录》 万历三十四年 （1608 年）	图四。唬船其制底尖面阔，首尾一样，底用龙骨直透前后，艛面两旁各用长板一条其兵夫坐向后而棹桨，每边用桨十枝或八枝，其疾如飞，有风竖桅用布帆，桨斜向后准作偏舵，亦能破浪，甚便追逐哨探，倭奴号曰软帆贼亦畏惮。船身长六丈二尺，深五尺二寸，（木厂束）木板为两旁后二寸三分。底艂通身用杉木，每尺四钉，旁板每尺三钉至板完用长杉木钉压坚劲以便安桨。驶风面梁用樟木，横阔一丈，直阔一尺五寸，厚五寸。官舱只许高四尺方不吃风易于行驶。大桅用杉木二尺围高五丈，布帆须阔大乃能，关艄受风夹耳一副横阔一尺，前桅以大猫竹一株为之。前猫梁用樟木长一丈，后猫梁用樟木长一丈一尺。桨各兵自办一正一副以防折损。④
《武备志》 天启元年 （1621 年）	图五。（以后船制出自浙直）叭喇唬船浙中多用之，福建之烽火门亦有其制。底尖面阔，首尾一样，底用龙骨，直透前后，阔约一丈，长约四丈，末有小官舱，艛面两旁各用长板一条，其兵士坐向后而棹桨，每边用桨十枝或八枝，其疾如飞，有风竖桅用布帆，桨斜向后，准作偏柁，亦能破浪，甚便追逐哨探，倭奴号曰软帆亦畏惮。⑤

① 邓钟：《筹海重编》卷一二《经略四》，《四库全书存目丛书》史部第 227 册，齐鲁书社，1997 年，第 223 页。

② 《虔台倭纂》，《北京图书馆藏珍本丛刊》第 10 册，书目文献出版社，2000 年，第 325 页。

③ 王鸣鹤：《登坛必究》卷二五《水战》，《续修四库全书》第 961 册，上海古籍出版社，2002 年，第 228 页。

④ 何汝宾：《兵录》卷一〇，《四库禁毁书丛刊》子部第 9 册，北京出版社，1998 年，第 626、627 页。

⑤ 茅元仪：《武备志》卷一一七，《四库禁毁书丛刊》子部第 24 册，第 592 页。

（续表）

史　籍	史籍中的船图及文字记载
《金汤借箸十二筹》崇祯十一年（1638 年）	图六。叭喇唬船，浙中多用之，福之烽火门亦有之，底尖面阔，首尾一样，底用龙骨，直透前后。每边十桨或八桨，其疾如飞，有风竖桅，用布帆，其便追逐、哨探，倭奴号口软帆，亦畏惮之。①

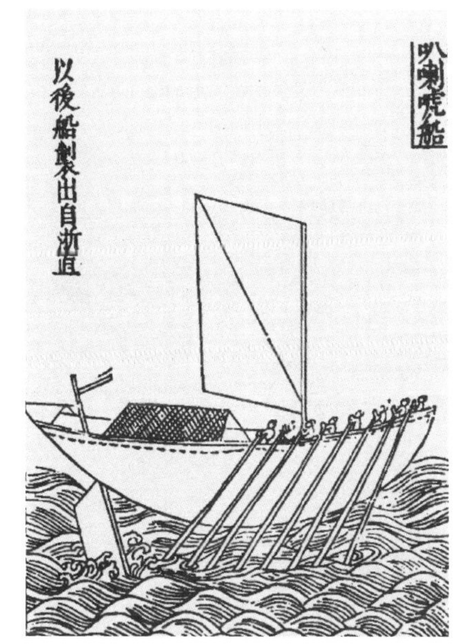

图一　《筹海重编》中的叭喇唬船

图二　《虔台倭纂》中的叭喇唬船

图三　《登坛必究》中的叭喇唬船

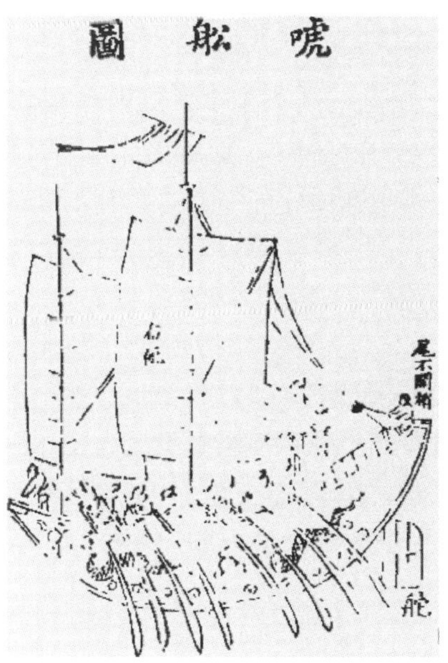

图四　《兵录》中的唬舩图

① 周鉴：《金汤借箸十二筹》卷一一，《四库禁毁书丛刊》子部第 33 册，第 221～222 页。

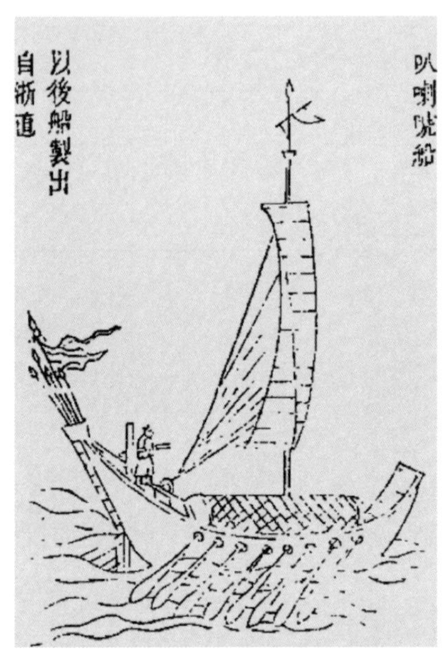

图五 《武备志》中的叭喇唬船

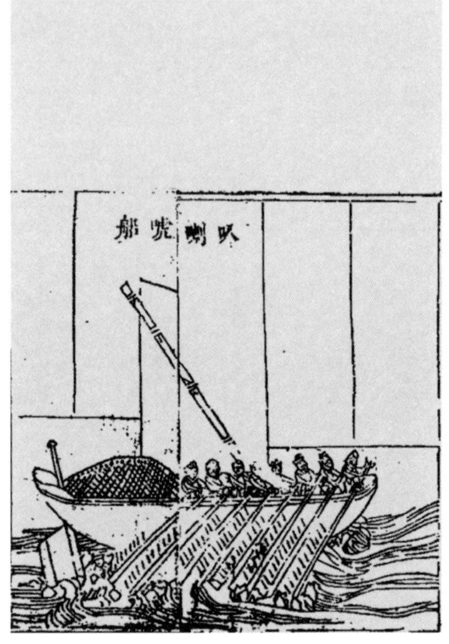

图六 《金汤借箸十二筹》中的叭喇唬船

二、史籍记载中叭喇唬船的比较分析

通过对比史籍记载的叭喇唬船，可以得出以下几点认识。

（一）记载文字的大同小异

表一显示，六本史籍均对叭喇唬船有文字描述，也都有图样。其中《虔台倭纂》和《筹海重编》的图样相同，《武备志》与《登坛必究》的图样相同，因此六本史籍中实际上只有四种不同的图样。从史籍记载的文字和图样可以看出：

除《兵录》外各书的文字记载基本上大同小异，例如，对船桨的记载有“用桨十枝、八枝”“每边用桨十枝或八枝”“每边十桨或八桨”的细小差异，但船桨的数量都是八枝或十枝。船上的战士又有“兵夫”“兵士”的不同称谓，这种差异出现在抄录中不足为怪，况且对船舶技术的讨论没有妨碍。

相关记载中，尤以《兵录》最详。与其他史籍相比，除了基本内容外，《兵录》还对艕（即龙骨）、驶风面梁、舱室、船桅、布帆、锚桨的尺寸有载录。

（二）记载的叭喇唬船具有共性

叭喇唬船的共性反映在如下几个方面：

其一，叭喇唬船是兵船。前述诸史籍皆为明代兵书，所记文字中用到的“兵夫”“兵士”“追逐”“哨探”等词，均为军事用语；

其二,设置布帆和多桨;

其三,活动海域相近,在浙江、福建一带;

其四,船型特点一致,“底尖面阔,首尾一样,底用龙骨直透前后”;

其五,兵夫坐向后棹桨。既有文字记述也有船图显示,不过《兵录》附图显示的“兵夫立向前”与文字记载的“兵夫坐向后”截然不同,不得不对其存疑。

文字记载和图样显示,叭喇唬船的主要特征为“底尖面阔”、具有龙骨结构、置“布帆”、设多桨(“八枝或十枝”)、采用“兵夫坐向后而棹桨”,是活动在“浙直”“福建”水域的小型兵船,用作“追逐”和“哨探”等。

(三)史籍记载中叭喇唬船的差异

各史籍上的叭喇唬船样式也有明显差异,尤其《兵录》所记与其他典籍相差更多。

其一,桅帆的设置相差较大。《筹海重编》《虔台倭纂》《金汤借箸十二筹》中的叭喇唬船样式是单桅,用竹竿斜撑布帆;《登坛必究》和《武备志》的叭喇唬船虽然也是单桅,但其横帆竹撑长方形半平衡式布帆;唯有《兵录》所示的叭喇唬船是二桅二帆,为矩形半平衡式布帆。可见,风帆就有三种。

其二,船面建筑也有三种形式。《虔台倭纂》和《筹海重编》设三角形斜面篾编矮篷;《登坛必究》《武备志》《金汤借箸十二筹》在船上置半圆形篾篷;《兵录》却为低矮尾楼。

其三,对叭喇唬船尺寸的记载也不尽相同。《虔台倭纂》、《武备志》、《金汤借箸》都记载“阔约一丈,长约四丈”,即船长与船宽之比约为4,但未见记有船深尺寸。《兵录》记“舩身长六丈二尺,深五尺二寸……驶风面梁用樟木,横阔一丈”,江浙一带称大桅处的横梁为大面梁或驶风梁,因此,《兵录》所记“驶风面梁……横阔一丈”等于或接近船宽一丈,所以其船长与船宽之比约为6.2,可见船体更为细长,有利于战船对速度的要求,且船宽与船深之比约为2。

其四,对船的称谓略有区别。《兵录》在文字中记为“唬船”,在图中又称“唬舩”,却不言“叭喇唬船”。史籍传抄有误或走样虽在所难免,但只能是发生在局部的个别差错,如此明显的不同就得另当别论了。可能鉴于如前所论史籍记载上的基本一致和文字描述的大同小异,因此有“唬船又称叭唬船”①的提法。

其五,多种船型的存在。既然史籍记载中有上述不同,并结合《兵录》中的“唬船”尺寸(“舩身长六丈二尺”是叭喇唬船“长约四丈”的1.55倍,其船较长设置二桅帆也是理所当然),因此《兵录》的“唬船”可能是“叭喇唬船”中的一种,叭喇唬船具有多种船型。

---

① 水运技术词典编辑委员会:《水运技术词典——古代水运与木帆船分册》,第33页。

三、中国叭喇唬船与东南亚帆船

（一）有称叭喇唬船的东南亚帆船

“被称为东南亚帆船，或称南岛帆船，有时又被称为马来—波利尼西亚帆船，又有时直接称为‘叭喇唬船’（prahu）。……在贸易时代以及此前此后的几个世纪里，数以千计的此类帆船装载着 4 吨至 40 吨不等的货物来往穿行于东南亚的海面上。在当时的文献中这种帆船称为‘叭喇唬’、‘巴咯可’（balok）或者‘帕嘎加洼’（pangajawa）”。① 可见“叭喇唬船”活跃在东南亚海域，其以小型化和数量众多而著名，几乎无处不见。它也被视作东南亚小型帆船的统称。

“叭喇唬船”一词显然不是中国本土词语，而是外来词。中国的叭喇唬船的称谓很可能是借用了外国的“叭喇唬船”一词，由于音译的关系，故有叭喇唬船、叭喇湖船、叭唬船、叭喇船、唬船及叭吓唬船等不同称谓，现在引用最普遍的是叭喇唬船。

活跃在中国浙闽海域的中国明代叭喇唬船与东南亚叭喇唬船同名，那么两地的叭喇唬船有何关联呢？

（二）中国明代叭喇唬船仿造自国外

哈佛大学图书馆藏明代古籍《经国雄略》②，由郑芝龙出资，郑大郁编撰，辑于明亡之际。《经国雄略》“夷舟”条附有“叭喇唬船”图（图七）。图上标注为“叭吓唬船”，写有“夷人出哨海上多用此船”字样，并在图上记有如下文字：“叭吓唬船制造起于番夷海贼，尝用此船分艘掳掠，倐去忽来速如飞鸟，我舟追莫能及，今浙中仿式造用远哨外洋，出奇邀贼最为便捷，每只用一十六人。”

这段文字明确无误地指出“叭吓唬船制造起于番夷”，中国的叭喇唬船是对其的仿造，其中船的航域是“浙中”，用途是“远哨外洋”，“其倏去忽来速如飞鸟”的快速性等描述与明代史籍所记的“浙中多用之”，用作“哨探”“追逐”如出一辙。

但是，文中并未言明“番夷”所指，虽不能确论，但图中所描绘的“番夷”船不论是葡萄牙人还是东南亚人所制造，它都应为东南亚叭喇唬船。

---

① ［澳］安东尼·瑞德著，孙来臣、李塔娜、吴小安译，孙来臣审校：《东南亚的贸易时代：1450～1680 年》第二卷《扩张与危机》，商务印书馆，2010 年，第 40 页。

② 郑大郁：《经国雄略》，美国哈佛大学藏。

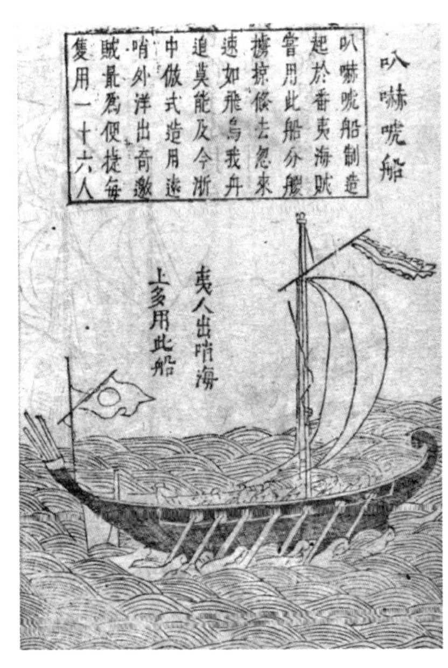

图七 《经国雄略》中的叭吓唬船

（三）中国叭喇唬船是对东南亚叭喇唬船的引进和改造

为讨论方便，简称中国叭喇唬船为“中叭”，东南亚叭喇唬船为“东叭”。从“中叭”与“东叭”的对比可以看出两者的关联。将《登坛必究》和《武备志》附有的“中叭”与“东叭”作对照，可以探究两者的技术关联。

两地叭喇唬船的相同点：船名称谓相似；单桅风帆；多桨（“东叭”14 桨，“中叭”16 桨），兵夫坐向后而棹桨；设有垂直舵杆轴转动的不平衡船尾舵；船尾高起并设有一排旗杆。

两地叭喇唬船的不同点：“东叭”船首甲板尖狭，并有后卷型装饰，为船首甲板面比较宽大的“中叭”所罕见；“东叭”船首似为尖首，“中叭”船首似为方首；“东叭”船帆为无帆竹的布质软帆，“中叭”船帆有帆竹，属硬帆；“东叭”船无船篷，“中叭”船却置有船篷以作遮阳避雨；“东叭”船比“中叭”船显得更加瘦长。

通过两地叭喇唬船的对照，从不同点看，仅是“中叭”对“东叭”有所改进和提高。从图样上看不出水下部分的船型，但从其快速的特点可以推测，其是比较细长瘦狭的船型。明代史籍记载的“中叭”，“底尖面阔”“龙骨直透前后”，似应与“东叭”类同，可能只是存在着程度上的不同而已。看来，“中叭”对“东叭”的仿造主要反映在小型战船配置多桨上。难怪陈希育先生认为：“叭喇唬船，根据《武备志》的插图，仍然保留了许多中国船的特色，例如中国式的风帆、尾舵等等。从外观上，还真不容易将其看作是外国船。”[①]因此，说“中叭”仿造“东叭”倒不如说“中叭”是对“东叭”的引进和改造。

---

① 陈希育：《中国帆船与海外贸易》，厦门大学出版社，1991 年，第 110 页。

四、桨手呈坐姿面向后划长桨乃是技术的必然

（一）在认识桨手划桨面向的问题上存在误解

不少人曾提出这样的问题，为什么我们常见到的是西洋船的桨手划桨时面朝船尾，而中国船的桨手却是面向船首呢？这是因为我们常见中国船的桨手划短桨和站立荡桨都面对船首，而西洋船桨手面向船尾呈坐姿划桨，由此产生了中国船和西洋船划桨的桨手面向不同的印象，甚至得出中国船出现面向后划桨是学自西洋船，再由此推测“中叭”的“兵夫坐向后而棹桨”可能是学习“东叭”的技术，其实不然。

就划长桨而言，中国船多用立姿面向前荡桨，而西洋船用坐姿面向后拨桨，两种不同的划桨方式造就了桨手的坐向不同，桨手划长桨时，荡桨者面向前，拨桨者面向后。西洋船的桨手面向船后呈坐姿拨划长桨，而中国船的桨手面向船首至站立姿势荡划长桨，两者是不同的划桨操作，通常统称为划船。

可见，由对中、西方船划桨桨手坐向的不同导致将两者不同的划桨方式混同，从而产生了认识上的误解。

（二）桨手呈坐姿面向后划长桨是技术的需要

船桨在划桨时随桨手的双手移动，此桨为“移动桨”；若桨柄设置在船舷顶边处的桨桩或桨支架上，这种船桨被称为“固定桨”，呈坐姿划的长桨必定是“固定桨”。

对于一定长度的长桨而言，桨叶与水面的夹角在坐姿时远小于立姿，所以当木桨很长时拨桨姿势必采用坐姿。

桨手呈坐姿划长桨时，总是面向船尾而不是面向前，如同西洋船为获得更大的划桨推进力惯于在船两侧配置船用长桨那样，采用“坐向后”的划船方式。

“长桨”自入水向船尾拨水至桨叶出水是划桨过程中的出力阶段；当出水桨叶由出水起返回到入水位止的过程中，“长桨”处于无负荷状态的空桨移动，毫无疑问，划桨的出力阶段乃是划桨效果的关键时刻。

桨手呈坐姿面向船尾划长桨时，即“坐向后”时，先是桨手上身尽可能地向前倾倒，握住桨柄的双手向胸前伸展，使桨叶置于身后位，桨叶入水后，握在桨柄上端的双手随着上身一起后倾向后运动并使劲收回到胸前，然后提桨出水。在这一划桨出力过程中，桨手上身由前倾的卷曲状态作全身向后伸展，双臂由伸直状态作收臂，而且双脚可以伸向前面着力顶住非常得力，

这样几乎全身肌肉出力，尤其是胸肌、腹肌、背脊肌和腿部肌肉，这种划桨方式无疑非常有效。若呈坐姿面向船首划长桨，即"坐向前"划长桨，则桨手是从坐正姿态或稍有后倾时将桨叶入水后开始双手握桨柄上端用力向前推桨，这种呈坐姿面向前划长桨无论桨手的出力效果还是划桨的幅度都无法与坐姿面向后的方式相比。

桨手呈坐姿或单腿跪姿的"拨桨"是在需要充分发挥爆发力，使桨叶急速拨水以致舟船高速推进时采用的，所以说，拨桨适用于快速船，故它多见于竞技类的舟船或战船上。中国的龙舟和西方的赛艇都是如此。

由上可知，采用"坐向后"的方式划长桨是非常有道理的，而"坐向前"划长桨是不可取的，实际上也不可能见到，这是技术发展的必然。

东汉（25～220 年）人刘熙在《释名・释船》中，对桨诠释得很清楚："在旁拨水曰棹。棹，濯也，濯于水中也，且言使舟棹进也。又谓之札，形似札也。又谓之楫。楫，捷也，拨水使舟捷疾也。"①它不仅表述了船桨的形状和功能，还指出了船桨的工作机理是"拨水"。

（三）东汉陶船模出现桨手呈坐姿面向后划桨

中国早在东汉时期就出现了桨手呈坐姿面向后划桨的船，2011 年广西贵港梁君垌东汉出土陶船模②可以为证。该陶船模（图八）前部两舷侧各有 4 个长方形孔，应是安装桨桩的插孔，桨桩固定船桨，8 个划桨俑分置两舷，均呈坐姿面向后，这与明代的"叭喇唬船""兵夫坐向后而棹桨"类同。该陶船模的划桨俑"呈坐姿，背向船首，面向船尾，反手持桨"③，由此可以推断中国最迟于东汉至南朝就出现了桨手呈坐姿面向后划桨了。

可见，中国叭喇唬船的桨手坐向后划固定桨不是学自西洋船，而是技术发展的必然。

五、"底尖面阔"船型、"龙骨直透前后"结构是中国古船常见的特征

"中叭"的"底尖面阔"船型，"龙骨直透前后"结构似与"东叭"类同，但不能由此得出这是"中叭"学自"东叭"的结论，因为这是中国古船早就有的特征。

---

① 王先谦：《释名》，《文渊阁四库全书》第 221 册，台湾商务印书馆，1987 年，第 419 页。

② 广西文物保护与考古研究所等：《广西贵港马鞍岭梁君垌汉至南朝发掘报告》，《考古学报》2014 年第 1 期。

③ 谭玉华：《广西贵港梁君垌东汉出土陶船模》，《国家航海（第二十辑）》，上海古籍出版社，2018 年，第 154 页。

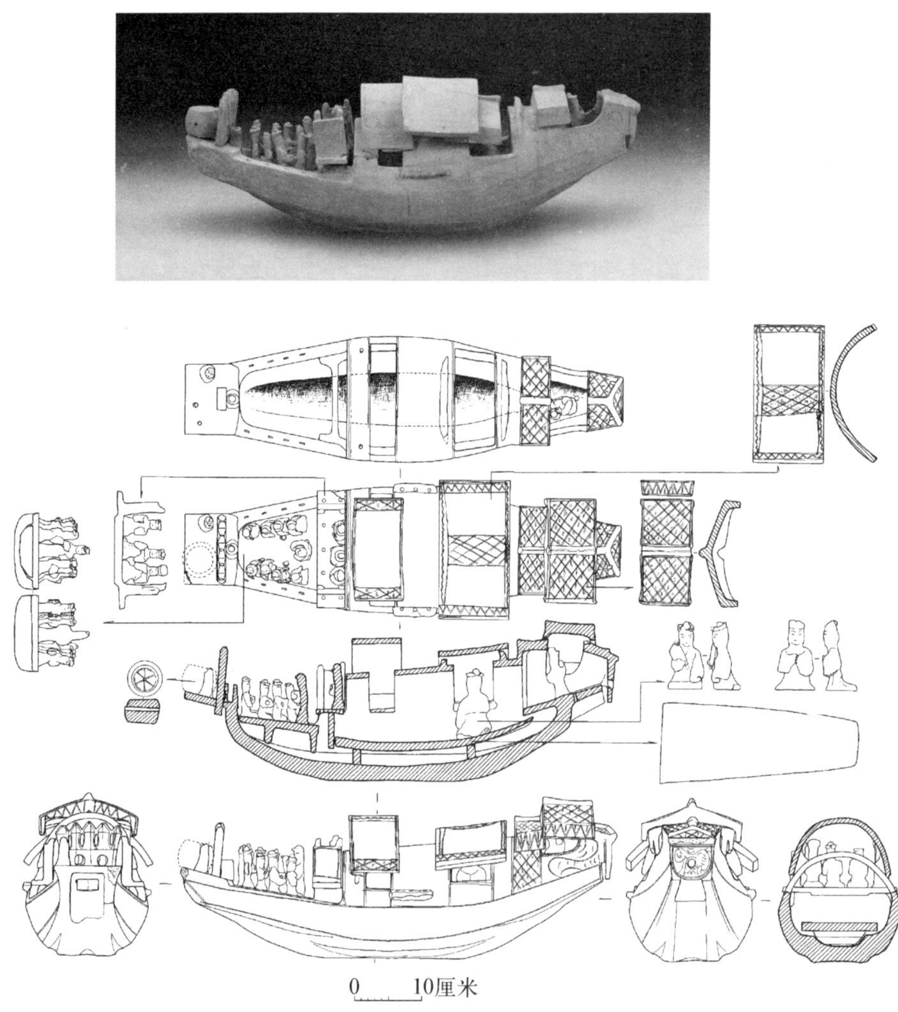

图八 广西贵港东汉陶船模

叭喇唬船的“底用龙骨”特征在长江以南海域的中国帆船中所常见。“底用龙骨”是“底尖面阔”船在船舶总纵弯曲的强力构件，同样它也是中国木帆船的重要结构。西洋船以有龙骨为特征之一。但某些外国学者却把多见于中国内河船和航行于长江口及以北海域的平底船当作中国船没有龙骨的依据，显然不正确。这如果不是认识上的以偏概全，就是一种判断上的误解论说。出土的“泉州宋船”[①]（图九）和元代“新安沉船”[②]所显露的船底龙骨已经佐证，中国最迟到宋代海船上已见有龙骨。

---

① 泉州湾宋代海船发掘报告编写组：《泉州湾宋代海船发掘简报》，《文物》1975年第10期。

② Lee Chang-Euk（李昌忆），*A Study on the Sructural and FLuid Characteristics of a Rabbetted Clinker Type Ship*（*The Sunken Ship Saluaged off Shinan*），Procedings of International Sailing Ships History Cnference，Shanghai，China，1991，pp.154－168.

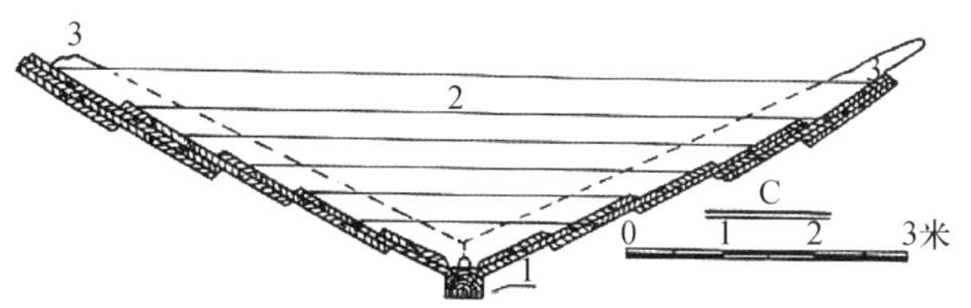

图九　泉州宋代海船横剖面结构

“底尖面阔”船型的横剖面呈“V”型，同样也在出土的“泉州宋船”和元代“新安沉船”上得到了确认。

因此，持中国“叭喇唬船的龙骨透直，就像现代机篷船的龙骨一样，确实是外国的影响”的说法就有待商榷了。

不管怎么说，中国的叭喇唬船与东南亚的叭喇唬船之间存在一定的关联，是“中叭”对“东叭”的引进和改造，这种关联是中国与东南亚舟船技术交流的反映。

六、结　　论

叭喇唬船在明代史籍中有记载，例如《筹海重编》、《虔台倭纂》、《登坛必究》、《兵录》、《武备志》、和《金汤借箸十二筹》等。诸史籍皆为明代兵书，正所谓兵书记兵船。

史籍记载表现了叭喇唬船的主要特征。叭喇唬船应该有多种船型。史籍对叭喇唬船船型特征等的记载可谓大同小异，唯《兵录》记载最详，但《兵录》中的文与图未能完全对应。

桨手面向后呈坐姿划长桨是技术发展的必然。认为中国桨手面朝船首，而西洋船的桨手面朝后，实际上是将两种不同的划桨方式混同造成的误解而已。不能将中国的叭喇唬船桨手面向船尾划桨看成学习西洋的技术。中国早在东汉就出现桨手呈坐姿面向后划桨的形象，广西贵港出土的东汉陶船模就是例证。

叭喇唬船出现的船底龙骨和底尖面阔船型本来就是中国古船常见的特征。

中国明代叭喇唬船的制造是引进番夷的造船技术，并结合自身实践有所改造，因此“中叭”是对“东叭”的引进和改造，中国叭喇唬船是中国与东南亚舟船技术交流的反映。

The Technological Fusion of Chinese Prahu Boats and Southeast Asian Sailing Ships

Abstract: Ming sources reveal that prahu boats were mainly used to carry soldiers. Its use of oars to row the boat was not borrowed from the West, but had been in use since at least the Eastern Han Dynasty, as revealed by a clay model from the period unearthed at Guigang, Guangxi. The prahu boat model itself represents an imitation and adaptation of the technology of Southeast Asian sailing ships.

Keywords: Prahu, Ming Historical Records, Boat Technology, Imitation and Adaptation

泉州湾后渚港南宋古船排水量与稳性等研究

邝向荣*

摘　要：帆船是海上丝路研究的重要对象。1974 年，泉州湾后渚港南宋海船即已出土。但时至今日，学界对该船排水量的问题还存在较大争议。有人认为该船载重量不大于 120 吨，但也有人认为其排水量达 393.4 吨，两者差异甚大。与此同时，学界尚未从船体设计上深入研究该船的稳性与阻力。帆船设计中，排水量、帆面积、扶正力臂与稳性是密切相关的，因此通过帆面积及扶正力臂能推算出合比例的排水量。笔者采用统计及电脑模型方法，从数据、稳性及帆面积等各方面寻找旁证，尝试解开泉州湾后渚港南宋海船排水量的疑团，以期填补古船研究上的空白。

关键词：后渚　南宋古船　排水量　稳性

一、前　　言

1974 年，泉州湾后渚港南宋海船出土，时至今日已四十多年。多年来，学界从不同角度进行了研究，积累了丰硕的成果，但在船的排水量与稳性上还留有继续探究的空间。

《泉州湾宋代海船发掘与研究(修订版)》报告提出了复原的主要尺度：总长（L）= 34 米左右；水线长（LW）= 25.5 米；最大船宽(Bmax) = 11 米左右；型深(H) = 3.8 米；满载吃水(T) = 3.5 米；干舷（F）= 0.3 米；长宽比(L/B) = 2.55；排水量（D）= 393.4 吨左右；主帆面积 = 187 平方米；头帆面积 = 97.5 平方米；尾帆面积 = 49.5 平方米；中桅：高 32 米，直径 0.64 米；头桅：高 25.6 米，直径 0.5 米；尾桅：高 14.5 米，直径 0.3 米。综合以上信息，报告认为该船排水量为 393.4 吨左右，[①]同时也是学界对该船排水量的主流

---

* 作者简介：邝向荣，“乐舫 33.8d”统一级别现代中式帆船总设计师。

① 福建省泉州海外交通史博物馆：《泉州湾宋代海船发掘与研究(修订版)》，海洋出版社，2017 年，第 72～74 页。

看法。

与之不同的是，《泉州湾宋代海船发掘与研究(修订版)》同时收录了陈高华及吴泰等学者对该船尺度的分析文章：《关于泉州湾出土海船的几个问题》，该文首发于《文物》1978 年第 4 期。文章指出："一千料船载重千石，一石合一百二十斤，千料船载重应为六十吨。二千料船应为一百二十吨。据此，我们认为，出土海船载质量应在六十吨到一百二十吨之间，决不能超过一百二十吨。这一推测还可以从《宣和奉使高丽图经》所载二千料船(载重一百二十吨)的数据得到旁证。……这也说明它不大可能大于二千料，即载重不会超过一百二十吨。""这艘出土海船的总长却反不及二千料船，其深度和宽度同二千料船相比较，又无特别突出之处，因此，我们认为，所谓出土海船载重二百吨以上的说法，是难以成立的。"

除以上研究外，1987 至 1994 年间，澳大利亚水下考古研究者杰里米·格林对船体外型做了近 2 000 次测量，复原完成了较为精准的型线图，并于 1997 年将相关成果发表，①成为该领域研究的珍贵参考资料之一。

二、船舶设计统计数据的旁证

与木建筑相比，木船在空间方面的发挥比较受限。统计数据显示，船舶受浮力、物料、风浪、动力等多方面因素约束，因此无论中西，其排水量与长度都会限定在一定的比例范围内，在此范围以外的船舶，其正常航行能力会大打折扣。

泉州后渚古船的船壳，下部分是二重板，上部分为三重板。木板以鱼鳞搭接构造而成，内层板厚 80 毫米，外层板厚 50 毫米，龙骨宽 420 毫米，厚 270 毫米。② 按船身质量估算，该船重约 40 吨，载重量为 120 吨，船的总排水量便是 120 + 40 = 160 吨。

PIANC 国际航运协会对 700 艘船的统计显示(图一)，长 34 米的船排水量为 160 吨是比较正常的，而排水量 393.4 吨的话，不论机动船还是帆船都远远偏离正常值，其适航能力存在疑问。③ 因此从这一统计来看，陈高华与吴泰先生的说法比较可信。

---

① Jeremy Green & Nick Burningham, Maritime Archaeology in the Peoples's Republic of China, Special Publication No. 1, Australian National Centre of Excellence for Maritime Archaeology, Western Australian Museum No. 237. 1997.

② 福建省泉州海外交通史博物馆：《泉州湾宋代海船发掘与研究(修订版)》；PIANC, Guidelines for Marina Design, http://www.pianc.org. 2016.

③ PIANC, Guidelines for Marina Design, http://www.pianc.org. 2016.

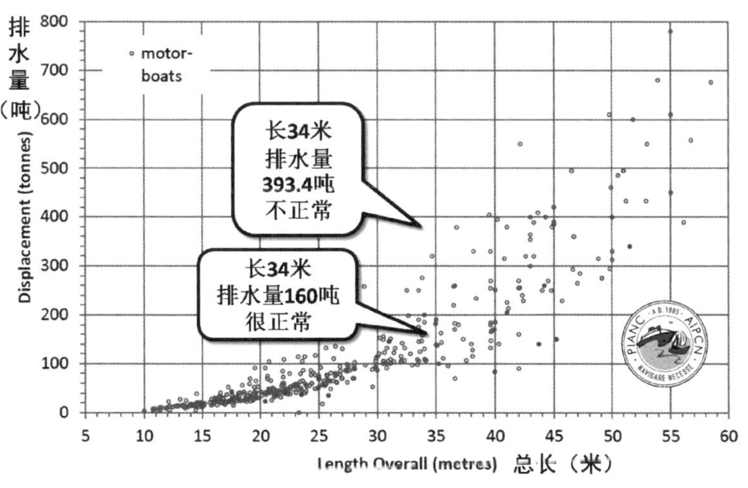

图一　国际航运协会对 700 艘船排水量与船长度的统计数据①

三、帆动力函数的旁证

帆船的动力来自风帆的面积，越大越重的船需要更大的帆面积来推动。因此帆船设计需要参考帆面积/排水量比例(SA/DISP)的函数，②并按以下方程式计算：

$$SA/DISP = SA/(D)^{2/3}$$

SA = 迎风航行时的侧投影帆面积总和(平方米)

D = 排水量(吨)

数值越大帆动力越充裕，反之则动力不足，当严重不足时会影响航行安全。因此根据国际标准 ISO 12217-2：2015(E)第 5.2 条③及中国海事局颁布的 2016 年版《船舶与海上设施法定检验规则》《沿海小型船舶检验技术规则》总则第 7 条(10)的规定，当帆面积/排水量比例 SA/DISP 函数小于 7 时，这种船从定义上不能算作帆船。

根据《泉州湾宋代海船发掘与研究(修订版)》报告中复原的主要尺度，其主帆面积为 187 平方米，头帆面积为 97.5 平方米，尾帆面积为 49.5 平方

① 实点为机动船，空心点为帆船。参考资料为 PIANC，Guidelines for Marina Design，http://www.pianc.org. 2016.

② 中国可参考的标准是中国海事局颁布 2016 年版的《船舶与海上设施法定检验规则》《沿海小型船舶检验技术规则》。

③ BSI Standards Publication，Small craft — Stability and buoyancy assessment and categorization Part 2，Sailing boats of hull length greater than or equal to 6 m，BS EN ISO 12217-2：2015.

米，总帆面积(SA)为 334 平方米，排水量 D= 为 393.4 吨。代入公式 SA/DISP = SA/(D)$^{2/3}$算出帆面积/排水量比例函数值：334/(393.4)$^{2/3}$ = 6.21。由此来看，帆面积远低于需要推动这一排水量的船体所需。因此从理论上来说，这是一艘不能正常航行的船，甚至严格来说都不能算作标准意义的帆船。

把排水量 D=160 吨代入公式，则函数值为 11.31，与福建其他渔船相若，说明这是艘能够正常航行的福船(表一)。

表一　福建渔用帆船与 160 吨及 393.4 吨泉州宋船的函数比较

	大围缯机帆	大排	大賧	钓艚	温岭小钓	漏尾	泉州宋船	泉州宋船
前帆	69.3	20.5	46.3	34.1	13.4	8.8	97.5	97.5
主帆	92	111.1	147.9	110.4	44	110.2	187	187
尾帆	36.1	0	40	18.9	0	0	49.5	49.5
总帆面积	197.40	131.60	234.20	163.40	57.40	119.00	334.00	334.00
排水量(吨)	63.00	22.70	69.60	60.40	8.50	29.60	393.4	160
SA/DISP 帆面积/排水量比率	12.66	16.67	14.05	10.78	14.00	12.63	6.31	11.31
备注							不正常	正常

四、采用电脑模型研究吃水深度及稳性

澳大利亚水下考古研究学者杰里米的研究论文公开了测量所得的线型数值，①并推论了残存以上部分的形态(图二)，其横剖线型在龙骨两侧局部有折角 21°的明显深 V 形构造特征(图三)，与泉州海外交通史博物馆展出船体上的深 V 形构造吻合，此特征在《泉州湾宋代海船发掘与研究(修订版)》报告的绘图中没有明显记录。此外船底的等深线显示该船最宽处在船中偏后。

在采用杰里米测量线型之前，笔者先用照片结合 CAD 测量方法求证线型图的准确性。验证发现，其船首、尾龙骨角度(图四)及剖面角度多处与现场照片吻合(图五)，证明杰里米线型图在 1.98 米高残存范围内的测量是准确可靠，与实物相符的。

① Jeremy Green & Nick Burningham, Maritime Archaeology in the Peoples's Republic of China, Special Publication No. 1, Australian National Centre of Excellence for Maritime Archaeology, Western Australian Museum No. 237. 1997.

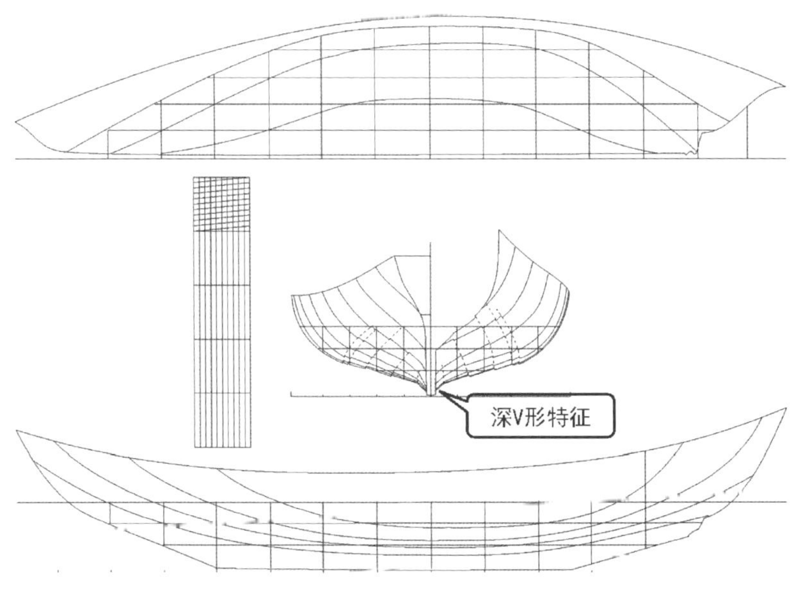

图二　杰里米·格林在测量基础上推论的整船线型

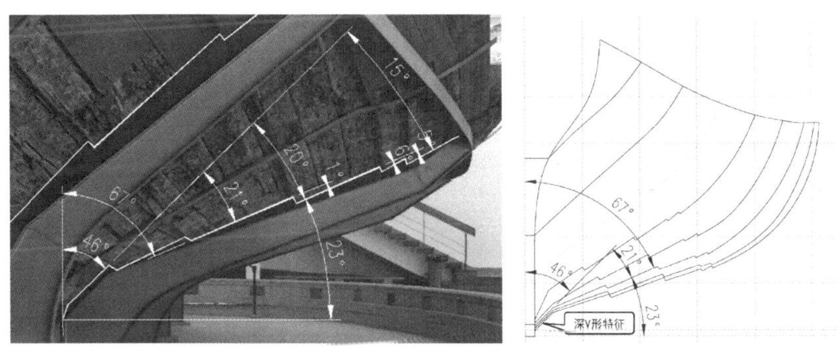

图三　照片测量深 V 特征与杰里米线型的剖面吻合图

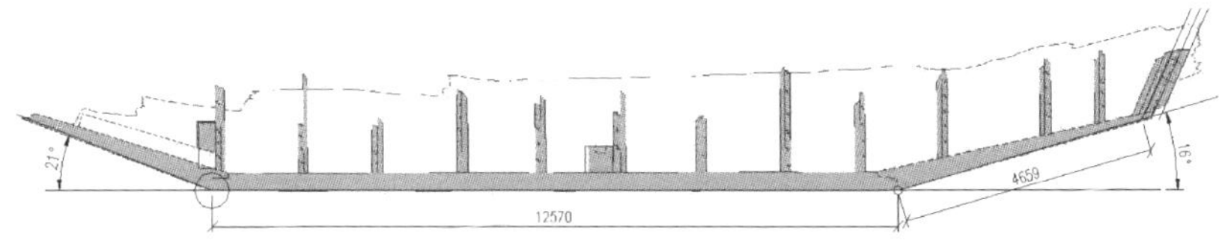

图四　首尾龙骨角度图

图五　照片测量龙骨角度与杰里米线型的剖面吻合图

由于出土古船仅有水线以下部分，笔者建模型时需要从多方面采集数据，以补充完善残存以外的线型，型深采用《泉州湾宋代海船发掘与研究（修订版）》中闽南民间造船的计算公式，其中"脐仔实测高度为 0.15 米；水纹高度取第八舱横剖面测量为 1.98 米"，即：脐仔 + 水纹高度 + 平秦 + 当敢 = 型深 = 0.15 + 1.98 + 1.53 + 0.55 = 4.21 米。模型平面的复原采用《宋会要辑稿》所描述的一千料宋代海船为 2.8∶1 的长宽比，同时根据杰里米测量最宽部分靠近中后部，配合泉州船传统采用的船首及甲板曲线，复原出 CAD 线型图（图六）。

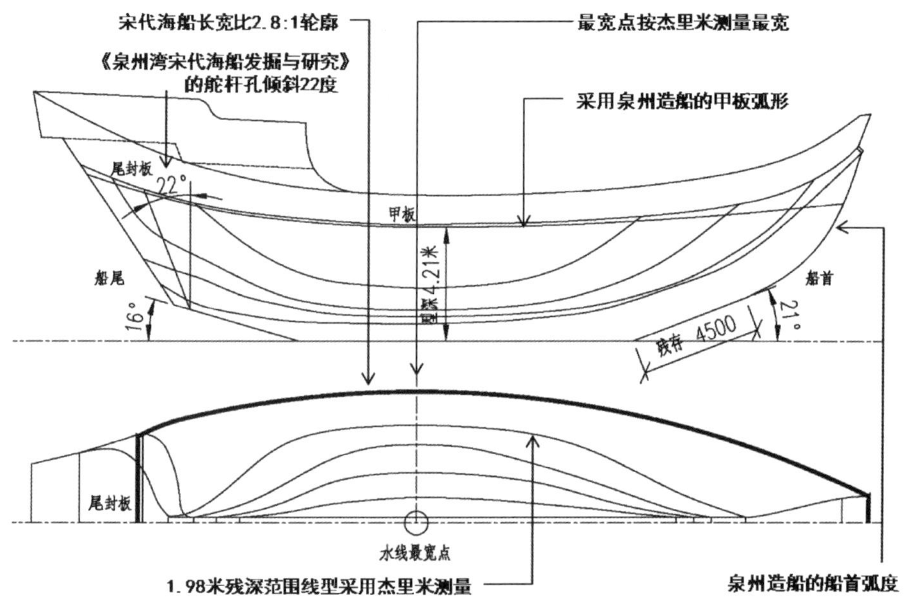

图六　结合杰里米残存部分的测量及泉州帆船的传统复原宋船三维 CAD

将三维 CAD 线型图导入 MAXSURF 船舶设计软件中生成模型，从模型中可以准确地找出不同排水量情况下的吃水深度，再把模型导入其他软件测试稳性及阻力等（图七，表二）。

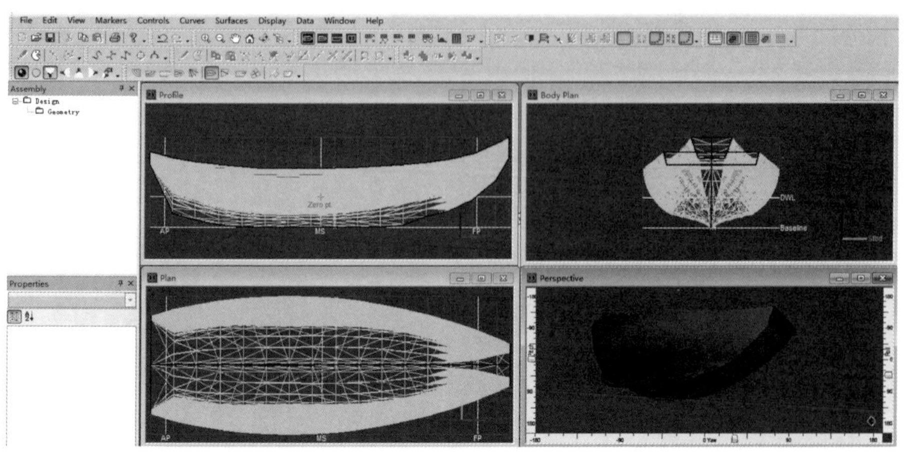

图七　三维 CAD 导入 MAXSURF 船舶设计软件中生成的电脑模型

表二　MAX SURF 电脑模型中 160 吨及 393.4 吨排水量船体的参数

参　数		挖掘报告数据	排水量 393 吨	排水量 160 吨
总长	LOA	34 米	31.62 米	31.62 米
到尾封板船长	L		27.38 米	27.38 米
水线长	LW	25.50 米	24.725 米	22.523 米
最大船宽	Bmax	11 米	9.844 米	9.844 米
水线宽	B	10 米	9.693 米	8.5 米
型深	H	3.80 米	4.21 米	4.21 米
满载吃水	T	3.50 米	3.533 米	2.179 米
干舷	F	0.30 米	0.677 米	2.031 米
长宽比	L/Bmax		2.8∶1	2.8∶1
宽度吃水比	B/T	2.86	2.744	3.9
首高	H 首	7.50 米	8.35 米	8.35 米
尾高	H 尾	10 米	9.2 米	9.2 米
梁拱		0.5 米	0.5 米	0.50 米
排水量		393.4 吨	393.4 吨	160 吨

模型显示，排水量为 160 吨的船，吃水深度为 2.179 米，干舷高度为 2.031 米，水线长度为 22.523 米；排水量为 393.4 吨的船，吃水深度为 3.533 米，干舷高度只有 0.677 米。

若将排水量为 160 吨的古船模型复原出的吃水深度，与 PIANC 国际航运协会统计的 700 艘船的对应数据进行比较，①可以发现其吃水深度虽比平均略深，但尚属正常，是可以正常航行的船只；但将长 32、吃水深度 3.5 米，排水量 393.4 吨的古船模型与之对应，则发现其吃水深度远超正常，这就使得其适航性成为疑问（图八）。

在此基础上，笔者将对两个模型的安全适航性进行验证，查看是否适合乘风倾斜航行。笔者把模型置入 MAXSURF 稳性计算软件进行分析，找出扶正力臂及稳性消失（翻沉）的角度。

一般而言，现代渔船的稳性消失角只有 90 度。令人惊讶的是，排水量为 160 吨的模型显示，该船倾斜到 25 度才会甲板淹水，其稳性消失角达 113 度，表示该船在倾侧到 113 度前还有扶正的能力，倾侧超过 113 度才翻沉，其扶正力臂在倾斜超过 49.1 度才开始减少，可见其优越稳性来自 V 形的船底、特大船宽及两侧充裕的储备浮力（图九）。但同一个模型加载到排水量

① PIANC，Guidelines for Marina Design，http://www.pianc.org. 2016.

为393吨古船时，显示干舷只余下0.71米，由于储备浮力不足，当倾斜到10度甲板便开始进水，其扶正力臂在倾斜超过21.8度便开始减少，倾侧超过55度船便翻沉（图一〇），因此该船不适合离岸的海况及迎风倾斜航行。

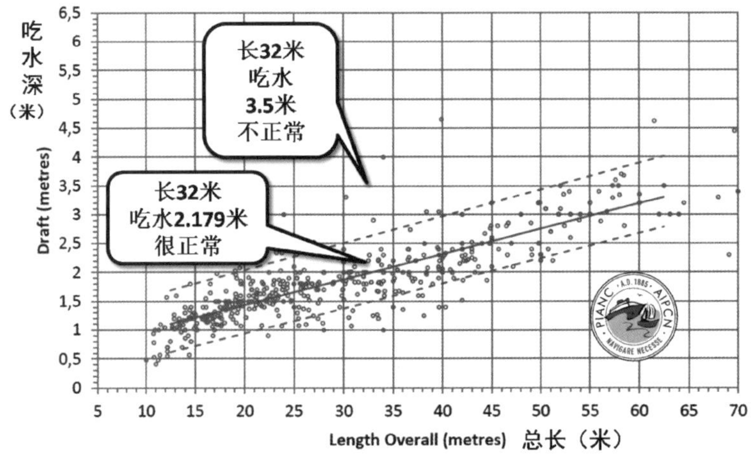

图八　国际航运协会的统计数据与电脑模型复原长度及吃水深度函数对比图

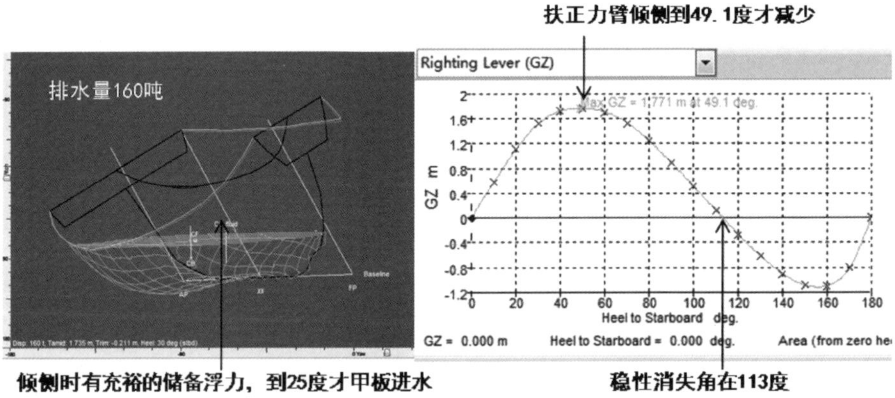

扶正力臂倾侧到49.1度才减少

排水量160吨

Righting Lever (GZ)

Max GZ = 1.771 m at 49.1 deg.

Heel to Starboard deg.

GZ = 0.000 m　Heel to Starboard = 0.000 deg.　Area (from zero he

倾侧时有充裕的储备浮力，到25度才甲板进水

稳性消失角在113度

图九　排水量160吨的电脑模型稳性图

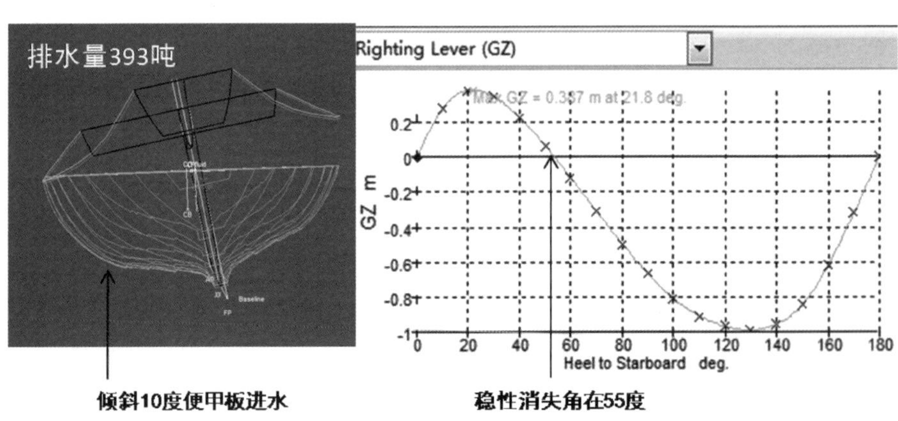

图一〇　排水量393吨的电脑模型稳性图

需要说明是，此稳性模拟以船的重心位于水线高度为假设基础，如果实际重心高于水线，其稳性会更差。

五、阻力及速度方面的研究

笔者把电脑模型置入MAXSURF阻力计算软件中进行分析，发现两个模型的水阻力在7节速度后迅速增加，排水量为393吨的模型水阻力比160吨的大40%～50%，由此推论，同等风力条件下，排水量为393吨的船比160吨的船的速度稍慢，但船速慢时二者的阻力差别较小，两个模型的最高航速都很难高于7节（图一一）。

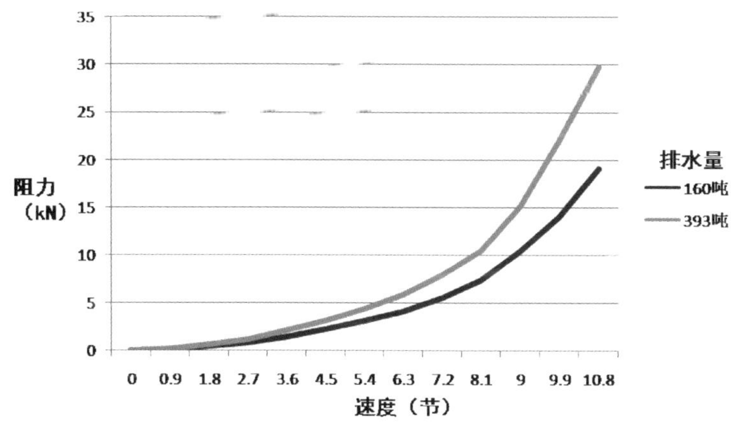

图一一　排水量393吨与160吨模型的航速与阻力比较图

考古学者从古船出土的货物中发现产自阿拉伯半岛的乳香与非洲的龙涎香，推测该海船曾远航到阿拉伯区域。由泉州出发到阿拉伯半岛沿岸航程约6 800海里，如果以较慢的平均航速3节来计算，只需三个月便可完成，可见商船在6个月季风期内有充裕的时间沿途靠岸进行交易，由此推断当时的商人并无追求高速的必要，因为早到目的地也要等合适季风才能返程。如若在速度与载重之间取舍，他们似乎更易于倾向载更多货物、缓慢航行。

六、结　　论

从历史文献、统计数据、帆动力函数、稳性等方面来看，泉州后渚港南宋古船的载重量为120吨应是更合理的设计。电脑模型显示，该古船在160吨排水量时，是艘稳性优良且适合倾斜航行的风帆海船，具有优越的越洋航行性能，这也印证了陈高华及吴泰先生认为该船载重量不超过120吨的说法。

但从另一角度看，“南海一号”首尾水密隔舱板间距仅比泉州后渚宋船长 2 米多，却出土了 300 多吨货物，证实该类货船确实有载重 300 多吨航行的能力。由于该船有充裕的干舷高度、坚固的多层板结构、安全的水密隔舱等技术条件，商人受海上丝路贸易可观利润的吸引，很容易铤而走险严重超载。商人或可采用头巾、头缉、头幞、桅尖等辅助软帆增加帆面积推动超重的货船，同时利用季风作顺风及横风航行，商人以放弃稳性的代价作赌注超载，运气好时能一本万利，但运气不好时则落入“南海一号”沉船的下场。

综上，泉州后渚港南宋古船的设计载重量应定性为 120 吨，设计排水量约 160 吨。由于设计性能优越，此类船超载到排水量 300 多吨时或可继续航行。

Research on the Displacement and Stability of the Southern Song-period Medieval Wreck at Houzhu Port of Quanzhou Bay

Abstract: The displacement of the Southern Song-period ship has caused huge controversy even since it was unearthed in 1974 at Houzhu Port, Quanzhou Bay. Some scholars deducted that its capacity was less than 120 tons; others suggest that the ship could displace as much as 393.4 tons of water. No scholars have ever conducted in-depth research on the design of the hull, such as its stability and resistance. The displacement, area of sail, righting moment, and stability of a sailing boat are all interrelated. Therefore, one can estimate a ship's displacement from the area of sail and the righting moment. Through scientific methods, including statistical data and computer models, the author attempts to solve the mystery of the displacement of the Southern Song ship at Houzhu Port.

Keywords: Houzhu, Southern Song Ancient Ship, Displacement, Stability

《点石斋画报》中的海洋世界

刘 华*

摘 要：《点石斋画报》是中国最早的画报之一，是19世纪晚期上海向全国发行的最有影响的画报。笔者爬梳全15册大可堂版《点石斋画报》，选出与海有关的所有画报，在必要地阅读、检搜、分析后，共得到104幅海洋类画报。本文尝试以地理位置为线索将所得画报分类整理，呈现了一个涵盖中国近海及远洋的海洋世界。此《点石斋画报》中的海洋世界，混合着中国传统文化经验和西方舶来新知，是想象与观察的混沌，是管窥其时上海观念世界的一个窗口。

关键词：点石斋画报 海洋世界 科学和技术 志怪

《点石斋画报》是中国近代最有影响，也是最早的画报之一（图一、二）。该画报刊行了15年，“共有4 666幅配有文字说明的手绘石印画”，“14年内共发行了528期，说明部分的字数约共120万，是个巨大的图文并茂的数据库”。[①] 就《点石斋画报》某一专题内容作梳理和研究，如“祥异现象”、“外国人形象”等，已有较丰富的研究成果。[②] 但《点石斋画报》关于海洋的题材尚未有专题性梳理和研究。作为沿海城市，开埠前的上海本就以港而兴；开埠后的巨变，更与来自海洋方向的影响密不可分。海洋对这个城市无疑影响深巨。《点石斋画报》呈现的海洋世界面貌无疑有梳理、考察之必要。为行文方便，下文提及《点石斋画报》处皆不再标注书名号。

大可堂版点石斋画报提供了简要的白话文说明，可以让读者快速了解每

---

* 作者简介：刘华，上海市历史博物馆（上海革命历史博物馆）副研究馆员。

① 叶汉明：《〈点石斋画报〉与文化史研究》，《南开学报（哲学社会科学版）》2011年第2期。

② 如谢菁菁：《〈点石斋画报〉研究的三个阶段及其学术意义》，《江西社会科学》2010年第10期；游中雪、董志宏：《〈点石斋画报〉研究综述》，《新闻世界》2013年第1期；苏全有、岳晓杰：《对〈点石斋画报〉研究的回顾与反思》，《重庆交通大学学报（社会科学版）》2011年第3期等。

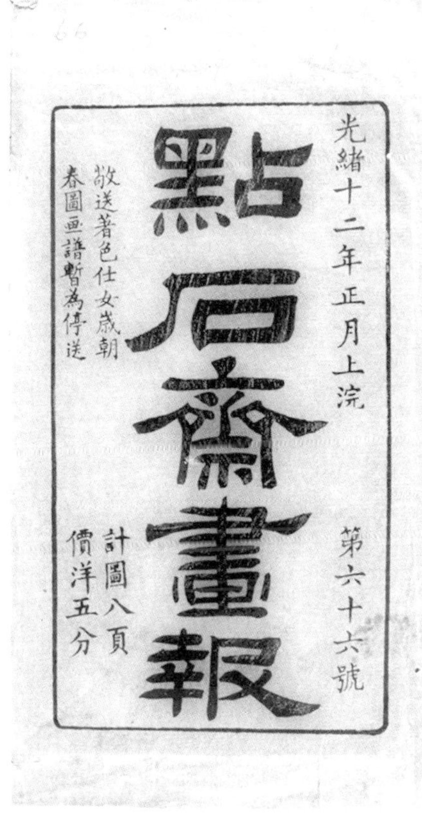

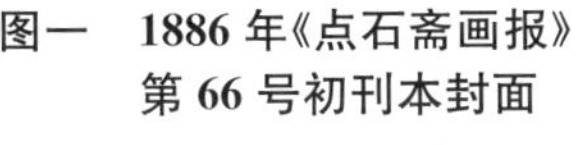

图一 1886 年《点石斋画报》第 66 号初刊本封面

(上海市历史博物馆藏)

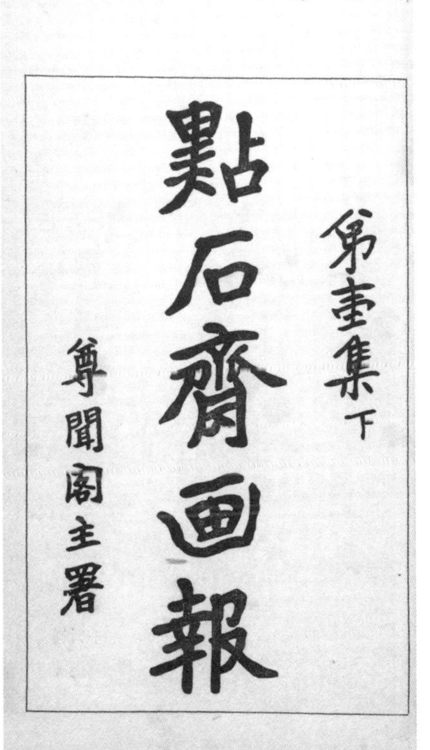

图二 《点石斋画报》结集重刊本封面一种

(耶鲁大学图书馆数字资源)

幅画报的主题和基本内容(图三)。[①] 笔者先翻阅了全部 15 册画报,凡画报题目或其白话文说明中出现与海有关字眼者皆选出,包括但不限于海、洋、海轮、水手、海洋生物、海边习俗礼仪等。在此基础上,再对选出的每幅图画作进一步阅读,在这个阶段仅仅依靠大可堂版点石斋画报的白话文说明是不够的,经常还需要参看原附文。[②]

点石斋画报创刊时,正值中法战争,前三册中有 13 幅涉此主题。甲午战

---

① 点石斋刊行的画报主要有三种存世版本:订阅者看到的初刊本,终刊后的结集重刊本(抽去广告页及附赠订阅者的大幅插页画、连载文学作品等),以及画报原稿。初刊本和结集重刊本散见各处,画报原稿 4 050 张收藏于上海市历史博物馆。大可堂版所本的是抽去封面、广告以及附赠作品的点石斋结集重刊本。详细情形可参见鲁道夫·G·瓦格纳:《进入全球想象图景:上海的〈点石斋画报〉》,《艺术与跨界:〈中国学术〉十年精选》,商务印书馆,2014 年;唐宏峰:《“点石斋”的遗产——以初刊本、原始画稿与视觉性研究为中心》,《文学与文化》2014 年第 4 期。

② 其白话文说明偶有错误,如第十五册第 15 页《迎神远游》中厦门俗例“王爷到港会”少一“会”字;同册第 91 页《射龙睛》中游击朱霁轩,误为朱霁。

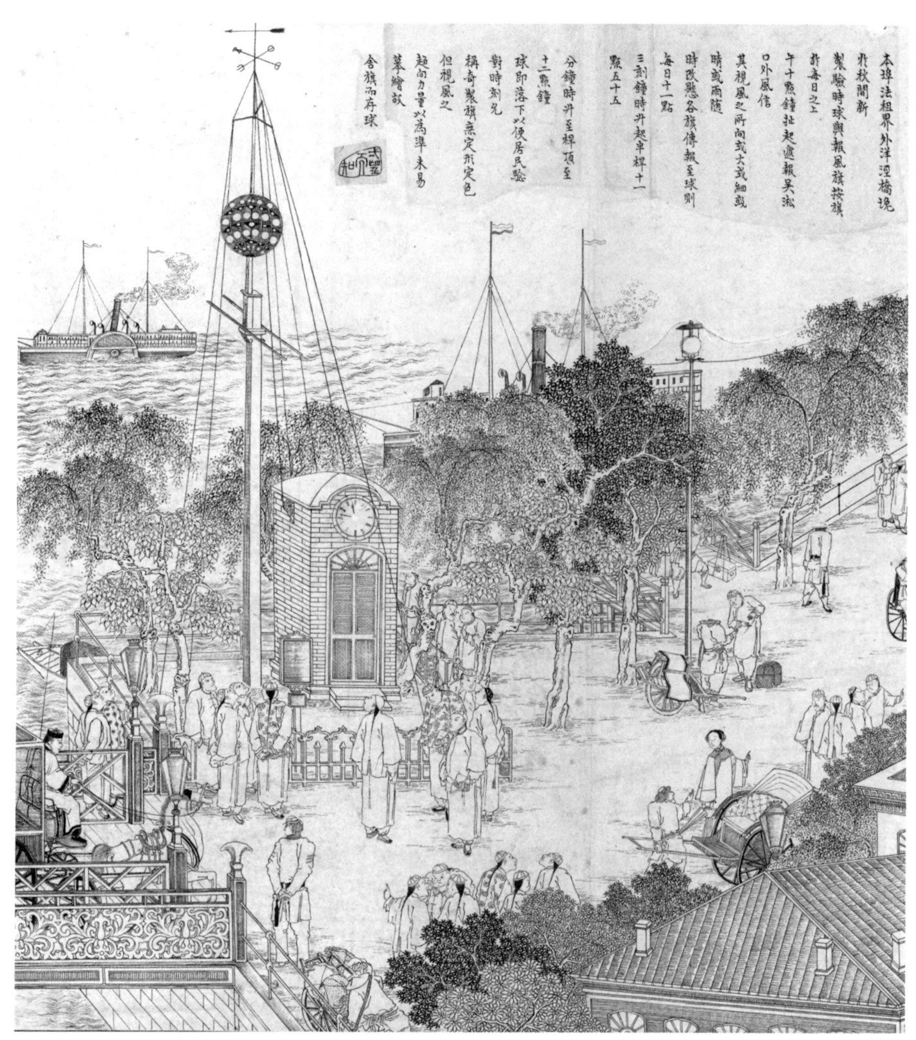

图三 《点石斋画报·日之方中》原稿局部

（上海市历史博物馆藏）

争期间，点石斋画报的相关报道计有 88 幅（第十一册 33 幅，第十二册 55 幅）。这些报道绝大部分都和海洋有关，但一则已有学者作专题研究；二则，海洋在这里不过是战争展开的地点，偏离了本文的考察关切。所以此 101 幅画报不纳入本文的梳理范围（图四）。此外，还有若干幅画报，虽然它们的题目或说明文字涉及海洋，但在细读后发现其实并不相关（图五）。①

如是所得海洋类画报，涉及志怪、民俗、礼仪、水手、科学新知等内容，存在多种分类整理模式。经过思考比较，本文尝试以地理位置为线索将所有材料分类整理，以期发现这份 19 世纪晚期上海向全国发行的，最有影响画报“眼中”的海洋世界概貌。声明一点，因为笔者尚未对所涉画报从图画到文字

① 如《妇为鱼困》讲西国少女困于刹顿海鳡鱼。经检搜，刹顿海大概率是索尔顿海（Salton Sea），是美国加利福尼亚州的咸水湖。

图四　仆犬同殉

（耶鲁大学图书馆数字资源）

图五　妇为鱼困

（耶鲁大学图书馆数字资源）

作充分的细读，故本文基本限于“是什么”的范畴。以下每幅画报内容尽量以简洁语言点出扼要，标明所在册数和页码，以方便索图。①

一、近 海 海 域

（一）中国大陆各沿海城市（由北向南顺序罗列）

天津两幅。《法兵肇事》（图六，《点石斋画报（大可堂版）》第二册第 160 页），津沽口外，法舰水手酒后纵马撞死一老人，法领事表示愿依法国法律处理，但该国法律没有死刑，老人的冤气无法申雪。《海滨一叟》（第六册第 224 页），天津大沽“龙袍郑”故事，渔夫郑某康熙年间曾为御舟水手，护驾有功，得赐御袍、匾。②

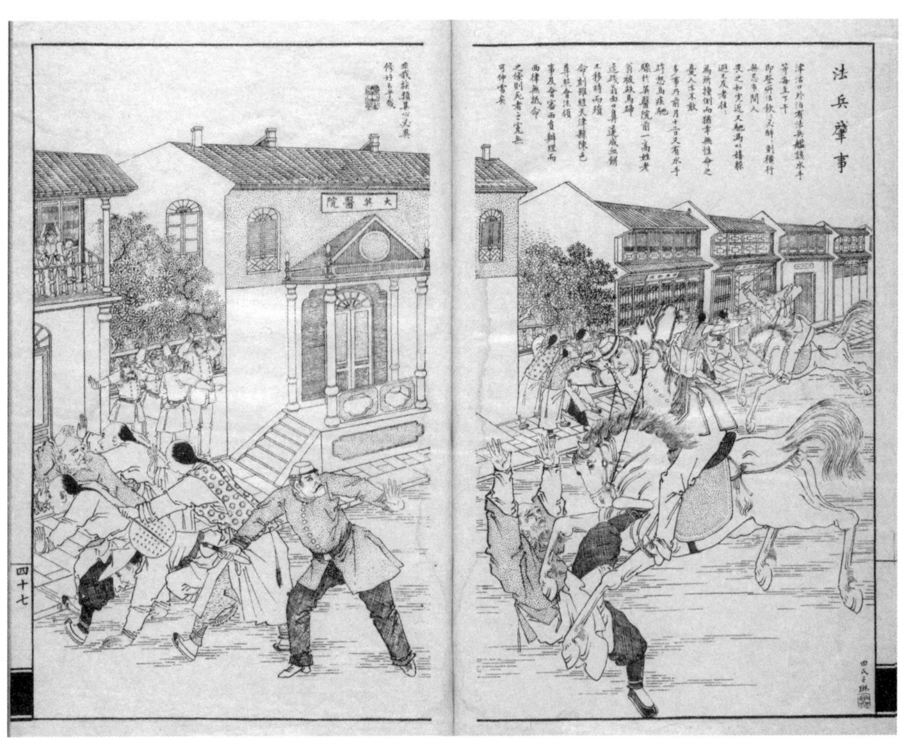

图六　法兵肇事

（耶鲁大学图书馆数字资源）

① 根据大可堂版点石斋画报每册前的目录，可确定每幅画报原属的号，并进而确认刊行时间。

② 此故事有不同版本流传，即如《乾隆吃面鱼》中的故事发生于乾隆初下江南时，渔夫郑姓，无名，赐“内衬龙袍”和“海滨逸叟”匾。戴愚庵：《沽水旧闻》，天津古籍出版社，1986 年，第 8 页。

山东诸城一幅。《夜叉盗酒》(第十三册第17页),一夜叉乘某渔者出海之间,盗其酒饮之,醉不起,被归来渔人打死。①

江苏盐城两幅。《闰鱼出海》(图七,第四册第148页),盐城田港坞滩涂,海水陡涨,一大鱼搁浅滩头,围观的人们纷纷割了鱼肉回家煮汤,味道极鲜美,而鱼骨甚至可以当房梁。《覆舟遇救》(第四册220页),某船在黑水洋遭风暴袭击,得"敦贺丸"号②救助。黑水洋指北纬32°至36°、东经123°以东海域,约略江苏近海。③

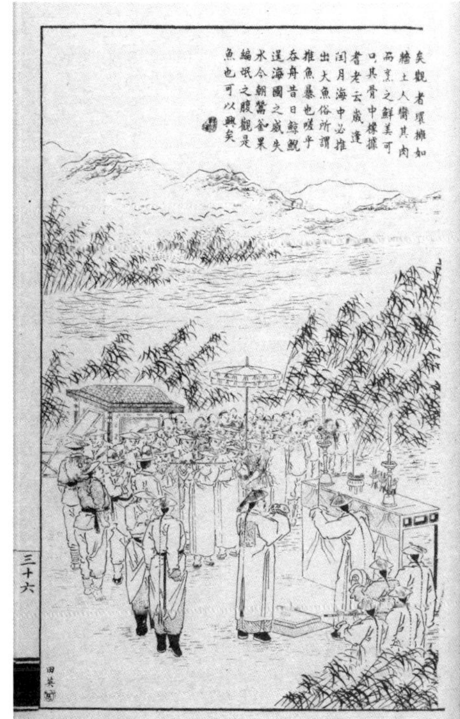

图七　闰鱼出海

(耶鲁大学图书馆数字资源)

上海十五幅,因数量较多,分类列于下。

船只失事四幅。《轮船搁浅》(图八,第一册第35页),怡和洋行宝生号搁浅。《惨毙多命》(第二册第6页),太古公司蓝烟囱轮船撞沉流云号小火轮。

---

① 出自《阅微草堂笔记》"夜叉"故事,情节如一,文字小有出入。纪昀著,余夫等点校:《阅微草堂笔记》,吉林文史出版社,1997年,第179页。

② 1885年9月,日本共同运输株式会社与三菱会社合组日本邮船会社。1886年3月,日本邮船会社开通了长崎、烟台、天津间的定期航线,由所属"敦贺丸"轮船每3周往返烟台一次。庄维民、刘大可:《日本工商资本与近代山东》,社会科学文献出版社,2005年,第4页。

③ 中华书局辞海编辑所:《辞海(试行本)》第9分册《地理》,中华书局,1961年,第318页。

《轮船被焚》(第七册第 111 页)，宝清轮火灾。《轮船又火》(第七册第 311 页)，太古洋行上海轮火灾。

图八　轮船搁浅

(耶鲁大学图书馆数字资源)

海洋祭祀五幅。《迎神入庙》(两幅，第一册第 55、56 页)，虹口天后宫落成时，迎法像的仪仗盛况。《致祭海神》(第一册第 201 页)，朝廷大臣在海边祭奠海神大典。《漕米起运》(图九，第二册第 65 页)，漕船扬帆之际，“豫园”祭祀海神。《兵轮祭海》(第二册第 192 页)，吴淞口水师祭海仪式。

外国水手三幅。《入土为安》(第一册第 158 页)，德国海军军官出殡。《血溅罗襦》(第二册第 213 页)，外轮二副夜召粤妓，酒后伤人。《围擒水手》(图一〇，第二册第 282 页)，外国水手驱打华人被捕。

放生、崇佛、志怪各一副。《同转放蛇》(第八册第 239 页)，大小七山洋面放生沪北杨树浦大花园巨蛇。《蛇入船孔》(图一一，第十三册第 233 页)，某船主信佛，赖巨蛇堵船洞免于半途沉没。《珠光示异》(第十五册第 151 页)，巨蚌衔大珠，将吐纳时五龙盘旋其上。

浙江海盐、普陀各一幅。《海兽何来》(第十五册第 153 页)，海盐八团地方大雨雹海潮后出现一长八尺余的色纯黑兽。《水懦易狎》(第十三册第 213 页)，普陀山沿海，奥国总领事游泳溺毙。

宁波十幅，分类开列于下。

中西对比一幅。《入海捞物》(图一二，第一册第 57 页)，将宁波人入海捞

图九　漕米起运

（耶鲁大学图书馆数字资源）

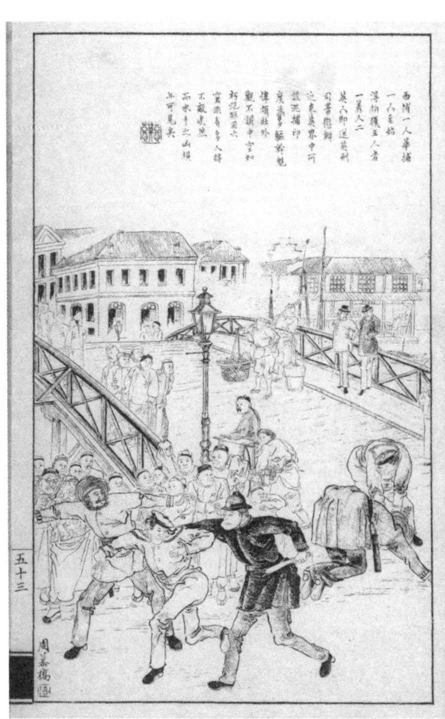

图一〇　围擒水手

（耶鲁大学图书馆数字资源）

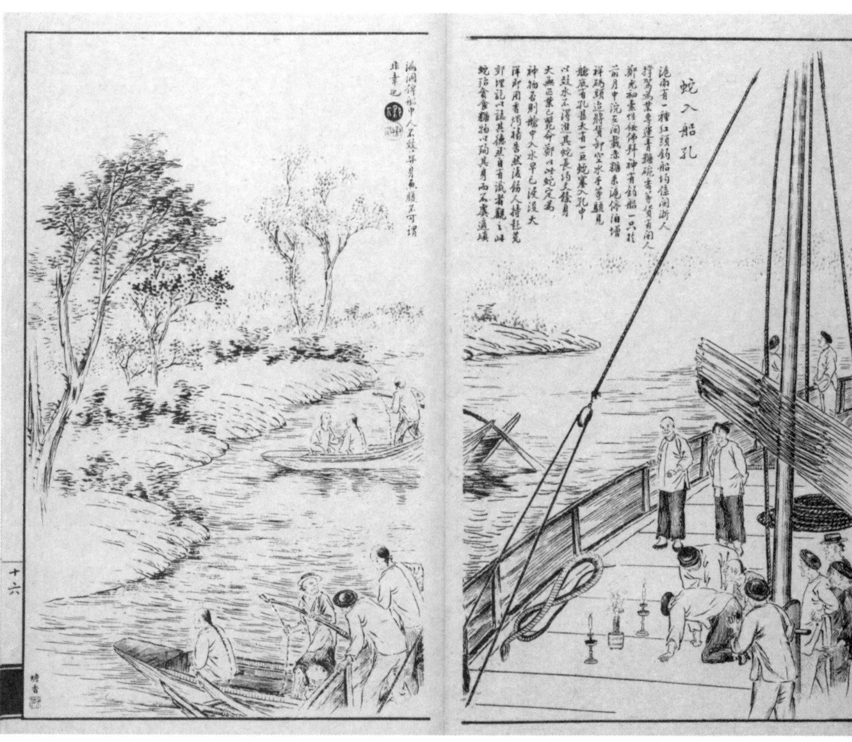

图一一　蛇入船孔

（耶鲁大学图书馆数字资源）

图一二　入海捞物

（耶鲁大学图书馆数字资源）

物与西人潜水对照，感叹“劳逸之判，奚啻天渊，华人为其难，西人为其精”。

“奇”、“怪”海生物六幅。《海程遇怪》（第二册第 126 页），怪物登某沙船，赖响雷惊走。《放炮击蛟》（第六册第 248 页），招宝山炮台开炮轰蛟。《沙鱼化虎》（第九册第 26 页），某物兽首鱼尾，窜至沙岸，转瞬变成老虎，船不急避，将有不测。《绝大鱼骨》（第九册第 94 页），鄞东大鱼，头骨如屋，口如大门。《和尚变相》（第九册第 275 页），蟹浦怪鱼长约六尺，上截宛如和尚，主风雨寒冷。[1]《蚌壳现佛》（第九册第 285 页），象山石浦一蚌内有珠十八粒并十八罗汉头像。

蜃楼两幅并奇特渔具介绍一幅。《蜃楼妙景》（第七册第 110 页），蟹浦海市蜃楼。《蜃楼幻境》（第九册第 95 页），象山南田海市蜃楼。《渔舟异制》（图一三，第七册第 22 页），介绍宁波蛟门海边渔民使用的泥瞒。

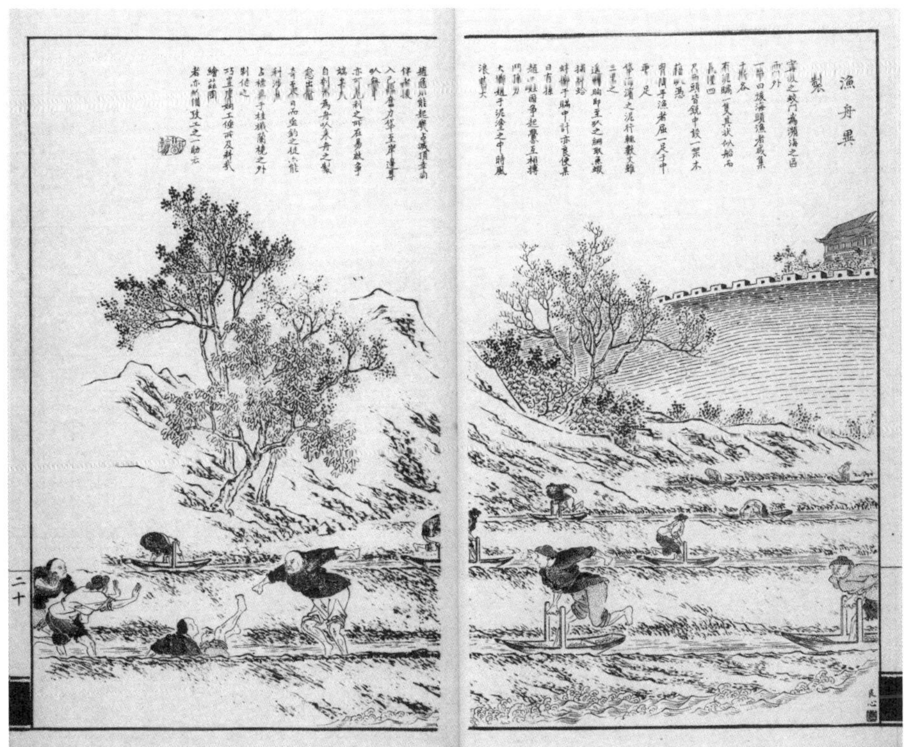

图一三　渔舟异制

（耶鲁大学图书馆数字资源）

福建厦门五幅。《水手可嘉》（第二册第 256 页），苏州某孩童被拐至厦门，英轮水手长将其救出，并带回上海与其家人团圆。《缘木求猪》（图一四，第五册第 75 页），厦门外船庆祝女王诞辰活动。《人头飞坠》（第七册第 300

① 即海和尚，参见曲文军：《〈汉语大词典〉词目补订》，山东人民出版社，2015 年，第 492 页。

页)，某海关西人见一小孩头颅自巨鹰口中飞坠船上。《舟子不法》(第九册第 75 页)，小艇艇主吴阿理强奸女客。《迎神远游》(第十五册第 15 页)，厦门俗例“王爷到港会”介绍。

图一四　缘木求猪

(耶鲁大学图书馆数字资源)

台湾海域三幅。《海外清游》(第四册第 104 页)，闽海琉球接壤处，居民皆穿中国古衣冠，其地景色清奇，并有奇树和佛经中的迦陵鸟。《划水仙》(第九册第 130 页)，台湾近海两船遇风，舵折、底裂，以划水仙之法达彼岸。①《巨鱼骇闻》(图一五，第十册第 86 页)，澎湖海域巨鱼横亘沙滩，长五十余丈，两目无珠，腹中有鱼。

香港三幅。《铁甲南行》(图一六，第二册第 291 页)，英国轮船进香港，见中国铁甲船数艘向南而驶，面对强国炮舰，弱小国家应自强。《掩拿海盗》(第三册第 276 页)，海盗王阿海避香港，被捕。《航海奇观》(第十四册第 164 页)，英皇登基 60 年，香港“海面各船铺张一切”的庆祝场景。

澳门二幅。《古鼎跃水》(第六册第 294 页)，渔夫网得纯金古鼎。《龙见》(第九册第 119 页)，澳门龙挂，摄屋顶，毁船只，东洋车被卷起，车毁而人未伤。

---

① “划水仙”一文对此俗有梳理。周作人著，钟叔河编：《花煞：乡土·民俗·鬼神》，《周作人文类编》第六册，湖南文艺出版社，1998 年，第 430、431 页。

图一五　巨鱼骇闻

（《点石斋画报》大可堂版）

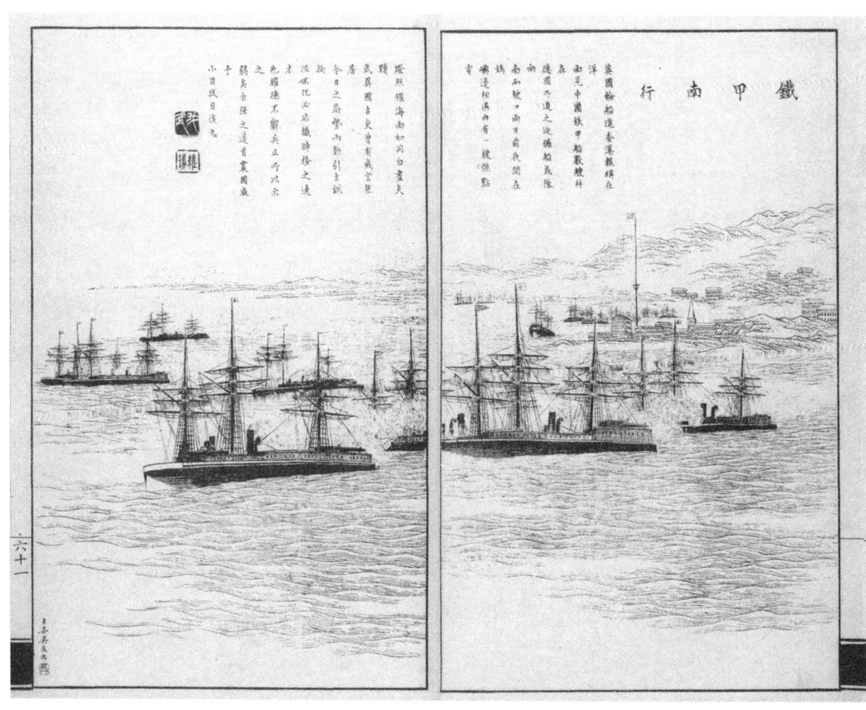

图一六　铁甲南行

（耶鲁大学图书馆数字资源）

泛言近海，地点不确者五幅。《蛟异》(第八册第 286 页)，某省近海起蛟其首似牛，以洋枪击之。《陵鱼出海》(第十册第 67 页)，轮舶过海，见怪鱼人面鱼身双手双足。《射龙睛》(第十五册第 91 页)，游击朱某乘舟哨海，见洋面红灯两盏，弯弓射之。《羽人国》(第十五册第 126 页)，某岛有羽人，如猱而小黑黝无衣背生双翼。[①]《海舶呈奇》(第十册第 24 页)，某将军出海捕盗，一儒雅书生搭船，不意却是盗酋。此 5 幅，内容皆不出志怪传奇之范畴。

表一　中国近海地带点石斋画报数量题材统计表

城　　市	画报数量(幅)	传统题材数量	现代题材数量
天津	2	1	1
山东诸城	1	1	0
江苏盐城	2	2	1
上海	15	7	8
浙江海盐、普陀	2	1	1
宁波	10	9	1
厦门	5	2	3
台湾	3	3	0
香港	3	0	3
澳门	2	1	1
地点不明确近海	5	5	0
总计	50	31	19

注：

传统题材指不涉及西人、西事的志怪、果报等内容，“现代题材”的“现代”指以“双元革命”为区分，与“旧制度”对立意义上的现代。

上述沿海世界，涉及十余个地点，上海(15 幅)、宁波(10 幅)、厦门(5 幅)三地得到的关注最多，占了总幅数的 6 成；上海、厦门的传统题材各占约半数，而宁波却仅一幅涉西人西事。台湾、香港各三幅，前者全为传统题材，后者则皆涉西人西事。总体来看，此十余沿海地点传统题材约占 6 成。

画报有图有文，即有画师和撰文者。因每幅图皆有署名，画师身份是明确的。吴友如为画师中最出名的，但即使是他，其生平依然模糊含混，其他人就更不用说了。点石斋画师不是按固定薪水聘用，而是采用投稿制，按张数取酬，每幅画报给酬 2 元，对画师来说是一笔不菲的收入。[②] 上海的 15 幅画报，自然由身在上海的画师投稿；而另外 35 幅画报，则很可能有外地画师的投稿，因点石斋曾呼吁外地画师“遇本处有可惊可喜之事，以洁白纸新鲜

① 李庆辰著，金东校点：《醉茶志怪》，齐鲁书社，2004 年，第 78 页。

② 鲁道夫・G・瓦格纳：《进入全球想象图景：上海的〈点石斋画报〉》，《艺术与跨界：〈中国学术〉十年精选》，第 422、423 页。

浓墨绘成画幅，另纸书明事之原委”，投稿点石斋。[1] 启示中对画幅有要求：“画幅直里须中尺一尺六寸，除题头空少许外，必须尽行画足。”题头配文的撰写者，有观点认为是画师本人所作，也有人主张另有其人（图一七）。[2]

图一七　暹罗白象

（耶鲁大学图书馆数字资源）

---

① “惟外埠所有奇怪之事，除已登《申报》者外，未能绘入图者，复指不胜屈。故本斋特告海内画家，如遇本处有可惊可喜之事，以洁白纸新鲜浓墨绘成画幅，另纸书明事之原委。如果惟妙惟肖，足以列入画报者，每幅酬笔资两元。其原稿无论用与不用，概不退还。画幅直里须中尺一尺六寸，除题头空少许外，必须尽行画足。居住姓名亦须告知。收到后当付收条一张，一俟印入画报，即凭条取洋；如不入报，收条作为废纸，以免两误。诸君子谅不吝赐教也。”点石斋主人启：“请各处名手专画新闻启”，《申报》1884年6月7日。

② 鲁道夫·G·瓦格纳在《进入全球想象图景：上海的〈点石斋画报〉》（第431页）一文中，据吴友如所绘《飞龙在天》配文（使用第一人称“吾”，并提及吴自身年龄等）认为“通常图画所配的文字也是由这些画师自己起草的”。唐宏峰在《“点石斋”（转下页）

（二）第一岛链海域（由北向南顺序罗列）

图一八　东瀛巨蟹

（《点石斋画报》大可堂版）

日本六幅，分两类开列如下。

“奇”、“怪”4幅，宝珊瑚、大龟、巨蟹、异鱼各一幅。《铁网珊瑚》（第四册第273页），怪冲两岛间，得一珊瑚，匹敌汉时越王所献。《大龟善饮》（第八册第224页），渔人捕一龟，巨且善饮酒。《东瀛巨蟹》（图一八，第九册第297页），北松郡志佑村渔人松本获巨蟹。《鱼形志异》（第十三册第265页），渔民网获怪鱼，有角如牛，浑身骨头，窍中有白玉。

另，关涉西人、日人各一幅。《乘风西去》（第三册第96页），高千穗丸号遇风，一西人迎风高唱滑入海中，后被救。《海外桃源》（第六册第305页），三名日本人出海遇风，流落到星亚厘珊都海岛隐居。②

朝鲜半岛四幅。怪鱼题材三幅，虎骨怒海神一幅。《鱼异》

（接上页）的遗产——以初刊本、原始画稿与视觉性研究为中心》一文中主张“原始画稿显示画报上的文字另有书写者而非绘画人”。裴丹青主张“1884年5月至1887年3月间的《画报》主笔是供职点石斋印书局的江苏元和茂才沈锦垣。”（裴丹青：《〈点石斋画报〉主笔考》，图书情报论坛2015年第2期）笔者认为，实际情形可能是多种情况并存。一，外地画师的投稿，按点石斋要求需“另纸书明事之原委”，那么实际刊登出来时，肯定是他人修改、誊写其上的。二，考虑到吴友如在点石斋所有投稿画师中的突出地位，他自己题写图画配文是可能的，甚至可能还有其他画师也有这个“待遇”，但一则可能是偶一为之，二则恐怕也不能轻率的推及到其他普通画师。三，笔者检视原稿，附文是另纸裁剪粘贴到画稿上，并常有白色涂改痕迹。笔者猜测，大部分本地或外埠投稿画师，应是“另纸书明事之原委”，点石斋印书局内有专门负责誊写、修改、再裁剪粘贴文字于画稿空白处的队伍。吴友如《飞龙在天》情形应是偶发；另外，也应存在画师没有书“事之原委”，而直接由书局人员撰写的情况。一则，颜料涂抹和另纸裁剪粘贴这两种行为和转印效果息息相关，应在印书局处理，而非画师居所；二则，笔者论点可证之于《暹罗白象》例（该画报原稿仅有上部另纸粘贴的附文，图画部分空白，转印时直接复制外文画报稿，则撰文者显系某书局人员）。

② 星亚厘珊都海岛不知所指，但据该画报附文应距硫磺岛不远，疑为西太平洋小笠原群岛（位于东京以南1 000多公里）中某岛。

(图一九,第三册第 267 页),某岛有鱼象狗,食之有毒。《扛卖巨鱼》(第四册第 56 页),渔民网一巨鱼,扛入城中需七八人。《虎头蛇尾》(第四册第 257 页),海上网一虎头蛇尾怪鱼。《撄怒海神》(第三册第 85 页),大洋风浪凶猛,盖某甲私藏虎骨而惹怒海神,虎骨投海,风浪平息。

图一九　鱼异

(耶鲁大学图书馆数字资源)

东南亚海域四幅。《海底仙山》(第九册第 309 页),舟过苏禄,俯视海中,海底忽现奇峰。《海中有树》(图二〇,第十五册第 137 页),星(新)加坡驶抵香港途次,海中见有大树一株。《猴能捕鳄》(第十册第 309 页),闽人许石曾在曼坡丹戎海屿以捕鱼为业,某日见群猴捕鳄。《虎口余生》(第十册第 138 页),槟榔屿海域某岛,野人凶恶,不光杀人还吃人。

此部分共计 14 幅,传统志怪题材占比尚高于上海,日本、朝鲜半岛尤其明显。东南亚四幅中,《海底仙山》近于单纯志怪题材,《海中有树》的附文则煞有其事地标记了海树所在的经纬度,《猴能捕鳄》中的许石曾为南洋谋生华人,《虎口余生》则是"异域野人食人"题材。较之日本和朝鲜半岛,东南亚有明显不同。

二、远 洋 海 域

远洋,在本文指越过第一岛链的海域,下文按照地中海、太平洋、大西

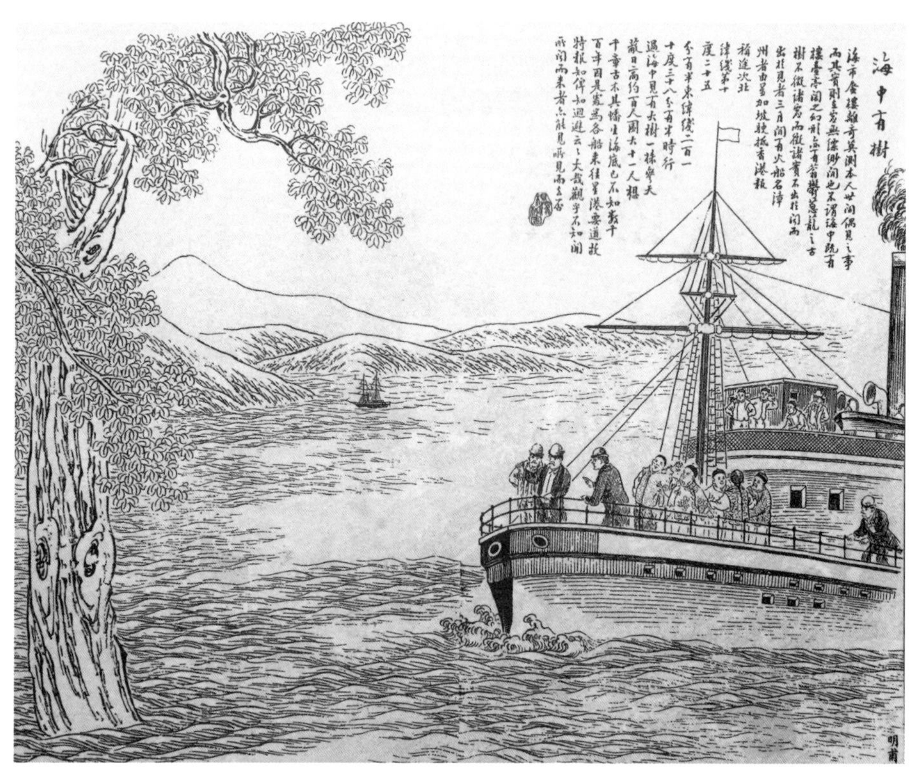

图二〇　海中有树

（《点石斋画报》大可堂版）

洋、印度洋、北冰洋顺序罗列。

地中海两幅。《铜人跨海》（图二一，第四册第 164 页），“乐德海岛之港口，有铜人一具，跨海而立，其胯下能容大舶经过：左手执灯，燃之，光照数十里，俾夜行者得认识港口，以便靠泊”。[①]《电焚铁甲》（第十四册第 12 页），意大利军舰“鲁马”号在“以夙斯培席亚海口”遭电击起火。[②]

太平洋六幅。

北太平洋两幅。《巨鱼入网》（第四册第 161 页），旧金山附近海域，一捕鱼公司捕获一条大鱼，重一万磅。《同归于尽》（图二二，第七册第 125 页），美国马加利帆船由亚洲启行载珍禽异兽，将往美洲宝士顿博物院，中途动物破笼而出。

---

① 乐德海岛即地中海罗德岛，跨海铜人即为古代世界七大奇迹之一的“罗德岛太阳神铜像”。对照画报附文，应出自南怀仁《七奇图说》“铜人巨像”条。张潮：《虞初新志》，上海古籍出版社，2012 年，第 248 页。

② 此幅画报背景是意大利索租三门湾。“《点石斋画报》则对意大利国内情况进行了系统报道，并刊登了一幅有解说词的石版画，叙述了 1896 年 7 月 28 日一艘意大利旧战舰罗马号在拉斯培席亚港下沉的事件，借以向读者表明，所谓欧洲海军急先锋的意大利舰队，实则不堪一击”。［意］白佐良、马西尼著，萧晓玲、白玉昆译：《意大利与中国》，商务印书馆，2002 年，第 263 页。

图二一　铜人跨海

（耶鲁大学图书馆数字资源）

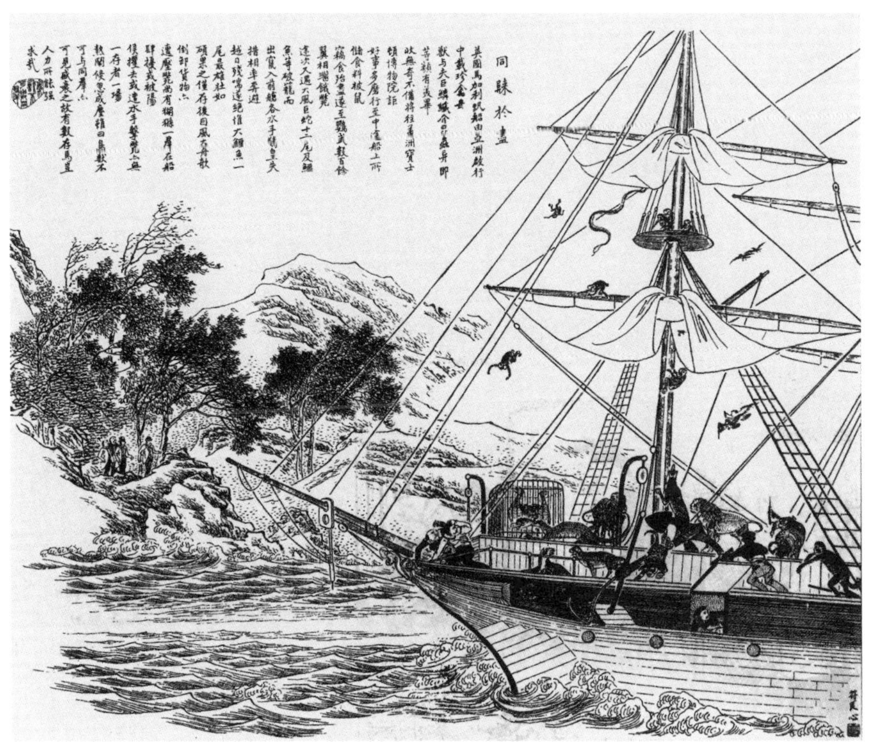

图二二　同归于尽

（《点石斋画报》大可堂版）

南太平洋一幅。《海鸟息争》(第四册第293页)，秘鲁兵船见两岛海鸟相争，难解难分之际，忽飞来一大鸟，羽毛五彩缤纷，鸣叫几声，众鸟即恭敬和解，大鸟随即一飞无踪。

太平洋3幅，难以确定是北太平洋抑或南太平洋。《攫食生人》(第七册第125页)，美国某帆船由新金山(墨尔本)启行，中途忽遭海风，漂流至麻力哥鲁岛，[①]岛上野人以人为食。《似山非山》(第九册第200页)，定海人翁有法在西国轮船充当水手，在太平洋见大鱼似山。《野性难驯》(第十四册第86页)，美国某帆船食水断绝，登太平洋某岛汲水，岛上野人不忌食人肉。

大西洋九幅。

北大西洋七幅。《海行不测》(图二三，第一册第74页)，一轮船从纽约开往英国，于英国海面与一帆船相撞，皆沉没。《救人奇法》(第二册第297、298页)，一船近纽约时遇狂风，救生局一人突发奇想，以火箭系绳，对准帆船射去。《大鸟传书》(第四册第266页)，一鸟三日飞万里之遥，累死在阿斯脱辣利岛，[②]鸟携白铁一块上书海难信息，法国政府得以派兵轮救人。《智解鹿围》(第六册第166页)，大西洋北某岛多鹿，女郎骑鹿自外祖母家归，陷鹿围不得脱，以雪茄绑己鹿尾围始解。《行舟新法》(第七册第33页)，爱兰渔船有

图二三　海行不测

(耶鲁大学图书馆数字资源)

① 墨尔本在澳洲南端，若驶往美国，则此“麻力哥鲁岛”应为太平洋某岛。

② 疑为西班牙阿斯图里亚斯 Asturias，此地近法国南部海岸。

注油之法独能破浪。《泅水绝技》(第七册第 227 页),英人剌顿由伦敦海口横渡海峡至法国奴佛。《老乌龟》(第八册第 145 页),西班牙国域基马地方捕得一龟,其上已有法人、印度人刻字,不忍加害,刻字后放生。

泛言大西洋 2 幅。《鲸鱼志巨》(图二四,第七册第 20 页),泰西附近的义邻兰海,[①]近日有人抓获一条鲸鱼,颜色黑,像牛,乳一年,经过二十年才成熟,头上有小孔,能喷水至二十丈高,长约里许。《舟涉重洋》(第十三册第 304 页),德国某大船于大西洋路遇两人划一小船欲从美国横渡大洋到欧洲。[②]

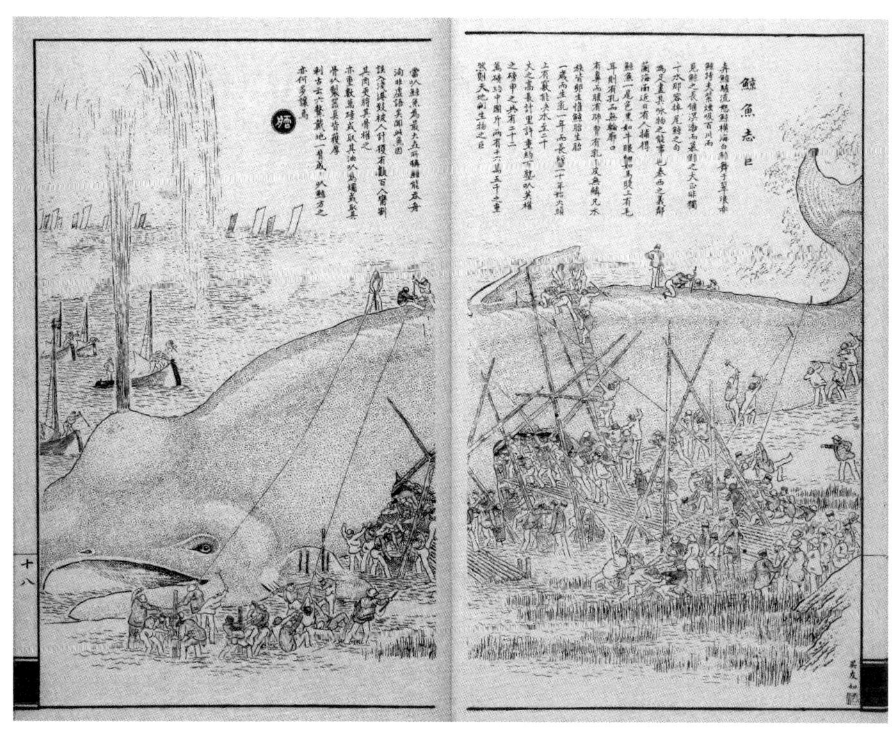

图二四　鲸鱼志巨

(耶鲁大学图书馆数字资源)

印度洋四幅。《赤道媚神》(图载第二册第 263 页,文字见第 266 页《驼营百物》和第 267 页《狮庙千年》),“西例轮帆过赤道,水手必扮作龙王以演剧,歌无腔,舞无律,酣嬉跳掷如顽童,谓海神喜此”。[③]《仿佛鲸鲵》(第一册第

---

① “义邻兰海”不知所指,疑为北大西洋近欧洲诸国海域。

② 见《时务报》“舟涉重洋”(译自巴黎日报),文字基本相同。中华书局编辑部:《强学报 时务报》(第 1 册),中华书局,1991 年,第 250 页。

③ 光绪十一年十月“颜君永京出其遍历海外各国名胜画片为影戏,于本埠之格致书院”,入观的人需要付费,所得用于赈济“两粤山东各沙洲灾民”(第二册,第 262 页《番舆异制》)。一共展示了一百多幅画片,《点石斋画报》选登了 16 幅。按其航行路线,“颜君当日乘帆船从本埠启行,沿中国疆宇之所极,首至一埠为印属之格拉巴岛,近赤道”(第二册,第 265 页《猎遭猛虎》),再考虑到此 16 幅画片之刊载顺序,则《赤道媚神》的地点当在印度洋近赤道海域。

124 页），印度洋时有鲨鱼出没，水手将鲨鱼捕获，剖开鲨鱼肚腹，见其内有羊半只尚未消化。《水气上腾》（图二五，第八册第 211 页），印度某海岸“忽见水气上腾直接霄汉，由远望之，俨如白练垂空”，一点钟后大雨倾盆天雨鱼虾。《海底清泉》（第十三册第 138 页），波斯湾（阿拉伯海西北伸入亚洲大陆的一个海湾，为印度洋之一部分）海底有淡水清泉冒出，附近的人皆来驾船汲水。①

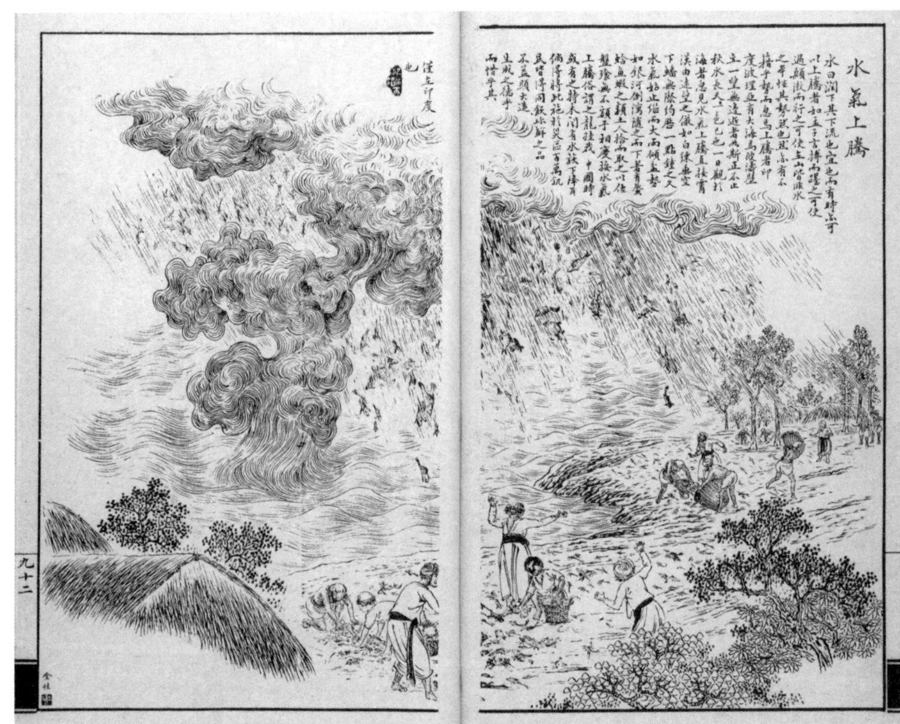

图二五　水气上腾

（耶鲁大学图书馆数字资源）

好望角海域一幅。《西人见龙》（第二册第 324 页），某外轮行至阿非利加洲之南海上，忽见波涛奔腾鳞爪怒张，最初怀疑是条大鱼，稍近才见为中国龙。

北冰洋七幅。《冰舟创格》（图二六，第五册第 22 页），“冰舟”“创始墨洲，其地水多陆少，北极荒寒坚冰”。②《北海奇观》（图二七，第十一册第 93 页），

---

① 巴林岛附近海域确有海底泉水，且有水贩子存在，收集泉水出售给附近船舶和陆地居民。［美］Neven Kresic 著，熊军、梁开封、郭诗雄、蔡明祥译：《地下水资源的可持续性、管理和修复》（上），黄河水利出版社，2013 年，第 228 页。

② 墨洲即美洲，具体疑为现加拿大努纳武特地区（Nunavut），其地位于北极地区，岛屿众多，首府伊卡卢伊特（Iqaluit）即在巴芬岛（Baffin Island）上。冰舟即今日之冰帆（Ice yachting），现仍是加拿大和美国受欢迎的冰上运动项目。另，荷兰画家 Adriaen Pietersz van de Venne（1589～1662 年）油画作品《Winter》中的冰帆，与此画报所描绘“冰舟”大致相符。

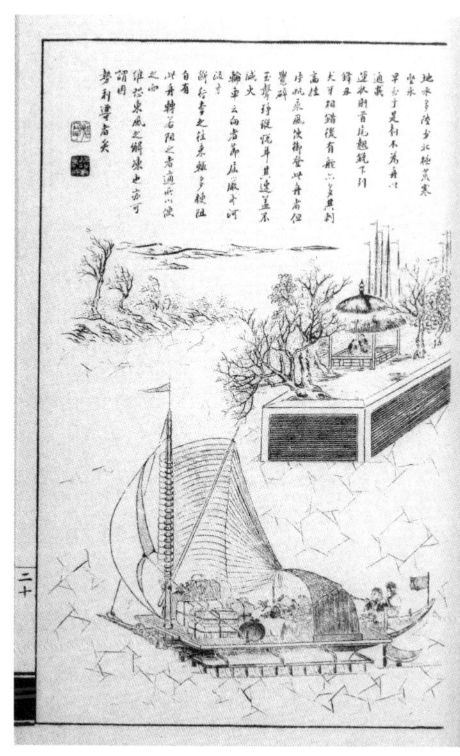

图二六　冰舟创格

（耶鲁大学图书馆数字资源）

图二七　北海奇观

（耶鲁大学图书馆数字资源）

康熙时命人往穷北海，假道俄罗斯，北行历数十驿，至一部落，见冰中有方蚌，每蚌藏一夜叉，蓝面赤发，就是所谓幽都了。[①]《探极人回》（第十三册第102页），介绍挪威人北极探险事。《北极采风》（第十三册第265页），在北极探险的英国人要绘一副当地女孩肖像，其母忧惧自己女儿太漂亮而被英王看中，强抢为王后。《少见多怪》（第十三册第300页），1818年美国船到达北极圈，当地人初见船而惊骇莫名，以为神怪。《北极难寻》（第十四册第38页），往北极的探险船被冻住，船主冻毙，文末感慨西人探险"不畏难不避远"。《探极荣回》（第十四册第69页），挪威人南顺新北极探险归来受到盛大欢迎。[②]

难以确定具体所在，泛言大洋三幅。《可怜一炬》（第五册第115页），"某公司船由伦敦开往澳大利亚中途炸裂"，原因是某西人意在骗保，故意海上炸船，感慨"西人之奸险者更十倍于华人"。[③]《昆虫志异》（第八册第140页），欧洲人从非洲带螳螂标本乘船回欧洲，半途螳螂逃逸。[④]《轻身仗义》（第十册第11页），驻阿非利加英舰（施华剌号），乙船员救甲船员脱鲨鱼之口故事。[⑤]

远洋海域共计32幅，除取材于南怀仁《七奇图说》的《铜人跨海》，及取材于图理琛《异域录》的《北海奇观》两幅外，其余皆是现代题材，且剩余这30幅应大多取材于当时的西人画刊、报纸等。[⑥] 细读这部分画报附文，各篇之间对西人、西物、西事的态度不一，有叹羡精于格物的，也有感慨"西人之奸险者更十倍于华人"者。这其中，以《似山非山》、《赤道媚神》、《西人见龙》三幅格外显撰文之人于中西新旧之间的徘徊。《似山非山》中定海西船水手将太平洋中大鱼之背误认为"层峦叠嶂"之山，幸赖持地图之西人"急止之"而脱险。《赤道媚神》则在一副西人"酣嬉跳掷如顽童"的过赤道线Party画面中，

---

① 此部落所在疑为图理琛《异域录》所载的叶尼塞斯科，"相去北海大洋一月程"，地理位置接近北纬60°，已近北冰洋。傅林祥：《交流与交通》，江苏人民出版社，2011年，第170页。

② 图中所绘挪威国旗，确系该国1844至1899年所用国旗样式。

③ 其时苏伊士运河已通航，由伦敦至澳大利亚，大致会历经北大西洋、地中海、印度洋、太平洋，所言"中途"应是习语，难以确定地点。

④ 非洲至欧洲，航线或经大西洋或由印度洋、苏伊士运河、地中海航线。

⑤ 此时的英国在非洲东西海岸都有殖民地，仅就目前所知，此幅中的英舰或在大西洋，或在印度洋。

⑥ 点石斋画报对同时期西方画报的改编使用情况，可参考亨宁斯迈耶：《关于苏格兰短裙、公主、无政府主义者和大象：英国与美国的绘画插图如何进入点石斋画报》。转引自鲁道夫·G·瓦格纳：《进入全球想象图景：上海的〈点石斋画报〉》，《艺术与跨界：〈中国学术〉十年精选》，第436～438页。另，唐宏峰经翻阅上海市历史博物馆点石斋画报原稿，发现《暹罗白象》是直接复制1884年4月19日的《哈铂周刊》，因此这张原稿只有另纸粘贴的手写文字，图画部分空白。唐宏峰：《"点石斋"的遗产——以初刊本、原始画稿与视觉性研究为中心》，《文学与文化》2014年第4期。

突兀地加了一中国冠带长髯持矛之人，并在附文中谓其是西人水手所装扮之龙王。三幅中又尤以《西人见龙》(图二八)为其冠，兹全篇录于此："古人说龙之书汗牛充栋，不必其一一目击也，然亦必非尽属子虚幻造是名，以欺后人。可知已人称西人精于格致，力辨无是物；而中人亦以龙为不恒见之物，遂同声和之耳，食多偏亦学人之陋也。近日西报言有某轮船行经阿非利加洲之南，忽见波涛上沸鳞爪怒张。初疑为大鱼，稍近则首尾皆现，高出水上二丈余，约计其身不下十丈。然则西人之言无有者欲核夫实也，所谓无征不信也。中人知龙之变化不测，上下无时，风云护其体，雷雨宏其功，状九五之尊，岂能以寻常习见之物绳之哉？用夏变夷，不必其变于夷也。"其中所谓的阿非利加洲之南"波涛上沸，鳞爪怒张"，是有所本的，因非洲南端的好望角海域本就以浪大著称。

图二八　西人见龙

（耶鲁大学图书馆数字资源）

在以上 96 幅之外，还有无明确地点信息的画报 8 幅。《水底行船》(第一册第 3 页)，介绍西方新出之"潜水艇"。这篇是检索到的第一幅与海洋有关的画报。《铁甲巨工》(第二册第 321 页)介绍英国新制造的万吨军舰，言"所费固不赀，然欲雄长海外，俯视各国，自不得不尔"。《美妇司舟》(图二九，第三册第 197 页)，介绍美国一名女船长，"男女之别，中国为重，而其等级之所判，直将霄壤"，"泰西各国则不然，自幼入塾，男女一体"。《水底行舟》(第十册第 51 页)同样是对"潜艇"的介绍。《养鸽传书》(第十册第 164 页)，法德海军利用信鸽传消息的报道。《气球妙用》（第十二册第 23 页），西人使用气球打捞沉船。《水中炮弹》（第十三册第 284 页），介绍英国海军新式武器“鱼雷”。《海外奇谈》（第十四册第 43 页），介绍“游海之车”，言其“仿火车之式参用轮船之制，穷工极巧”。

图二九　美妇司舟

（耶鲁大学图书馆数字资源）

因没有具体地理位置信息，此八幅画报不能纳入上文以地理位置为线索所构建的点石斋画报海洋世界“地图”，但却是理解这一海洋世界所必须。即如《水底行船》（图三〇）附文中，就有对整个地球海洋系统的认知：“地球外围皆是水，东西则通，南北则窒，以日光不到，水结层冰故也。”

三、结　　语

点石斋画报刊行时（1884～1898）的上海，已从开埠前的“小苏州”、“东南壮县”巨变为“海外之巴黎”。“人之称誉上海者以为海外各地惟数法国巴黎斯为第一，今上海之地不啻海外之巴黎”。① 1893 年的上海租界是这样的：“看一看租界的全貌吧，煤气灯和电灯照耀得通明的房屋和街道，通向四

① 《论上海今昔情形》，《申报》1881 年 12 月 10 日第 1 版。

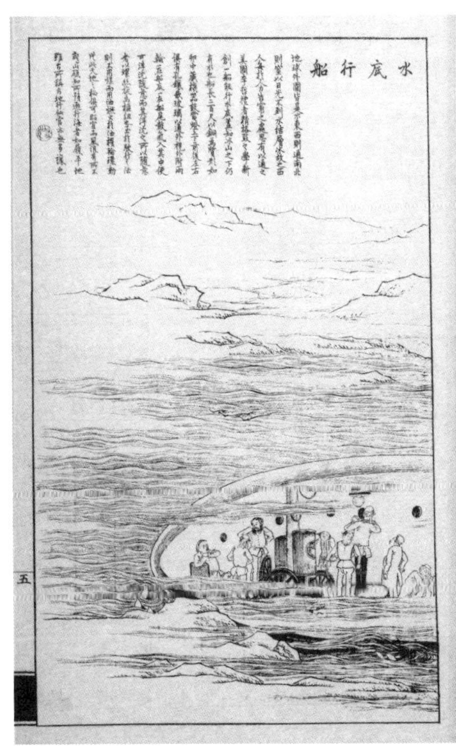

图三〇　水底行船

（耶鲁大学图书馆数字资源）

面八方的一条条碧波清澈的水道，根据最良好的医学上意见而采取的环境卫生措施。我们为了与全世界交往而拥有轮船、电报、电话：还开办了外国发明创造的纺织厂、造纸厂。"①这是西方殖民扩张对上海城市硬件和表层所造成的巨大改变。

近代欧洲在地域上的殖民扩张为现代科学体系的扩张提供了保障和支持，"世界被作为一座实验室添加到欧洲现代科学体系中"。② 1873 年来华耶稣会士在上海徐家汇正式建立了徐家汇观象台。1884 年，即点石斋画报刊行的那一年，徐台受上海法租界公董局、公共租界工部局以及海事保险公司等资助，建成外滩测候所，开办授时与气象预报服务。③ 发展到 20 世纪初，徐家汇观象台的服务对象覆盖整个远东海域，"它的联络网，北从西比利亚，南到马尼剌，又从印度支那到太平洋中的瓜姆岛，在这区域以内的测候

① 1893 年，租界创立五十周年纪念，英国传教士慕维廉（William Muirhead）在外滩公园庆祝会上发表的演说。［美］墨菲（R.Murphey）著，上海社会科学院历史研究所编译：《上海——现代中国的钥匙》，上海人民出版社，1986 年，第 6 页。

② 吴燕：《近代欧洲科学扩张背景下的徐家汇观象台（1873～1950）》，上海交通大学博士学位论文，2009 年，第 15、16 页。

③ 点石斋画报《日之方中》报道了此事，"本埠法租界外洋泾桥堍于秋间新制验时球与报风旗。"

所，无不密接相联系”。[①] 矗立在外滩的测候所表征了上海观察海洋的欧洲现代科学之眼。点石斋画报则是上海朝向海洋的另一只眼，它呈现的海洋世界，混合着中国传统文化经验和西方舶来新知，是想象与观察的混沌，是管窥其时“海外之巴黎”观念世界的一个窗口。

① 《徐家汇气象台》，《旧上海史料汇编》(下)，北京图书馆出版社，1988 年，第 439、440 页。

The Maritime World Depicted in *the Dianshizhai Pictorial*

Abstract: *The Dianshizhai Pictorial*, published in Shanghai during the late nineteenth century, was one of the earliest and most influential pictorials in China. I carefully read through all 15 volumes of the Daketang version, and located 104 illustrations related to the sea. As this paper shows, the maritime world depicted in *the Dianshizhai Pictorial* is a synthesis of imagination and observation, as well as Chinese traditional cultural experience and new scientific and technical knowledge from the West. It is a small but important window for understanding the intellectual world of Shanghai during the late 19th century.

Keywords: *The Dianshizhai Pictorial*, Maritime World, Science and Technology, Records of the Strange (zhiguai)

馆藏 18 世纪老挝澜沧王国船币小考

任志宏*

摘　要： 古今中外的钱币材质往往以贵金属金、银、铜为主，并佐以铁、锡、铅等铸成合金。钱币的形制、质量因各国各民族文化差异多有不同。随着交通技术的进步，不同国家和地区之间的贸易交往不断加深。尤其是海上丝绸之路兴起之后，钱币作为贸易活动的附属品和文化的载体开始在各国间互相交流。中国航海博物馆馆藏有两枚“澜沧王国”钱币，一银一铜，通体扁平，两端略尖，略似船型，称为船型币。这两枚钱币形制颇异，与中外货币皆有不同，故对其进行一番考证。

关键词： 货币　铜币　银币　澜沧　东南亚　老挝

何为钱币？《辞海》的解释为：“钱，铸币，泛指货币。”①而货币，是用于商品交换的一般等价物。② 早在距今四五千年前的新石器时代晚期，中国土地上的部落先民们已经开始将海贝用于商品交换。殷商时期，海贝的适用范围日益扩大，已经开始具备货币属性，并随着商王朝的建立，成为流通全国的通用货币。也是在这一时期，开始出现了铜仿贝，并用于流通。金属铸造的货币已初露端倪。可以说，中国是世界上最早开始铸造和使用金属货币的国家之一。

文献中关于铸造钱币的记录，最早见于《国语・周语下》：“景王二十一年，将铸大钱。”这里的“钱”已经指铜铸币。“景王二十一年”是公元前 524 年，也就是说，早在公元前 6 世纪，中国已经有正式铸造和使用钱币的记录。其后，随着经济的发展以及冶炼技术的进步，铸币的材质范围逐步扩展。所以，我们可以总结一下，凡以金、银、铜、铁、锡、铅等金属或其合金为材质，利用浇铸、冲压等技术手段制作，形状各异，其上饰以各种纹饰、花样、文字等，且用于充当交换的一般等价物的硬质金属币，皆可称之为

---

*　作者简介：任志宏，上海中国航海博物馆馆员。

①　辞海编辑委员会：《辞海》，上海辞书出版社，1999 年，第 4837 页。

②　同上书，第 2048 页。

“钱币”。

中国在相当长的一段时期内，采用铜制圆形方孔钱币作为主要流通货币，金、银等贵金属则主要作为辅助流通手段，形成了独特鲜明的货币文化。随着古代海上丝绸之路的开辟，中国的影响力不断扩大，中国的货币文化也随着交往和贸易逐步向东亚、东南亚地区辐射。而在海上贸易的刺激和带动下，陆路的贸易和交流也不断加深，货币文化的交流不再是中国单方面的向外辐射，而是中外双向流动起来。

一、概　况

中国航海博物馆收藏有两枚异域风格的钱币，一铜一银，二者皆为扁平的长条状，形状细节不同，质量大小亦不同，铜币小而银币大。2019年经馆内专家鉴定，定名为“18世纪老挝澜沧王国船币”。

（一）铜币

藏品编号13450，通长9厘米，通宽1.2厘米，通高0.3厘米，质量35克（图一）。这枚铜币通体平整，无纹饰与铭文，造型中间宽两端窄，整体呈扁平状，中间略低，两侧略高，两端略略翘起，底部光滑，有几分形似船型。从形制判断，制作方式当为铸造。铜币上布有几处小坑，可能是铸造时所留痕迹，局部有少量铜绿。这枚铜币系开馆前从私人藏家手中征集而来。

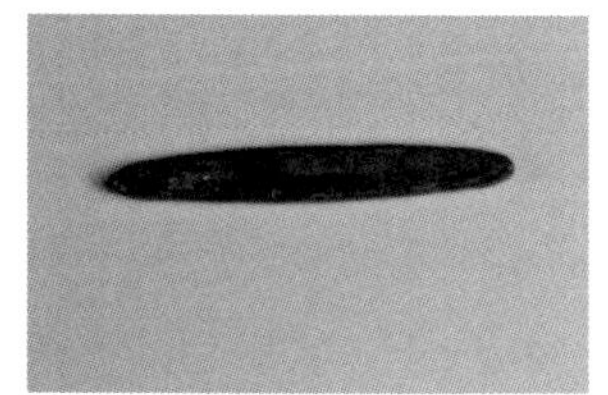

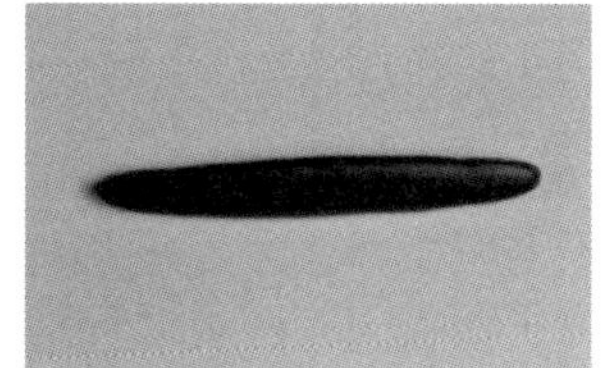

图一　铜币三视图

（二）银币

藏品编号13451，通长11.5厘米，通宽2.5厘米，通高0.5厘米，质量120克（图二）。币材银质，整体造型呈中间宽两端略尖的扁平条状。正面分布有凸出的不规则斑点，共四列，外侧两列呈疣状且不规则间断，内侧两列呈较长、不等且间断的条状，底部较光滑，但不甚平整。正面一端有白色凝结物。与铜币相比，银币较为厚实，且两端并未上翘，船型特征并不明显。同样系开馆前从私人藏家手中征集而来。

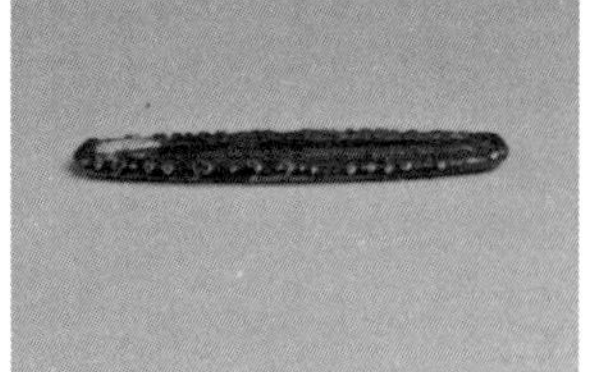
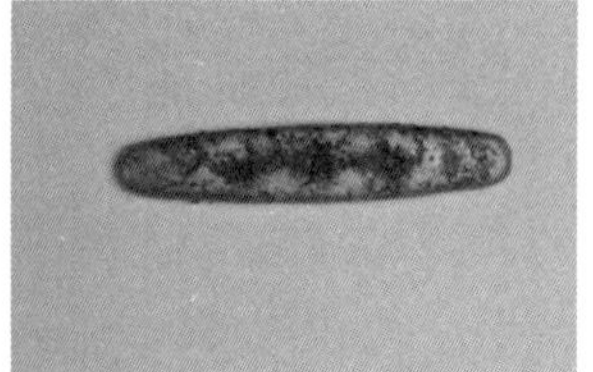

图二　银币三视图

二、流　　通

从材质上看，中国古代的货币大体上可以分作钱币（铜）、金银、纸钞和其他四类。① 钱币类是我国古代流通最广影响最大的一个货币种类，其影响力甚至扩展到日本以及东南亚等地区。据考古发掘资料显示，在距今大约3 400多年前的殷商时代中、晚期，已经出现了铜贝币，即使用青铜浇铸的仿制海贝造型的金属钱币。中国早期流通的货币形式多样、种类繁多，有布币、刀币、圜钱等。至战国中期，秦国开始铸造和使用方孔圆钱。秦攻灭六国完成统一大业后，统一币制，圆形方孔钱成为主流，自此延续两千多年直至清末。纵观中国历代钱币，并无此种长条形两头尖且略微上翘形制的钱币出现。

与铸造钱币的铜相比，白银属于贵金属，是人类较早认识和使用的金属之一。中国古代很早就开始使用白银，出土于甘肃玉门火烧沟四坝文化墓地中的银质耳环，距今约3 600多年，这是目前我国已知最早的银制品。此后在其他地方也陆续发现过一些银制品，如新疆和田流水墓地出土的银耳环、伊利吉林台墓地出土的银钵等，但是比较分散，数量也比较少，且主要以银制品的形式出现。直到战国时期，银制品才开始大量出现。②将白银用于铸造钱币，目前最早见于春秋时期。1974年河南扶沟县古城村一窖藏内出土一批楚国金银币，其中银布币共计有“短、中、长”三型十八枚，皆实首银布币，“短型实首银布币稍晚于空首银布币，可能为春秋晚期的货布。中型与长型银布币的时代可能为战国初期”。③这是我国目前已知最早的银质钱币实物。西汉时称银为白金，据《史记·平准书》记载，白金乃是银锡合金。汉武帝元狩四年（公元前119年），因国家对匈奴用兵，财政拮据，以银锡为币材，铸造发行白金三品。虽然不久之后就被废除，但“这是迄今为止见于官方文献最早的法定银币”。④ 目前传世可见的汉代银锭有五枚，皆为东汉初

① 千家驹、郭彦岗：《中国货币演变史》，上海人民出版社，2005年，第244、245页。

② 黄维等：《马家塬墓地金属制品技术研究——兼论战国时期西北地区文化交流》，北京大学出版社，2013年，第176页。

③ 郝本性、郝万章：《河南扶沟古城村出土的楚金银币》，《文物》1980年10期。

④ 千家驹、郭彦岗：《中国货币演变史》，第121页。

年官铸，三枚在国内，①两枚在日本。“一种是船形，一种是条形。船形银锭底平如砝码，上面两端翘起，略像后代的元宝”。② 但据《汉书·食货志》记载：“珠玉、龟、贝、银、锡之属为器饰宝藏，不为币。”所以这些银锭很可能作为财富被贮藏起来，而非是流通中的货币。

宋代时，贸易兴盛、商业发达，国家和社会对货币的需求很大。当时人们认为，“金银其价重大，不适小用，惟泉布之作，百王不易之道也”。③ 自殷商时期的贝币，到春秋战国的刀币、布币、蚁鼻、环钱，再到后来的圆形方孔钱，均价值尺度较小。可见，交易比较灵活的钱币一直是市面上主要的流通货币。白银作为货币开始为人们所逐渐接受，则始于唐代，④但彼时的白银仅仅具备了货币的部分职能，“但只用于大额支付、贮藏等功能”。⑤唐代银锭主要用于进奉、军费、税收、赏赐等。⑥ 唐代时白银多作为财富的储存形式和用于财贡赋税，以及作为民间海外贸易、大额货物交易等的辅助支付手段。白银的完全货币化要到明中期以后国外白银大量流入时才完成。从西安、洛阳出土的唐代银版、银铤的形制看，其应当是汉代银锭的继续和发展。唐时铸造的银锭形制有笏型、饼型、条型、船型等，宋元时变为平板束腰的银铤，明清则变为两端翘起的立体元宝形。从造型上看，馆藏“澜沧王国船型银币”与中国历代的银锭在形制上并无雷同之处。唐时虽然有名为船型的银铤，但唐时船型铤“形状如船，中间主体呈平板状、平头，两端向上起翼，底部和两侧有少量的小蜂窝分布、无明显丝纹，倒置如小桌案……船型铤通常为五十两类型，体积大”。⑦ 很明显二者除名称外毫无相似之处。

货币，或者说钱币，其主要作用是在商品交换中充当一般等价物，因此，流通是其最显著也是最主要的功能。此两枚钱币中，铜币质量为35克。明代嘉靖、隆庆、万历三朝官方发行的制钱是有明一代铜钱质量的高峰。万历四年，明神宗规定万历通宝的质量为一钱一分五厘，⑧折合成现代质量为4.37克。⑨日本学者黑田明伸认为，在两千多年的中国历史中，一文铜钱的质量始终维

---

① 彭信威：《中国货币史》，上海人民出版社，2015年。

② 同上书，第110页。

③ 李觏：《盱江集》卷一六《富国策第八》，《文渊阁四库全书》第1095册，台湾商务印书馆，1987年，第123页。

④ 周卫荣、杨君、黄维：《中国古代银锭科学研究》，科学出版社，2017年，第15页。

⑤ 达津：《船形银铤考》，《中国钱币》，2008年第3期，第9页。

⑥ 周卫荣、杨君、黄维：《中国古代银锭科学研究》，第21页。

⑦ 同上书，第18页。

⑧ 王圻：《续文献通考》卷一一《钱币》，《文渊阁四库全书》第626册，第253页。

⑨ 依据邢鹏2013年发表在《首都博物馆论丛》上的《明代衡度单位初探——“一两”有多重》中所得出的结论，“明代1两质量范围从30.98克至39.96克不等，其中以37.00克至38.99克的范围最为常见”。本文取其中间值38.00克作为计算标准，得出明代万历通宝一文钱的质量为4.37克。

持在 4 克左右。[①] 可见，二者基本上是一致的。从质量上看，中国航海博物馆馆藏“澜沧王国船型铜币”的质量大致相当于 8 枚万历通宝铜钱。中国古代亦常铸造发行“当十大钱”、“当五大钱”等铜币进行流通，所以这枚“当八”的“澜沧王国船型铜币”还算是属于正常流通范围之内的货币。

中国古代的银锭，多用于财富贮存、大宗交易等方面，铸造质量多为五十两、二十五两等比较大的分量。白银在明代进入流通领域后，开始有十两等小额银锭出现。清代至民国时期，还出现了五两、三两，乃至一两的小锭。此枚“澜沧王国船型银币”质量为 120 克，折合明代质量大约在三两出头，就银锭而言，已经是相当小的分量了。清末民国时民间流通着大量质量在五六十克不等的小型银锭，质量大约是“澜沧王国船型银币”的一半。如此小额度的银币，显然已经脱离了用作财富贮存手段的银锭范围，已经可以称之为银钱或者银币了，是真正用于流通的货币。

三、来　　源

中国航海博物馆收藏的这两枚“澜沧王国船型钱币”，从外形上看，具有明显的异域风格，且并不符合中国古代货币的铸造特征，但又是真正处于流通中的货币，所以我们判断，这两枚钱币应当是伴随贸易活动从国外流入中国的外国钱币。

此二枚钱币，形制颇为特异，存世所见不多。类似的铜币尚未查见，而银币在英国《世界铸币百科全书》中有相关描述。据书中记载，该银币为“虎舌状货币(Tiger Tongue Money)，一种形状略长的浇铸银条，大小轻重不等。正面可见有似疣的赘生物(据说是由于银条在浇铸时粘在上面的蚂蚁被焖进液态银里而造成的)。17 世纪后期至 19 世纪后期，这种银条成为一种流通于柬埔寨、老挝及泰国东北部的货币(其价值按质量来计算)”。[②] 澜沧王国正在其流通范围之内。那么这种货币到底是哪个国家铸造的呢？关于这个问题，除了澜沧王国所铸造的观点，还有另一种观点认为已是暹罗铸造的货币。[③] 对于这种条状银币的称呼，收藏界较为统一，多称为“虎舌币”或“虎舌锭”，并无类似“船型币”的叫法。

---

① ［日］黑田明伸著，何平译：《货币制度的世界史：解读“非对称性”》，中国人民大学出版社，2007 年，第 91 页。

② ［英］埃瓦尔德·琼杰著，刘森译：《世界铸币百科全书》，金融出版社，1999 年，第 361 页。

③ 褚建国在其《中国古籍所载东南亚古国货币考》(《中国钱币》2013 年第 1 期)一文中，认为这种条状银币应为澜沧王国所铸造使用；林南中则在其《漳州外来货币概述》(福建人民出版社，2014 年，第 105 页)一书中将此种银币归在素可泰王朝之下，钱币收藏界也多持暹罗货币论。

钱币名字中的“澜沧王国”是14世纪东南亚地区的一个国家，在今天老挝的范围内。当时的中国处于明代，但是明代文献中并无“澜沧王国”，而是将其记载为老挝，且所记内容中没有关于澜沧王国经济或钱币的记述。清代文献中仅《清史稿》中有一条相关记载：“（南掌）其货币或用暹罗之体格，或印度之鲁卑，皆银钱也。此外或用铜钱、用铁钱，或用银锭、用海贝。然用钱颇少，以货易者为多。”①从上述文献中我们可以看出，澜沧王国或者说其后的南掌国的经济并不发达，因为“用钱颇少，以货易者为多”，这就造成其国内对于钱币的需求量小，而没有需求的刺激，钱币的铸造便会受到影响，造成铸币量低下，铸币成本上升，导致恶性循环。由此引发了另一个现象，直接使用他国货币，即以外国货币作为合法流通货币。

对东南亚国家来说，使用他国钱币作为本国流通货币的情况并非罕见。相反的，这在该地区是一个很正常的现象。比如宋代中国的铜钱就曾大量持续流往国外，长时间在东亚的日本、朝鲜，东南亚的越南、印尼等国直接作为流通货币使用，因数量巨大甚至导致中国国内产生“钱荒”。这些国家之所以使用他国货币，究其原因，无外乎两个方面，没有需求和没有能力。没有需求，是因为本国经济落后，体量过小，市场对于货币的需求不足，无法为本国铸币提供足够的经济动力；没有能力，是本国货币不能满足使用需要，或是铸币质量差，或是无铸币技术，而外国货币铸造精美，币值稳定，足以满足流通需要。从《明史》《清史稿》等文献记载看，澜沧王国历年朝贡，贡品无非大象、犀角等几种，足可见其国经济体量之小，相应的货币需求量自然就低，直接使用外国货币也就不足为奇。

再者，文献记载中说，澜沧王国在经济活动中主要使用“银钱”。银钱，不是银锭，是用白银铸造的流通货币，而银锭则主要起储存作用，兼具部分货币职能。中国航海博物馆入藏的这枚“澜沧王国船型银币”很明显是一种小币值的银币。综上，我们是否可以得出这样的结论，澜沧王国在国内的经济活动中主要使用暹罗和印度的银币，此外，其国又自行铸造了一定数量的船型铜币和条状银币作为辅助流通手段。

《世界铸币百科全书》认为这种银币“流通于柬埔寨、老挝及泰国东北部”。这一地区在历史上较为复杂，曾在不同时期归属于柬埔寨、老挝（澜沧王国）、暹罗等不同国家。也有人认为该“船型银币”是泰国素可泰王朝所使用的货币。泰国地理位置重要，在形成一个统一的国家之前，还受过周围国家的统治和影响，加上民族的混杂，其社会、经济、文化等方面都留下了许多邻近国家文化的痕迹。泰国的钱币自成体系，有文献可查，有实物流传。泰国早期曾处于扶南统治之下，使用一种圆形的扶南银币，正面印有太阳图样，背面印有牛犊；公元6世纪时，泰国进入堕罗钵底时期，我国史料记载其国“市有六所，贸易皆用银钱”，使用浇铸而成且款式多样的银币；8世纪时使

① 赵尔巽等：《清史稿》卷五二八，中华书局，1977年，第14701页。

用椭圆形且尾端弯曲的钱币，材质为金银合铸或者纯金，泰国称其为“合十币”或“豆蔻币”；素可泰王朝，在中国史籍中又译为速古台，成立于1238年，主要使用贝币、卜当。卜当外形形似天牛幼虫蛴螬，故又被称为“蛴螬币”。其后泰国各王朝沿用卜当为本国法定货币，并兼用外国流入钱币。可以看到，泰国的货币自有其演化发展体系，其中并无船型铜币或银币以及类似钱币的相关记载。

四、澜沧王国

古代老挝与古代中国有着极为深厚的历史渊源。老挝本国几乎没有15世纪以前的史料存在，所有对于老挝古代历史的研究往往都要依靠中国的文献资料。根据现有的中国史料记载，古代中国和老挝的交往主要集中在公元8世纪的唐代、15世纪至17世纪的明代、17世纪初叶至19世纪中叶的清代这三个时间段，其中澜沧王国对应的是中国的明朝。其余多属空白时期，两国交往中断时间较长。

澜沧王国，于1353年由老族王子法昂建立，是老挝历史上一个十分重要的时期。在老挝语中，“澜”（又译为兰、郎、揽、南等）意为“百万”，“沧”（又译为向、掌、章等）意为“象”，澜沧王国就是“百万大象之国”。① 澜沧王国时期，老挝全国得到统一，是第一个统治整个老挝地区的中央集权制国家，对外有强大的军队维护统一，对内又有小乘佛教辅助统治，与周边国家的联系也得到加强，与中国的关系更是空前发展。法昂在立国后，继续东征西讨，1356年率军渡过湄公河，占领那空泰地区，迫使暹罗阿瑜陀耶王朝休兵议和。此时的澜沧王国“南与吴哥王国接壤，北接中国，东邻越南，西邻兰那泰和阿瑜陀耶”，②疆域范围与今天的老挝领土大体一致，澜沧王国在中南半岛盛极一时。

澜沧王国存在的年代和中国的明朝大致相当。所以，它在对外交往中与明朝一直保持着密切友好的关系。澜沧王国其名并未出现于中国古代文献记载当中，中国古代文献多以老挝称其国名。《明史》中将其记作“老挝军民宣慰使司”。③ 法昂死后，其子 Sam Sen Thai 继位（中文称其为“刀线歹”），其于明成祖时遣人进贡。《明史》记载：“成祖即位，老挝土官刀线歹贡方物，始置老挝军民宣慰使司。永乐二年以刀线歹为宣慰使，给之印。”④澜沧王国自建国伊始，便与相邻的缅甸、暹罗摩擦不断，征战不休，其间还曾沦

① 梁志明、李谋、杨保筠：《东南亚古代史：上古至16世纪初》，北京大学出版社，2013年，第437页。

② 同上。

③ 张廷玉等：《明史》卷三一五，第8158页。

④ 同上。

为缅甸的属国。如《明史》记载:“时缅势方张,剪除诸部,老挝亦折而入缅,符印俱失。”[①]澜沧王国与中国建立朝贡关系后,初期朝贡较为频繁,“五年遣人来贡。……六年,刀线歹遣人贡象马、方物。七年复进金银器、犀象、方物谢罪。自是连年入贡,皆赉予如例”。其后,朝贡频率下降,除有事寻求明朝帮助外,则基本不来朝贡。据统计,自明建文二年(1400年)初次朝贡至万历四十一年(1613年),“澜沧王国向中国遣使34次,明朝向老挝遣使9次,两国使节来往共43次,平均年5一次,其密度是前所未有的”。[②]

18世纪初,澜沧王国分裂为三个国家,北部为琅勃拉邦王国,南部为万象王国,另有占巴塞王国。老挝地区成为三个王国并存的状态,其中和云南接界的琅勃拉邦王国便是《清史稿》中记载的“南掌国”。[③] 南掌,原系老挝内的一个部落。明天启时编纂的《滇志》中所载的《西南诸夷总图》在老挝西面标示出“览掌”。[④]《钦定大清一统志》亦载,“嘉靖间,缅人破其东之缆掌,亦名南掌,盖老挝部属之最荒远者”。[⑤] 北方的南掌国继续向清朝纳贡,清朝也视其为老挝,虽然南掌只是原来老挝即澜沧王国的一部分。

澜沧王国虽是内陆国家,但是其与中、越、缅、泰、柬等国家均有接壤,且湄公河在境内蜿蜒而过,使澜沧王国成为中南半岛上重要的商品过境地和贸易进出口大国。澜沧王国出口的货物多为黄金、蜂蜡、麝香、鹿布等。其历年向中国朝贡之物也多为金银器、大象、象牙、犀角、香料等物。澜沧王国盛产黄金等贵金属,又屡次进贡银器,且贸易时也常使用金银计价,则可想见其国在银产量和银器制作方面当有独到之处。有此基础,铸造一些用以流通的银币,自然也不是难事。

另外澜沧王国与中国云南地区有着相当密切的关系。澜沧王国北部与中国云南接壤,横断山脉造就了两国漫长的陆上边界线,这种紧密的地缘关系,导致两国边境地区人民往来频繁,两国民间的交往和贸易关系一直相当密切。澜沧王国每次纳贡皆从云南入境,伴随着朝贡活动,两国之间的人员流动愈发频繁。不少澜沧王国的人民或为躲避战乱,或为谋生而到云南边境地区,同样也有越来越多的华人迁居老挝(澜沧王国)。明朝朱孟震的《西南夷风土记》记载:“缅甸、八百、车里、老挝、摆古虽无瘴而热尤甚,华人初至亦多病,久而与之相习。”人员流动促进了中国云南地区与澜沧王国之间的交往。两国天然的地理联系以及由此衍生出的其他关系,增进了两国人民

---

① 张廷玉等:《明史》卷三一五,第8160页。

② [老挝]金梅:《老中关系的历史演变及其影响因素研究》,山东大学硕士学位论文,2007年,第3页。

③ 申旭:《澜沧国问题研究》,《东南亚》1989年第3期。

④ 刘文徵:《(天启)滇志》卷一《滇志》,《续修四库全书》第681册,上海古籍出版社,2003年,第206页。

⑤ 转引自景振国:《中国古籍中有关老挝资料汇编》,中州古籍出版社,1985年,第194页。

历史上的友谊与交往。随着两国人民之间交往的深入，必然会随之发生贸易活动，或许就是伴随着这些贸易行为，船型的铜币和条状的银币渐渐流入中国，并扩散到西南各省。某种意义上来说，也算是贸易活动造成的白银内流。只是，在当时大航海时代造成的国外白银大量流入的背景下，这些情况没有引起注意罢了。

五、铸　造

关于此二枚钱币，最初征集入馆时名为“澜沧王国船币”，后来经过专家定名定级后，改为“18世纪老挝澜沧王国船币”。铜币倒颇为符合船型的描述，但称银币为船型就有些不符了。

明代中期，随着新航路的开辟，大航海时代到来，促进了中西方直接贸易的大规模展开。中国传统的海上贸易对象也自此一分为二，“一是与东亚、东南亚国家之间的传统贸易，二是与欧洲各国之间的贸易”。① 澜沧王国地处中南半岛，属于东南亚国家，而东南亚位于东西方海上交通的交汇处，又是国际贸易产品的供给地，中国、西亚、阿拉伯等地商人在此汇聚，大宗的香料、药材、犀角象牙等贵重产品在此交易，大量使用金银等贵金属进行结算，故而东南亚沿海诸国普遍有使用金银等贵金属作为货币的习惯。如阇婆“剪银叶为钱博易”，②三佛齐“土俗以金银贸易诸物”，③占城“互市无缗钱，止用金银较量锱铢”。④

东南亚地区的货币体系较为复杂，一方面这里与中国接壤，不论海路陆路商贸往来均十分方便，因此其货币会受中国的影响；另一方面，东南亚地处东西交汇之处，随着海上贸易带来的交流，西方的货币体系也进入并影响着东南亚地区。东西方的货币文化在此地碰撞、交汇、共存、并行、竞争。东南亚诸国中，很多国家使用中国钱币作为本国流通货币，中国的圆形方孔钱被古代东南亚各国大量使用，长期在流通领域起着主币的职能，对其货币经济的发展有重要的影响，并影响着东南亚各国的古代货币文化。扶南、越南、马来西亚等东南亚国家还仿效中国铜钱样式，以铜、锡合金铸造圆形方孔钱。古代老挝虽然与中国关系深厚，但是具体到澜沧王国时期，尽管其朝贡活动较为频繁，但实际上受中国文化的影响并不深刻，远不如越南、印尼、马来西亚等国，甚至不如柬埔寨和泰国。这可能跟地理位置有关。澜沧王

---

① 刘军：《明清时期海上商品贸易研究 1368～1840》，东北财经大学博士学位论文，2009年，第3页。

② 脱脱等：《宋史》卷四八九，中华书局，1985年，第14091页。

③ 同上书，第14088页。

④ 同上书，第14078页。

国是一个内陆国家，尽管其积极主动地想要参与到海上贸易当中，但是没有出海口是一个硬伤，导致其不能直接进入到海上丝绸之路的贸易当中，而仅凭陆地上的对外贸易，不论从质还是量上，都无法与海上贸易相比。所以古代中国的文化并没有渗入到澜沧王国，这大概可以解释这两枚铜币和银币为什么不是我们熟悉的造型。

钱币，或者说货币，是一个国家的经济发展到一定程度之后必然出现的，是该国经济、文化、民族、生存环境、生活方式等内容的具象化，可以反映其经济状况和经济基础。每个国家经济和社会发展程度的不同，国际环境对该国政治经济文化的影响，都会对反映到该国的货币文化上。钱币就是载体。

最早的金属货币"铜贝币"是对于真实海贝形态的模仿，一方面是基于金属材质的优秀性能和实际流通需要，另一方面则继承了真实海贝所折射出的当时社会的生殖崇拜观念，因而钱币形式仍然模仿天然海贝。而随着社会生产力的发展，人们在生产实践中逐渐认识到生产工具的重要性，因此钱币的形制逐渐转向对日常生产工具的模仿上来。[①] 不同地区的国家，因所处的地理位置、生存环境和生产活动的不同，创造出的货币形式自然也各不相同。我国春秋战国时期的布币（原型为青铜农具鏄，流通于三晋、两周）、刀币（原型青铜削、刀，流通于齐、燕、赵）、蚁鼻钱（原型为海贝，流通于楚国）等皆是如此。澜沧王国地处中南半岛腹地、湄公河流域，湄公河素有"东方多瑙河"之称，自北向南连接起了澜沧王国的大部分领土，沟通了中国、缅甸、老挝、泰国、柬埔寨、越南等六国的交通运输。依托湄公河开展航运贸易是澜沧王国自然而然的选择，这其中舟船自然是必不可少的条件。

在现在的老挝以及泰国东北部地区有一个很重要的仪式，叫作"十二月划船比赛敬拜那伽"。[②] 这一地区在古代时曾经是澜沧王国的主要城市，这一传统仪式也是从当时的澜沧王国继承下来的。划船比赛是为了敬拜水中的那伽，指的是"老挝以及泰国东北部地区老百姓的祖先……人们以感恩的心来敬拜它们感谢它们一直以来保护监督城市和呵护自然环境"。[③] 值得我们注意的是，这一仪式使用的船只造型简单，船体纤细修长，两端微微上翘，与铜币的造型颇有吻合之处。

银币的造型与铜币不同，除二者皆有中间宽两头窄的形状外，其他并不相似，银币也并不像船。因其造型细长且其上有不规则凸起，状似老虎舌头，故称之为"虎舌币"或"虎舌锭"。《世界铸币百科全书》记载其流通区域

---

① 徐长春：《中国古铜币形式意蕴与平面设计表达研究》，齐齐哈尔大学硕士学位论文，2012年，第16页。

② 那伽艺能是泰国东北部独有的艺术门类。

③ ［泰］陈甜甜：《泰国东北部民间传统"那伽"艺能研究》，华东师范大学博士学位论文，2018年，第85页。

为缅甸、老挝、泰国等地。澜沧王国所处地区为热带、亚热带季风气候，植被繁茂，森林密布，四季长春，非常适合动植物的生存和繁衍，各种兽类、鸟类、爬行类等动物资源都很丰富。其中兽类包括印支虎和孟加拉虎，在其全国各地都有分布。“虎舌币”的称呼虽无法考证，却也非空穴来风。

从货币铸造习惯上看，东南亚诸国分别受东西方货币文化体系的影响，大致可以分为两个阵营。越南、缅甸、印度尼西亚和马来西亚等国，受中国文化影响较深，其本国钱币的铸造多采用跟中国类似的铸造法。柬埔寨信奉佛教，受印度文化影响较深，其钱币铸造多采用手工冲压法制造。泰国素可泰王朝的建立者坤邦克郎刀则是柬埔寨吴哥王朝的女婿，加上同样信奉佛教，同样深受印度文化影响，因此，其钱币铸造因袭柬埔寨采用“手工冲压法”和“圆形无孔”造型。澜沧王国的条状银币具有明显的铸造痕迹，这是东方货币体系的风格，但是它的造型又具有强烈的民族和地域特色。从存世的银锭来看，东南亚地区的越南等国家，也有铸造小型银锭的习惯，且形状同样为长条状，质量有十两、一两等，而且因受中国货币文化的影响，其上多有汉字铭文。与澜沧王国银币相比，二者同为条状，但铸造一个精细一个粗犷，一个铭有汉字，一个无铭文或只戳有印记。综合判断，中国航海博物馆馆藏的澜沧王国银币符合澜沧王国既受到一些中国的文化影响，但是却又不深刻的特点。

虽然我们不能直接证明这种船型铜币和条状银币是澜沧王国或者其继任者南掌王国铸造的，但是根据上述分析来看，这种可能性还是比较高的。

六、结　　语

长期以来，由于古代中国在政治、经济、文化上的强势地位，在同周边国家的交往中，尤其是与东南亚等国家的交往中，学界所关注的往往是中国对于他国所施加的影响。但就像物理中力的作用是相互的一样，交往中的影响必然是双向的。具体到钱币，古代中国的圆形方孔钱在东南亚产生了巨大影响，但是我们还应该看到东南亚当地的货币文化同样也在向中国进行传播，尤其是在地理位置接壤或者航海贸易发达的地区。

中国航海博物馆馆藏的两枚钱币同样如此。看似形制造型充满了异国风格，不类中国，但是其中依然有中国货币文化的影响力在。这两枚钱币没有说明币值的文字或记号，《世界铸币百科全书》中记载“其价值按质量来计算”，这完全符合中国的货币使用习惯，因此才可以在中国国内使用和流通。这两枚钱币代表着当时的海外贸易和货币交流，而这种海上丝绸之路上的货币交流，促进了沿线相关国家商品经济的发展，推动了彼此之间文化的交流，架起了沟通的桥梁。

中国航海博物馆馆藏“18 世纪老挝澜沧王国船币”，为研究明清时代中国和澜沧王国（老挝），乃至东南亚的贸易往来等提供了重要的实物资料。通过对铜币、银币以及澜沧王国的分析解读，我们对 15～17 世纪中老两国的交往有了进一步的了解，但还有不少疑问需要解决。总之，对于此二枚钱币的研究还有待更深入的发掘和探索。

An Examination of the Collection of Eighteenth-Century Boat-Shaped Coins from the Lao Kingdom of Lan Xang at the China Maritime Museum

Abstract: The China Maritime Museum has collected two coins from the Lao Kingdom of Lan Xang, one silver and one copper. Unlike their counterparts in China and other foreign countries, they are flat in between, with slightly sharp ends on both sides, making them look like boats. For this reason, they are called boat-shaped coins. This paper examines their origins and historical development.

Keywords: Currency, Copper Coin, Silver Coin, Lan Xang, Southeast Asia, Laos

《大明混一图》地理标识解析

单　丽*

摘　要：《大明混一图》共有5 076个地理标识，其中部分满文标识脱落，露出原汉文字样。从满文标识来看，该图域内部分不仅有封王、府、县等层级分明的地理标识，亦有各地山川甚至村、镇、堡、寨等标识，尤其在大明与周边接壤地界或边疆地带，画师会以长幅字条阐释该地的地理方位以及环境特点，使得该图地理信息极为丰富。当然，《大明混一图》亦存在缺憾，满文标识的贴附不仅为解读增添障碍，也导致了部分错讹的产生。

关键词：《大明混一图》　地理标识　海外地理认知

《大明混一图》无疑是深受国内外地图史学界关注的一幅明代世界地图。20世纪80年代，中国科学院自然科学史研究所邀请古地图收藏单位联合编纂《中国古代地图集》，其第二册"明代"卷于1995年出版，其中首图即影印缩版《大明混一图》全图，其图2－5分别为大明混一图局部之顺天府部分、山东部分、洞庭湖部分和黄河源部分，此为《大明混一图》首次正式对外公布。该图的图幅概貌与基本特征学界已有相关介绍。① 鉴于其图幅巨大及其本身的珍贵性，该图原件一直珍藏于中国第一历史档案馆，故而长期不为人知。《大明混一图》其余的四大复/摹本中，②中国航海博物馆所展复本几乎成为最易被接触到的版本。

*　作者简介：单丽，上海中国航海博物馆副研究馆员。

①　详见曹婉如主编的《中国古代地图集・明代》(文物出版社，1995年)上的《绢本彩绘〈大明混一图〉研究》《大明混一图》两篇文章，及刘若芳、汪前进的《〈大明混一图〉绘制时间再探讨》(《明史研究》2007年第10辑)。值得一提的是，相关文章对图幅尺寸的描述并不统一。

②　汪前进、胡启松、刘若芳：《绢本彩绘〈大明混一图〉研究》，《中国古代地图集・明代》，文物出版社，1995年。除此之外，该书的"图版说明"1～5也对《大明混一图》细貌进行了叙述。

一、研 究 现 状

就域内而言，《大明混一图》具有行政区划图的性质，满文地理标识多以方块及竖条块别示，分类明晰，边疆区域另有长条释文，地理信息极为丰富。但受满文桎梏，故而研究工作存在一定难度。

相对而言，国外学者对《大明混一图》的研究关注早于国内学者。德国学者W·福克斯、日本学者海野一隆和高桥正等人曾对该图进行过分析研究，但后者大多未见过原图，而是据福克斯所披露的文字难辨的照片进行研究，因而讨论未详。① 亲见此图的汪前进等人在研究过程中先将部分满文地名翻译成汉文，然后又翻译了所有长条满文注记，为后续研究奠定了坚实基础；②多数中国学者由于未见过《大明混一图》原貌，因此对该图的介绍多参自见过该图的汪前进、胡启松、刘若芳等人的研究。受满文桎梏等因素影响，《大明混一图》的研究更多集中于成图年代、来源、地图比例及作者等外延信息方面，③对其内容的探究较少。

由于《大明混一图》注记文中并未交代该图的作者、绘制年代等情况，汪前进等人通过对图中地名政区沿革的初步对照后认为，该图成图于明洪武二十二年(1389)六月至九月之间；其后刘若芳、汪前进又以该图大明版图内所有地名为研究对象，将县级以上(包括县级)政区地名列表研究，再次认定此图绘制时间应在洪武二十二年六月至九月之间，并进一步表示"更准确地说，《大明混一图》中所使用的中国政区变化的资料下限为洪武二十二年九月"。④ 由此，《大明混一图》成图于洪武二十二年的结论遂成定论，并多为学界学人引用。然而，汪前进等人的时间定位仍有可推敲之处，如因图中未见永乐元年改名的顺天府和北京地名而仍称北平府，便认为此图绘于永乐元年改名之前。实际上，在地理沿革记叙中，地名改称之后仍沿用旧称谓乃历史地理学研究中的常见情况，即便在档案史料中，以通称或俗称指代当时约定俗成的地域并不鲜见，如清宫档案中有安庆省、西安省等称谓，而其并不属

---

① ［德］Walter Fuchs，《北京の明代世界図につへて》；《地理学史研究》(第二集)；柳原书店，1962年；［日］海野一隆：《天理図书馆所藏大明国図につへて》，《大阪学芸大学纪要》1967年第六号；［日］海野一隆：《広舆の资料となつ太地类》，《大阪大学教养部研究集录》XV人文，社会科学，1967年；［日］高桥正：《元代地図の一系谱——主として李沢民図系地》，《ノ二つへて待兼山论丛第九号日本学篇》，1975年。

② 汪前进、胡启松、刘若芳：《绢本彩绘〈大明混一图〉研究》，《中国古代地图集·明代》。

③ 如朱鉴秋：《〈大明混一图〉与〈毛罗地图〉的比较研究》，《航海——文明之迹》，上海古籍出版社，2011年。

④ 汪前进、胡启松、刘若芳：《绢本彩绘〈大明混一图〉研究》，《中国古代地图集·明代》；刘若芳、汪前进：《〈大明混一图〉绘制时间再探讨》。

清十八省范畴；①更何况以中国之大，地图绘制参看来源之广，综绘地图之人未必能将图中所有地名仔细核对。因此，此法似有可完善之处。

关于《大明混一图》的比例及其来源，汪前进等人测得其国内部分的纵比例尺为1/106万，横比例尺为1/82万；域外部分变形很大。该图国内部分依据朱思本《舆地图》绘成，非洲、欧洲和东南亚部分依据李泽民《声教广被图》绘成，而印度等地可能依据扎马鲁丁《地球仪》和彩色地图绘制，其北部还可能参照了其他地图资料。在2009年南京大学专就朝鲜《混一疆理历代国都之图》与中国《大明混一图》而召开的学术会议上，李孝聪认同《大明混一图》来源多元的看法，但对汪氏的具体结论持谨慎态度，认为诸如其南亚来源部分仍需更深入的探索。② 除此之外，李孝聪先生在另一文中翔尽探讨了该图来源问题。③ 同期参会的周运中对《大明混一图》中国内部分的整体比例亦做过比较，并在汪前进研究的基础上，从整体到区域对《大明混一图》与其之前的古地图进行了细致对比，丰满了该图来源多元的结论。④

至于《大明混一图》的作者，陈佳荣在将其与不同版本《水东日记》中《广轮疆理图》对比后大胆推论，认为清俊应是《大明混一图》的主要绘制者，《大明混一图》原名可能是《混一疆理图》，至明建文后才易今名，并成为朝鲜《混一疆理历代国都之图》的重要依据。⑤ 无独有偶，刘迎胜亦认为《混一疆理历代国都之图》乃《大明混一图》的摹本。⑥

在既往研究的基础上，林梅村以海内外来分，对《大明混一图》的底图来源进行了分析，并对画师进行了推论。林梅村认为，《大明混一图》应出自宫廷画师之手，其海内部分或取材于洪武初宫廷画师周位所绘的大型壁画《天下江山图》，海外部分实乃《声教广被图》的临摹改绘本，而吴门画师李泽民亦为《大明混一图》的绘制做出了重要贡献。⑦

就绘法而言，以江南地区为例，《大明混一图》明确绘出了干流与支流、湖泊与河流之间的区分，在图中支流作为线段而非空白区域存在，更未将陆地切割成岛屿状，丁一认为此绘法乃源流派分式的“全国尺度绘法”，此种绘法一般用于大型全国总图或分省地图集之中，区别于河网密切式的“地方尺

---

① 侯杨方：《清代十八省的形成》，《中国历史地理论丛》2010年第3期。

② 李孝聪：《传世15～17世纪绘制的中文世界图之蠡测》，《〈大明混一图〉与〈混一疆理图〉研究——中古时代后期东亚的寰宇图与世界地理知识》，凤凰出版社，2010年。

③ 李孝聪：《中国古地图的调查与地图学史领域的国际汉学交流》，《国际汉学研究通讯(第一期)》，中华书局，2010年。

④ 周运中：《〈大明混一图〉中国部分来源试析》，《〈大明混一图〉与〈混一疆理图〉研究——中古时代后期东亚的寰宇图与世界地理知识》。

⑤ 陈佳荣：《清俊“疆图”今安在?》，《海交史研究》2007年第2期。

⑥ 刘迎胜：《〈大明混一图〉与〈混一疆理图〉研究——中古时代后期东亚的寰宇图与世界地理知识》。

⑦ 林梅村：《观沧海：大航海时代诸文明的冲突与交流》，上海古籍出版社，2018年，第53～63页。

度绘法”。①

就图名而言，杨雨蕾以《混一疆理历代国都之图》为中心，对包括《大明混一图》等元明地图中常见的“混一”二字进行了探讨。研究认为，《大明混一图》中的“混一”延续了元代“混一”的概念，但此时的“混一”已经超越王朝直接统辖之地，将天下的观念纳入其中，扩展了大一统的概念，展现了当时所了解的世界景象，《大明混一图》也因此被赋予世界地图的意义。②

如前所述，目前的研究更多停留在作者、比例、来源等地图的外延问题上，地理标识等具体内容方面的研究鲜见，因此也就显得尤为珍贵。域外地名方面，杉山正明曾进行初步尝试。除此之外，姚大力对《大明混一图》出现两个印度的原因进行了探讨，成为近年来《大明混一图》研究方面的力作。文章指出，《声教广被图》是《混一疆理历代国都之图》《大明混一图》最重要的底图。但与《混一疆理历代国都之图》不同的是，《大明混一图》未曾呈现半岛形的南亚次大陆，而把属于印度的诸多地名定位于亚洲大陆块西南的一个巨岛之上，同时又在阿拉伯半岛以东增画了一个树干状的半岛，是为两个印度。两个印度的出现，是《大明混一图》所据底图缺失古印度半岛详细地名标注，而画师无法将源于航海经验的许多地理信息整合到新图中所导致。这也意味着，《大明混一图》不是对一幅舶来世界地图的简单描摹，而是在某种程度上体现着东方制图者对如何在一张图上整合这些世界地理知识的思考成果。③

综上所述，《大明混一图》的珍贵性在彰显其价值的同时，亦为其研究设置了障碍；而其上满文地名标识的存在，又为其内容研究的进行设置了二度障碍。鉴于以上情形，笔者将以该图地理标识为中心，择其扼要进行略做解析。

二、图 幅 细 况

就绘制而言，《大明混一图》中陆地部分绘为土黄色，海域绘为墨绿色波浪纹，山脉多绘为绿坡顶山形，河流多绘为墨绿色粗细不等的弯曲河道。域内有两处特别之处，一是作为标志性河流，黄河的绘制依其自身特点，自黄河源头始便绘为土黄色，与图中其他河流着色大异；二是地标长城完全为未体现在图中。④ 图中域外部分有两处罕见的红色海湖图，一处大致位于南亚西岸，音译为“红沙海”，其左下角正方形标识为“成佛法之国”，边上圆形标识为“东天竺国”；另

---

① 丁一：《“源流派分”与“河网密切”——中国古地图中江南水系的两种绘法》，《中国历史地理论丛》2011 年 3 期。

② 杨雨蕾：《〈混一疆理历代国都之图〉的图本性质和绘制目的》，《江海学刊》2019 年第 2 期。

③ 姚大力：《〈大明混一图〉上的两个印度》，《复旦学报（社会科学版）》2020 年第 1 期。

④ 关于《大明混一图》中缺失长城的问题已经引起学界诸多关注，但迄今并无令学界信服的观点。

一处大致为西亚南部，为内陆湖形状，其是否为内陆湖尚未可知，音译为“红沙”。山川绘制大致有两种类型，一种为传统青绿山水画中常见的绿色坡顶山形图，另一种则为白色坡顶的雪山山形图，寓意积雪终年不化，如长白山和金刚山。

作为明代世界地图，《大明混一图》最重要的价值在于海量地理标识所蕴含的海量信息。中国航海博物馆藏《大明混一图》共计 5 076 个地理标识，其中满文地理标识为 4 632 个，脱落满文地理标识而显现的原汉文地理标识共计 384 个，另有不可辨识的标识 60 个。① 日久岁长，该图部分标识现已折叠黏合甚至歪斜错位，且原图似有部分图幅出现断损的情况。

据脱落满文标识的原汉文标识来看，原汉文标识大致有两种类型，一种为红框、粉色底面的汉字标识，如山东“掖县”“招远县”等；另一种则无边无底而仅以汉字写于图面上，如顺天府与山西大同府交界地带的“威宁”“宣平”等。从目前有限的样本来看，虽府、州、县类地名多以红边标识居多，但红边标识亦用于海岛（如陈家岛）及其他非府、州、县地名，域外地名亦有用红边标识者；直接以汉字落于图面标识为《大明混一图》原汉文地图式样，此类标识无“府、州、县”等行政区划层级的明显区分，如卢龙县省略为“卢龙”二字，东明县省略为“东明”。至于两种标识的实质区别，目前尚无法确知。

后贴的满文标识为白条，据原标识形状裁剪贴于汉文标识之上。一般而言，陆地标识多为方块及长条，海中岛屿有用标识将岛形全部覆盖并书写满文地名者，亦有仅贴长条于原汉文地名上者，而据脱落满文标识的岛中汉文地名来看，原岛中汉文地名多采取无边框标识形式。

混一图中的地名标识形状主要有正方形（有大小之别）、矩形（又分为横条矩形和竖条矩形）、不规则圆形等，另有几处标绘宝塔标志。在域内中原地区，两都“皇都”②（今江苏南京）、“中都”③（今安徽凤阳）以大正方形图示，

---

① 需要指出的是，此处标识数量的统计之所以明示以中国航海博物馆藏《大明混一图》复本为据，概因复制时间不同，标识脱落情况亦不同，因此各复本中各类标识的数目亦不尽相同，但总数应基本一致。如中国航海博物馆版《大明混一图》中江苏“常信”字条已显示脱落满文标识状态，而 1995 年刊印的曹婉如先生所编《中国古代地图集（明代）》中所引山东局部图中的江苏“常信”依然覆盖满文标识。

② 皇都标识置于应天府。《明史》卷四〇《地理一》（中华书局，1974 年）“应天府”条（第 910 页）载：“应天府，元集庆路，属江浙行省。太祖丙申年三月曰应天府。洪武元年八月建都，曰南京。十一年曰京师。永乐元年仍曰南京。洪武二年九月始建新城，六年八月成。内为宫城，亦曰紫禁城，门六……皇城之外曰京城，周九十六里，门十三……其外郭，洪武二十三年四月建，周一百八十里，门十有六……”“上元”条载：“上元，倚。太祖丙申年迁县治淳化镇，明年复还旧治。”“江宁条”载：“江宁，倚。”

③ 中都标识置于凤阳府。《明史》卷四〇《地理一》“凤阳府”条（第 912 页）载：“凤阳府，元濠州，属安丰路。太祖吴元年升为临濠府。洪武二年九月建中都，置留守司于此。六年九月曰中立府。七年八月曰凤阳府。洪武二年九月建中都城于旧城西，三年十二月始成。周五十里四百四十三步，立门九……。中为皇城，周九里三十步。”“凤阳”条载：“凤阳，倚。洪武七年八月析临淮县地置，为府治。十一年又割虹县地益之。”

十三布政使司以竖条矩形图示，另外有14封王标识以略小于“皇都”、“中都”的正方形图示。据脱落的大正方形图示来看，原图为绿色方形，上缀汉字。域内府、县、卫所及堡寨等均以竖条矩形显示，其中府州级别的矩形要略宽于县级地名的矩形，部分名山大岭以横条矩形显示，如中岳嵩山、南岳衡山、东岳泰山、西岳华山、大庾岭、南镇会稽山、(江西)嵇山、越关岭、(四川)贵定山等。海中诸地多以不规则圆形显示，亦有长条标识贴于印度南岸海域，但数量极少。相比而言，域外陆地地名虽同样多以竖条矩形图示、海中多依岛形以不规则圆形图示，但总体来说，域外地名的条幅多窄小于域内地名条幅。除此之外，中原西北边境及其域外之地亦有以大正方形表示国名地名者，如“你八陈答班”等，①此种情况较多出现在进新疆地区；另有用小方块标识的地名有“丰”“武”“密”“郑”等。

在十三个布政使司中，有部分布政使司条与府、附郭县②及封王标签并现，如河南省承宣布政使司与开封府、附郭祥符县及封王“周”(即周王)同现。③ 与之相类似的有北平承宣布政使司、④山西省承宣布政使司、⑤陕西省

① 为满文撰写音译，具体对应的汉字尚无法考证。

② 明清之府有“附郭县”建制，附郭县指因没有独立县城而将县治附设于府城、州城的县，一般一府设一个附郭县，较大的府、州城常有两个、三个附郭县，使得一城之内既有府衙，也有县衙，并有各自配套的机构，而府城之内居民的籍贯写县不写府。地理志中以“倚”来表示附郭。

③ 《明史》卷四二《地理三》“河南”条(第977页)载：“河南，禹贡豫、冀、扬、兖四州之域。元以河北地直隶中书省，河南地置河南江北行中书省。治汴梁路。洪武元年五月置中书分省。治开封府。二年四月改分省为河南等处行中书省。三年十二月置河南都卫。八年十月改都卫为都指挥使司。九年六月改行中书省为承宣布政使司。”“开封府”条(第977页)载：“开封府，元汴梁路，属河南江北行省。洪武元年五月曰开封府。八月建北京。十一年，京罢。”“祥符”条(第977页)载：“祥符，倚。洪武十一年正月建周王府。”庞乃明认为开封周王府似建于洪武十三年，见庞乃明：《〈明史·地理志〉疑误考正》，社会科学文献出版社，2012年，第112页。

④ 《明史》卷四〇《地理一》“京师”条(第883页)载：“京师，禹贡冀、兖、豫三州之域。元直隶中书省。洪武元年四月分属河南、山东两行中书省。二年三月置北平等处行中书省，治北平府。先属山东、河南者皆复其旧。……八月置燕山都卫。与行中书省同治。八年十月改都卫为北平都指挥使司。九年六月改行中书省为承宣布政使司。……(永乐元年)二月罢北平布政使司，以所领直隶北京行部。”“顺天府”条(第883页)载：“顺天府，元大都路，直隶中书省。洪武元年八月改为北平府，十月属山东行省。二年三月改属北平。三年四月建燕王府。”“大兴”条(第883页)载：“大兴，倚”“宛平”条(第883页)载：“宛平，倚”庞乃明认为燕山都卫置于洪武三年十二月，非二年八月；燕王府并非建于三年四月，此时间乃为朱棣受封燕王时间，而燕王府则建于洪武四年至十二年之间，详见庞乃明：《〈明史·地理志〉疑误考正》，第25页。

⑤ 《明史》卷四一《地理二》“山西”条(第957、958页)载：“山西，禹贡冀州之域。元置河东山西道宣慰使司，治大同路。直隶中书省。洪武二年四月置山西等处行中书省。治太原路。三年十二月置太原都卫。与行中书省同治。八年十月改都卫为山西都指挥使司。九年六月该行中书省为承宣布政使司。”“太原府”条(第958页)载：“太原府，元冀宁路，属河东山西道宣慰司。洪武元年十二月改为太原府。”“阳曲”(转下页)

承宣布政使司、①四川布政使司、②湖广省承宣布政使司、③江西省承宣布政使司、④云南省承宣布政使司⑤共8省。需要指出的是，北平承宣布政使司

(接上页)条(第958页)载："阳曲，倚。洪武三年四月建晋王府于城外东北维。""太原"条(第958页)载："太原，府西南，元曰平晋，治在今东北。洪武四年移于汾水西，故晋阳城之南关。八年更名太原。"庞乃明认为阳曲似为洪武四年始建，九年完成。见庞乃明：《〈明史·地理志〉疑误考正》，第95～96页。

① 《明史》卷四二《地理三》"陕西"条(第993页)载："陕西，禹贡雍梁二州之域。元置陕西等处行中书省，治奉元路。又置甘肃等处行中书省。治甘州路。洪武二年四月置陕西等处行中书省。治西安府。三年十二月置西安都卫。与行中书省同治。八年十月改都卫为陕西都指挥使司。九年六月改行中书省为承宣布政使司。""西安府"条(第993页)载："西安府，元奉元路，属陕西行省。洪武二年三月改为西安府。""长安"条(第993页)载："长安，倚。治西偏，洪武三年四月建秦王府。""咸宁"条(第993页)载："咸宁，倚。治东偏。"庞乃明认为秦王府兴建不应早于洪武四年，至洪武十一年基本完工。见庞乃明：《〈明史·地理志〉疑误考正》，第131、132页。

② 《明史》卷四三《地理四》"四川"条(第1021页)载："四川，禹贡梁、荆二州之域。元置四川等处行中书省。置成都路。又置罗罗蒙庆等处宣慰司，治建昌路。属云南行中书省。洪武四年六月平明昇。七月置四川等处行中书省。九月置成都都卫。与行中书省同治。八年十月改都卫为四川都指挥使司……。九年六月改行中书省为承宣布政使司。""成都府"条(第1021页)载："成都府，元成都路，洪武四年为府。""成都"条(第1021页)载："成都，倚。洪武十一年建蜀王府。""华阳"条(第1021页)载："华阳，倚。"庞乃明认为蜀王府始建于洪武十八年，建成于洪武二十三年。见庞乃明：《〈明史·地理志〉疑误考正》，第177、178页。

③ 《明史》卷四四《地理志五》"湖广"条(第1071页)载："湖广，禹贡荆、扬、梁、豫四州之域。元置湖广等处行中书省，置武昌路。又分置湖南道宣慰司，治天临路属焉。又以襄阳等三路属河南江北等处行中书省，又分置荆湖北道宣慰司，治中兴路并属焉。太祖甲辰年二月平陈理，置湖广等处行中书省。洪武三年十二月置武昌都卫。与行中书省同治，八年十月改都卫为湖广都指挥使司。九年六月改行中书省为承宣布政使司。""武昌府"条(第1071页)载："武昌府，元武昌路，属湖广行省。太祖甲辰年二月为府。""江夏"条(第1071页)载："江夏，倚。洪武三年四月建楚王府于城内黄龙山。"庞乃明认为楚王府当建于洪武四年至十四年之间。见庞乃明：《〈明史·地理志〉疑误考正》，第239页。

④ 《明史》卷四三《地理四》"江西"条(第1053页)载："江西，禹贡扬州之域。元置江西等处行中书省。治龙兴路。太祖壬寅年正月因之。正月治吉安府。二月还治洪都。洪武三年十二月置江西都卫。与行中书省同治。八年十月改都卫为都指挥使司。九年六月改行中书省为承宣布政使司。""南昌府"条(第1053页)载："南昌府，元龙兴路，属江西行省。太祖壬寅年正月为洪都府，癸卯年八月改南昌府。""南昌"条(第1053页)载："南昌，倚。洪武十一年建豫王府。二十五年改为代王，迁山西大同。永乐初，宁王府自大宁卫迁此，正德十四年除，故城在东。今城，明太祖壬寅年改筑。""新建"条(第1053页)载："新建，倚。"庞乃明认为，豫王朱桂受封之时为不足四岁幼娃，而别书亦不载豫王府，因此推测南昌当未兴建豫王府。见庞乃明：《〈明史·地理志〉疑误考正》，第217、218页。实际上据《明史》卷一〇八《列传第六·诸王三》载豫王在洪武二十五年改封代，是年就藩大同，之前似并未之南昌。

⑤ 《明史》卷四六《地理七》"云南"条(第1171页)载："云南，禹贡梁州徼外。元置云南等处行中书省。治中庆路。洪武十五年二月癸丑平云南，置云南都指挥使司。(转下页)

图正方形中的"燕"(燕王)、陕西省承宣布政使司图正方形中的"秦"(秦王)均为缺失后补全。

另有一类布政使司仅与府、附郭县同治，为山东省承宣布政使司、①浙江省承宣布政使司、②福建省承宣布政使司、③广东省承宣布政使司、④广西省

(接上页)乙卯置云南等承宣布政使司。同治云南府。""云南府"条(第1171页)载："云南府，元中庆路。洪武十五年正月改为云南府。""昆明"条(第1171页)载："昆明，倚。洪武二十六年，岷王府自陕西岷州迁于此。永乐二十二年迁岷王府于湖广武冈州，建滕王王于此，宣德元年除。"庞乃明认为改云南府时间似当以二月为是，并认为滕王建、除时间有误，而岷州正式称谓应为岷州军民指挥使司，详见庞乃明：《〈明史·地理志〉疑误考正》，第416页。

① 《明史》卷四一《地理二》"山东"条(第937页)载："山东，禹贡青、兖二州地。元直隶中书省，又分置山东东西道宣慰司，治益都路属焉。洪武元年四月置山东等处行中书省。治济南府。三年十二月置青州都卫。治青州府。八年十月改都卫为山东都指挥使司。九年六月改行中书省为承宣布政使司。""济南府"条(第937页)载："济南府，元济南路，属山东东西道宣慰司，太祖吴元年为府。""历城"条(第937页)载："历城，倚。天顺元年建德王府。"庞乃明认为德王府似为成化初年建，见庞乃明：《〈明史·地理志〉疑误考正》，第73页。

② 《明史》卷四四《地理五》"浙江"条(第1101页)载："浙江，禹贡扬州之域。元置江浙等处行中书省，治杭州路，又分置浙东道宣慰使司，治庆元路，属焉。太祖戊戌年十二月置中书分省。治宁越府，癸卯年二月移治严州府。丙午年十二月罢分省，置浙江等处行中书省。治杭州府。洪武三年十二月置杭州都卫。与行中书省同治。八年十月改都卫为浙江都指挥使司。九年六月改行中书省为承宣布政使司。""杭州府"条(第1101页)载："杭州府，元杭州路，属江浙行省。太祖丙午年十一月为府。""钱塘"条(第1101页)载："钱塘，倚。洪武三年四月建吴王府。十一年正月改封周王，迁河南开封府。""仁和"条(第1102页)载："仁和，倚。"庞乃明认为洪武三年四月为吴王受封时间，而杭州当时并未建吴王府，见庞乃明：《〈明史·地理志〉疑误考正》，第302页。

③ 《明史》卷四五《地理六》"福建"条(第1121页)载："福建，禹贡扬州之域。元置福建道宣慰使司，治福州路。属江浙行中书省。至正十六年正月改宣慰司为行中书省。太祖吴元年十二月平陈友定。洪武二年五月仍置福建等处行中书省。七年二月置福州都卫。与行中书省同治。八年十月改福州都卫为福建都指挥使司。九年六月改行中书省为承宣布政使司。""福州府"条(第1121页)载："福州府，元福州路，属福建道。太祖吴元年为府。""闽"条(第1121页)载："闽，倚。""侯官"条(第1121页)载："侯官，倚。……西北有怀安县，洪武十二年移入郭内，与闽、侯官同治，万历八年九月省。"

④ 《明史》卷四五《地理六》"广东"条(第1132页)载："广东，禹贡扬州之域及扬州徼外。元置广东道宣慰使司，治广州路。属江西行中书省。又置海北海南道宣慰使司，治雷州路。属湖广行中书省。洪武二年三月以海北海南道属广西行中书省。四月改广东道为广东等处行中书省。六月以海南海北道所领并属焉。四年十一月置广东都卫。与行中书省同治。八年十月改都卫为广东都指挥使司。九年六月改行中书省为承宣布政使司。""广州府"条(第1132页)载："广州府，元广州路，属广东道宣慰司。洪武元年为府。""南海"条(第1132页)载："南海，倚。""番禺"条(第1132页)载："番禺，倚。在城有番、禺二山，县是以名。"

承宣布政使司①等 5 布政使司。

明史中所常提及的两京十三省指代永乐时期的省级行政区划状况，两京为京师（今北京）和江宁（今南京），十三省亦即十三布政使司，为陕西、山东、河南、山西、福建、浙江、江西、湖广、广西、广东、云南、四川及贵州。《大明混一图》中的两都十三布政使司，体现的是洪武初年区划，十三布政使司均于洪武九年六月由原行中书省所改，其两都为皇都江宁和中都凤阳，十三布政使司为北平、陕西、山东、河南、山西、福建、浙江、江西、湖广、广西、广东、云南承宣布政使司和四川布政使司，可以显见两十三省的区别主要为北平和贵州。

《明史》卷四十《地理一》载洪武元年（1368）八月，元大都路改北平府，洪武三年（1370）封燕，洪武九年（1376）六月燕地行中书省改为北平承宣布政使司；永乐元年（1403）正月改北平为北京，改北平府为顺天府，二月罢北平承宣布政使司。同书卷四十六《地理七》载洪武十五年（1382）贵州虽设有都指挥使司，但其民政无独立设置，因此民事仍属湖广、四川、云南三布政司所管。至永乐十一年（1413），贵州始置承宣布政使司，与都指挥使司同治。因此，体现洪武初年行政区划的《大明混一图》中并无贵州承宣布政使司。

除上文提及的与布政使司同现的 8 个封王外，另有 5 封王与府（州）、府治所在县同治，为卫王府、②齐王府、③鲁王府、④湘王

---

① 《明史》卷四五《地理六》“广西”条（第 1148 页）载：“广西，禹贡荆州之域及荆、扬二州之徼外。元置广西两江道宣慰使司，治静江路。属湖广行中书省。至正末，改宣慰使司为广西等处行中书省。洪武二年三月因之。六年四月置广西都卫。与行中书省同治。八年十月改都卫为都指挥使司。九年六月改行中书省为承宣布政使司。”“桂林府”条（第 1148 页）载：“桂林府，元静江路，洪武元年为府，五年六月改为桂林府。”“临桂”条载：“临桂，倚。洪武三年七月建靖江王府于独秀峰前。东有桂山。东北有尧山。”庞乃明认为靖王府建于洪武五年，见庞乃明：《〈明史·地理志〉疑误考正》，第 382 页。

② 《明史》卷四二《地理三》“彰德府”条（第 991 页）载：“彰德府，元彰德路，直隶中书省。洪武元年闰七月为府，十月属河南分省。”“安阳”条载：“安阳，倚。永乐二年四月建赵王府。元末，县废。洪武元年九月复置。”据《明史》卷一一七《列传第五·诸王二》（第 3586 页）载，太祖十五子卫王植又称辽简王，洪武十一年封卫王，二十五年改封辽东，二十六年就藩广宁，似未之安阳。

③ 《明史》卷四一《地理二》“青州府”条（第 946 页）载：“青州府，元益都路，属山东东西道宣慰司，太祖吴元年为青州府。”“益都”条（第 946 页）载：“益都，倚。洪武三年四月建齐王府，永乐四年废。”庞乃明认为洪武三年四月为齐王受封时间，而齐王府当始建于洪武十二年，建成于洪武十四年，见庞乃明：《〈明史·地理志〉疑误考正》，第 82、83 页。

④ 《明史》卷四一《地理二》“兖州府”条（第 941 页）载：“兖州府，元兖州，属济宁路。洪武十八年升为兖州府。”“滋阳”条（第 941 页）载：“滋阳，倚。洪武三年四月建鲁王府。元曰嵫阳。洪武初，省入州。十八年复置。成化间，改为滋阳。”庞乃明认为洪武三年四月为鲁王受封时间，而鲁王府当建于洪武十三年至十四年，或十八年之间，见庞乃明：《〈明史·地理志〉疑误考正》，第 76 页。

府、[1]潭王府，[2]外加仅与州同现的汉王府，[3]封国共计 14 个，其中原燕、秦满文标识脱落，另有云南省承宣布政使司一处封王标识脱落无法补全。[4]

三、内 容 特 点

从整个图幅来看，《大明混一图》对“本部中国”的描述非常详细，中原地区尤以江南区域最为密集，显示了该地在当时的发达。除此之外，今山东、山西、河北、江西、浙江、福建、两湖地区的地名标识亦非常密集，成都以东标识相对与其以西地要详细。就今南海区域而言，较大图幅都用于展示南中国地区，海南岛地名共标绘 41 个，与大明接壤的东南亚诸国被压缩在云南周边的狭小区域。域外地名多以国名出现，古印度半岛亦简略化，表现出绘图者着力展现大明版图的特点。大明西北陕西及其以西地名亦不似中原地区

---

① 《明史》卷四四《地理五》“荆州府”条（第 1081 页）载：“荆州府，元中兴路，属荆湖北道。太祖甲辰年九月改为荆州府，属湖广行省。吴元年十月置湖广分省于此，寻罢。九年属湖广布政司，寻改属河南，二十四年还属。”“江陵”条（第 1081 页）载：“江陵，倚。洪武十一年正月建湘王府，建文元年四月除。永乐元年，辽王府自辽东广宁迁于此，隆庆二年十月余。万历二十九年十月建惠王府。”庞乃明认为洪武十一年正月为湘王受封时间，而湘王府似建于洪武十八年，见庞乃明：《〈明史·地理志〉疑误考正》，第 260 页。

② 《明史》卷四四《地理五》“长沙府”条（第 1086 页）载：“长沙府，元天临路，属湖南道宣慰司。太祖甲辰年为潭州府。洪武五年六月更名长沙。”“长沙”条（第 1086 页）载：“长沙，倚，治西北。洪武三年四月建潭王府，二十三年除。永乐元年，谷王府自北直宣府迁于此，十五年除。二十二年建襄王府，正统元年迁于襄阳。天顺元年三月建吉王府。”“善化”条（第 1086 页）载：“善化，倚。治东南，旧治在城外，洪武四年徙于城中。十年五月省入长沙县。十三年五月复治，治在南门外。成化十八年仍徙城中。”庞乃明认为洪武三年四月为潭王受封时间，而潭王府当建于洪武十三年至洪武十八年之间；谷王府迁长沙在建文四年；旧谷王府改建为襄王府为宣德四年五月，见庞乃明：《〈明史·地理志〉疑误考正》，第 270、271 页。

③ 《明史》卷四四《地理五》属德安府的“安陆”县条（第 1078 页）载：“安陆，倚。成化二十三年建兴王府，弘治四年迁于安陆州。八年建岐王府，十四年除。正德元年，寿王府自四川保宁府迁此，嘉靖二十四年除。四十年建景王府，四十四年除。洪武初，县省，十三年五月复置。”庞乃明认为成化二十三年为兴王受封时间，弘治四年九月壬寅下令建兴王府于德安，五天之后，即同年十月旋改封兴王于湖广之安陆州，但实际上，德安府治安陆从未建兴王府，见庞乃明：《〈明史·地理志〉疑误考正》，第 252、253 页。而据《明史》卷一一七《列传第五·诸王二》载，太祖十四子汉王楧又称肃庄王，洪武十一年封汉王，洪武二十五年改封肃王，二十八年就藩甘州，似并未之安陆州。

④ 该区域云南为云南府。《明史》卷四六《地理志七》“云南府”条（第 1171 页）载：“洪武十五年正月改为云南府……昆明，倚。洪武二十六年，岷王府自陕西岷州迁于此。永乐二十二年迁岷王府于湖广武冈州，建滕王王于此，宣德元年除。”按此推测，云南图大正方形中有可能为“岷”，然与汪前进等人所推该图绘定于洪武二十二年的时间相抵，为谨慎起见，暂不补全。

详细，表现出中原与域外交界地带地名稀疏的特点；越过此段，至西亚等地的外国地名则又开始密集，表现出该图视域不仅局限于“禹迹图”系统的“本部中国”，同时亦注重体现“本部中国”与域外国家的位置及关系、注重阐释“周边中国”的特点。由此推测，该图中域内中原地区地理信息多源自本土认知，且表现出愈往边界愈了解不多的特点，而密集的西亚诸国地名则显然来源于域外认知，从中可以显见《大明混一图》中外信息来源的多元化，就其底图来说必定不可能是单一的。①

当然，《大明混一图》中亦存在一些问题，如南亚、东南亚以及非洲乃至欧洲等地被局限在狭小的地域内，导致区域严重变形。至于图名所涉“混一”，从图中地理标识尤其是边境地名长段阐释名条来看，“混一”更多体现的是一种涵盖域内域外的地域认知观念，如今内外接壤地区，多以“某某属四川”等语表明其地所属大明，而西南边境与安南国接壤处多指明此地距离安南国何处有多少日程等语，表现出清晰的边境意识。

《大明混一图》与集众多史料而成的《中国历史地图集》(以下简称谭图)第七册②在部分地理信息上各有偏重，诸多在谭图中没有体现的村镇堡寨及地方性山川河流，《大明混一图》中多有体现。除此之外，《大明混一图》在河流标绘上的一大特点是多注出大河源头，如黄河源星宿海、大江(即长江)之源、滦河源、湘江源、洛水源、浙江源、淮河源、涢水源、澧水源、汉水源、涪江源、沙水源、龙江源、綦水源、阳水源、怀水源、黔江源、沅江源等。

就地名标识区域性特点来说，《大明混一图》对自然地形及其反映的人文地理状况亦能很好的体现，如漠北地区，广大的岭均以山形“答班”出现，湖泊以各形“脑儿”体现；湖广与河南汝宁府交接地带关隘、镇甚多，如九里关(谭图亦称黄岘关)、平靖关(谭图亦称杏遮关)等在《大明混一图》中均有体现；云南地界驿、甸则极多。细节来说，湖广地尤其是今湖北地区州的条宽仅略宽于县，表现出基本与府条宽同宽的特点，如上澧州、荆门州等。在大明与周边接壤地界，或边界标志性地带等，绘图者会以长幅字条阐释该地的地理方位以及特点等，如漠北地记有“和宁西北至金山，三千余里。金山西北至银山者，有三百里。其间俱为大山、高岭、深谷、断沟，甚是荒凉之地也。再向西行一千里，可至五条河之源。金山南边之地，今已围垦成军田，乃是警戒边境之重地也。再向西行几千里可至天山之地也”等内容。

《大明混一图》中域内中原地区的府、县地名位置虽不能完全与谭图等比例对照，但基本能与谭图相互对应，但亦有部分县因当时将汉语转写成满文时，把原字误看成另一类似字，而导致最终满文标识出现讹误的情况。如原山西“中部县”被看成“中都县”，因之亦转写译成相应的满文地名标识；同

① “本部中国”“周边中国”等概念，引自林岗的定义与概念界定。详见林岗：《从古地图看中国的疆域及其观念》，《北京大学学报(哲学社会科学版)》2010年第3期。

② 谭其骧：《中国国历史地图集》第七册《元・明时期》，中国地图出版社，1982年。

样，河南“柘城县”被看成“石城县”，而“溴水”被转写成“渭水”。

除此之外，在成图过程中，有部分地名的位置出现标绘错误的现象，如陕西周至县，应在今西安西部，但图中则画在西安之东的华山西傍；湖北沔阳州与监利同为县级地方行政区划，沔阳州与监利相去甚远，但图中则将二者紧靠；山东半岛招远县位于掖县西南方等。以上类似的情况在《大明混一图》中并不鲜见。

透过《大明混一图》中的标识地理信息我们可以看出，图中四至北达阴山，东至朝鲜日本，南抵南海，西到非洲，充分体现出明人通过直接或间接经验对本土及世界都有了相当广阔多元的认知。当然图中亦有缺憾，如上文提到的讹误情况，再如内容方面，与中国历代王朝有着密切来往、因之在史料中留下丰富记载东南亚，在图中却没有得到相应的凸显，而仅出现数个地名，与中国接壤的中南半岛也被画得严重变形，成为中国本土的一部分；而东亚地区则未绘出处于明朝统治下的黑龙江河口和库页岛。这些都反映出明人对本土和海外世界认知的局限性，这种认知通过地图这一文化符号形式，体现了其时的认知程度和水平。

Analysis of Geographical Indicators in the *Unified Map of the Great Ming*

Abstract: There are a total of 5,076 geographical indicators in *the Unified Map of the Great Ming*. Some were covered up by Manchu labels and only revealed when they started peeling off. The map has not only indicates the princely households, prefectures, and counties, but also villages and hamlets. The cartographer used lengthy labels on the map, especially on the boundaries of the Ming with foreign countries, explaining the location and environmental characteristics of a particular place. Of course, *the Unified Map of the Great Ming* contains shortcomings. The later addition of Manchu labels made it difficult to interpret, and contained some errors.

Keywords: *The Unified Map of the Great Ming*, Geographical Indicators, Overseas Geographical Cognition

从忽里洞海难残骸到“马斯喀特宝船”

——“黑石”号考古项目评述

沈毅敏*

摘　要： 1998 年，印度尼西亚忽里洞岛附近发现了一艘阿拉伯古沉船，人们称之为“黑石”号。船上发现了大量中国唐代瓷器和金银制品等。根据阿曼和新加坡两国政府的合作计划，以忽里洞沉船为原型建造了一艘木帆船，并以阿曼首都之名将其命名为 Jewel of Muscat（马斯喀特宝船）。该船在设计研制过程中应用了风洞、拖曳水池等科技手段。复原船建成后，从阿曼启航，横渡印度洋，到达新加坡。这个综合了水下考古、科技考古和实验考古的壮举跨越了宽广的时空维度，再现了造船与航海技术在海上丝绸之路的千年辉煌。

关键词： 忽里洞沉船　马斯喀特宝船　黑石号　缝合船　实验考古

“黑石”号已经不是新闻了，中国的文物专家因为这艘 1 200 年前的阿拉伯古船上所载数以万计的中国唐代瓷器而兴奋不已，写出了许多相关的研究论文。殊不知，其中最大的单体文物就是这艘古船，因而也应该是最重要的文物。而国内对此船本身的报道往往一笔带过，很少有关于“黑石”号建造技术的研究内容。笔者陆陆续续看到了国外的专业报告，包括文字、图片和视频等材料，深深感到这个问题特别重要，因为它是“海上丝绸之路”千年历史的生动例证。有鉴于此，笔者仔细研读并梳理了有关情况草成本文，以期引起共鸣与交流。

一、发掘概况

1998 年某天，印度尼西亚苏门答腊东南海域勿里洞岛（Belitung Island）的两个渔民，像平常一样潜入海底采集海参。那一片海域距离忽里洞岛大

* 作者简介：沈毅敏，江南造船（集团）有限责任公司高级工程师（已退休）。

约3公里，海中蕴藏着丰富的鱼类资源，是当地人赖以生存的“饭碗”。不过，这一次渔民从16米深的海底打捞上来的却不只是海参，还有一个浑身长满了海藻和珊瑚的陶罐。低矮的沙丘周围层层堆叠着许多中国瓷器。这些瓷器已经被海水侵蚀了的木梁半埋在沙土里。闻讯赶来的是一家在印尼从事沉船文物打捞的德国公司。经这家公司所雇的潜水员调查发现，海底有一艘沉没的古船，船上载有大量瓷器和金银制品。随着打捞的进展，6万多件珍贵文物从海底“浮出”，其中90%以上为陶瓷制品，以湖南长沙窑的瓷器为主，还有河北邢窑白瓷、河南巩县的白釉绿彩瓷和浙江越窑的青瓷等，种类非常丰富。另外，船上还有30多件铜镜、30件金银器和18件银锭。船上发现的金杯是极为罕见的唐代珍贵金器，展现了高超的工艺水平。

更为令人振奋的是，潜水员们发现了一艘1 200年以前的满载货物的阿拉伯商船残骸。这是公开报道文献中迄今为止所发现来自印度洋的最古老船舶残骸，而船上货物显示出它是从中国某港口起航的。这证明中国早在唐朝就开始了向阿拉伯国家出口优质瓷器。

勿里洞岛位于新加坡东南620公里处，正好在马六甲海峡的东南边，而这里很早以前就是贸易要道。勿里洞沉船残骸及其文物为历史学家提供了一个前所未有的机会，可以进一步了解当时的造船和航海技术以及中东与亚洲之间的贸易关系。

由于意识到勿里洞沉船残骸所蕴含的考古学术价值，新加坡政府于2005年斥资3 200万美元购得全部文物，并立即开始对这批文物展开细致的分析。

随后，新加坡开放了外交和学术的各种渠道，以充分利用这次发现带来的文化、历史交流机会。这次活动的重要合作方是位于阿拉伯半岛东南角的阿曼苏丹国，该国拥有丰富的航海遗产。

2008年，阿曼外交部部长同意资助这项活动，并希望尽可能准确地根据勿里洞残骸的原型重建一艘船。阿曼统治者卡布斯·本·赛义德苏丹本人对这个项目也非常感兴趣。他以阿曼首都之名将这艘船命名为Juwel of Muscat（马斯喀特宝船），并下令将建成的船只作为阿曼人民送给新加坡人民的礼物。作为回应，新加坡同意修建一座专门的博物馆来展示这艘船。

为确保这艘船不但能真实地反映原型，还能达到最高的质量标准，阿曼邀请澳大利亚海洋考古学家、阿拉伯造船史研究权威汤姆·沃斯莫博士（Dr.Tom Vosmer）担任建造团队的主管。他们的目标不但包括要重建一艘1 200年前的阿拉伯船只，还要驾船横渡印度洋，并在航行途中做好复原船航行性能的记录。这项依据考古资料来重建古船并且进行远航的实验考古项目意义非凡，也是极大的挑战。

二、忽里洞沉船残骸概况

澳大利亚船史研究专家米查尔·佛莱克(Michael Flecher)领衔的考古团队给出的沉船遗址发掘报告详细描述了在沉船现场清除了覆盖在沉船残骸上的沙土以后的情况。

由于缝合船壳板的绳子已经朽烂,整个船体呈170度摊开,特别是左舷船壳已经完全坍塌而在海床上展开,仿佛就像一张真实的外板展开图(图一)。

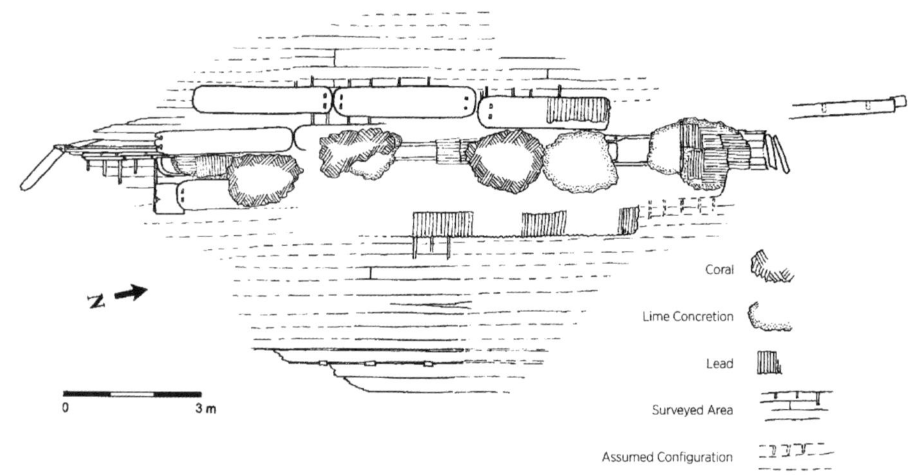

图一　沉船残骸现场示意图①

从图一中可以看到沉船的首柱、龙骨、内龙骨、舱底板、肋骨、横梁、承梁架等部分,几乎大半个船身都是完整的,但部分船体被珊瑚礁和石灰结核团所掩埋,但是没有桅杆,帆和索具更是不见踪影。

龙骨截面较小,只有15×14厘米,而已经从船体分离移位的内龙骨较粗壮,截面尺寸为21×18厘米;内龙骨下半部两侧都有为肋骨留有的一系列缺口,尽管这些缺口的排列不均匀,也并非左右对齐;龙骨和首柱的连接处有定位凸榫,且它们的左右两侧都没有为船壳板而留的凹槽。

船壳板的厚度为4厘米左右,宽度不等,介于20～40厘米,其四周离开边缘17～20毫米处有一圈通孔,通孔的间隔为5～6厘米。全部船壳板之间都是平接连接,这些连接全部采用绳索绑定。

龙骨左右两侧都有肋骨排列,这些肋骨在截面形状、粗细和间距上都有明显的差异,间距为28～43厘米。船体上方有一系列横梁,其中中部横梁的

① *Shipwrecked*, *Tang Treasures and Monsoon Winds*, Arthur M. Sackler Gallery, Smithsonian Institution, Washington, D.C. National Heritage Board, Singapore, Singapore Tourism Board, 2011. p.102.

两头都露出船壳板。

船壳板接缝处内外表面都覆盖着一束由细绳索组成的填料，这些填料也被缝合船壳板的绳索同时绑扎。船壳板接缝处发现有一种类似石灰的密封化合物。船体尾部被珊瑚礁和石灰结核包裹着，因此，整个船体的测量数据并不完整，某些数据只能根据一些外露迹象来进行推测。舱底板为活动的，因为其下面还有船货。现场还发现有一个铁木结构的锚，舱底板上还有大约总重 10 吨的铅锭。

三、发现忽里洞沉船的意义

根据忽里洞沉船残骸现场勘测和发现资料推测如下：

根据船上所载货物上的文字（宝历二年七月十六日——即公元 826 年）推断，这艘船是 1 200 年前从中国某港口运载货物后在返航途中失事的，这个年份也为船体木材碳 14 测定数据（公元 700～900 年）所印证。这条海上丝绸之路再也不是《天方夜谭》（又名《一千零一夜》）里带有神话色彩的辛伯达航海传奇故事，也不是历史典籍里的片言只语。这艘古代沉船及其船货为历史上确实存在这样一条海上丝绸之路提供了可靠且有力的证据。

长久以来，虽然在历史文献上有着阿拉伯世界和中国通过海路进行贸易交往的记载，但一直有人怀疑从中东通往中国的海上丝绸之路的存在。随着岁月的流逝，大海的风浪洋流早已将沉船残骸摧毁殆尽。直到今日，随着黑石号遗骸的发掘，沉船中的金银和陶瓷货物终于揭开了这个谜底。中国唐朝的货物，加上古代阿拉伯的缝合木船残骸，这些穿过时间隧道的绝配，恰恰又是出现在连接东西亚海上航路的咽喉之道——马六甲海峡附近，这就生动地展现了在 1 200 年前就存在的这条古代海上贸易通道。

这艘船为缝合木板船，应该来自印度洋沿岸，很可能是阿拉伯半岛。在一般人看来，缝合船是那种只能在内河湖泊航行的小划子，即使是《马可波罗游记》对于缝合船的评价也不高。而这艘缝合船却是横跨印度洋的远洋航船：船体总长约为 20～22 米，宽度为 7～8 米，型深约 3 米。如果以 1 200 年以前的历史标准来评判，这个主尺度并不算小。船体形状两头尖，中部最宽处在中点稍后处，中剖面形状为 U 型。

这些情况显然还不能提供设计和重建所需的全部信息。但是，尽管如此，这艘沉船还是给复原船设计和重建者提供了相当多明确的信息，因而是无价的。在 2005 年出版的《船舶的连接件——从缝合船到蒸汽船》一书中，也以“黑石”号为例证来阐述缝合船的结构和工艺方法。①

---

① Michael McCarthy, *Ships' Fastenings-From Sewn Boat to Steamship*, Texas A & M University Press, 2005, p.18.

四、复原船的设计

随着对收集到的考古证据、各种直接和间接的信息材料理解的不断深入，以及对于航海船舶知识的了解和复原古代船舶方面的经验，汤姆·沃斯莫博士开始了重建船的设计。

（一）难度分析

建造团队对于这个实验考古项目的难度作出了如下分析：

信息不全。如前所述，沉船残骸提供了部分信息，而残骸所没有提供的信息则要从其他来源获得，如历史文献的记载、历史绘画雕刻和其他人文资料等间接证据。

按照阿曼政府的要求，复原船的航程要从阿曼到达新加坡，这就要求最终产品具备远洋航行的实际能力，而不是仅仅提供展览观赏的模型。因此在设计阶段就应该保证复原船的航海性能要满足长途航行的需要。

因复原船为缝合船，要在此条件下满足设计和航行性能要求，就必须对建造这种船舶的加工和装配不同阶段的施工程序、加工工艺、材料处理的现场施工技术问题作出符合实际情况的安排。

要完成这个工程项目还必须解决材料采购、运输、保管各个环节的种种麻烦，并安排好施工所需的时间进度控制、劳动力组织调配等管理问题。

（二）船体特征分析

根据对于残骸的分析，这艘船有以下特点：

首柱和龙骨都是直线形状，前者与龙骨基线呈60度的夹角，两者连接处有较浅的榫卯结构来定位。

根据横梁长度、船中部船壳板展开宽度，现存舱底板可以拼合的形状，以及贯穿横梁与船壳板相交点的痕迹形成的夹角等因素可以确定船体前面大半部分的形状：船体较宽，中部横剖面呈U型，最丰满处在船中点稍后处（图二、三）。

原船船尾基本上被珊瑚礁和石灰结核团块所包围，从未被挖掘出来，所以复原重建船尾的设计主要是根据一些零散的线索进行推测。整个船尾应该也是尖的，龙骨后部稍稍向上弯曲，而相连接的尾柱是垂直向上伸展的直线条。

所有复原船舶的设计和建造都是在“忠实复原”和“安全航行”之间找到最佳平衡点。虽然最初的目的是在沉船基础上进行忠实的复原重建，但考虑到主管部门的指令是：“只许成功不许失败——这艘船必须到达新加坡。”所以，在设计和施工阶段的所有决策都把安全作为首要考虑的因素。

综合以上这些特点，复原船和阿曼航海历史上的巴蒂尔（Batil）船型非常

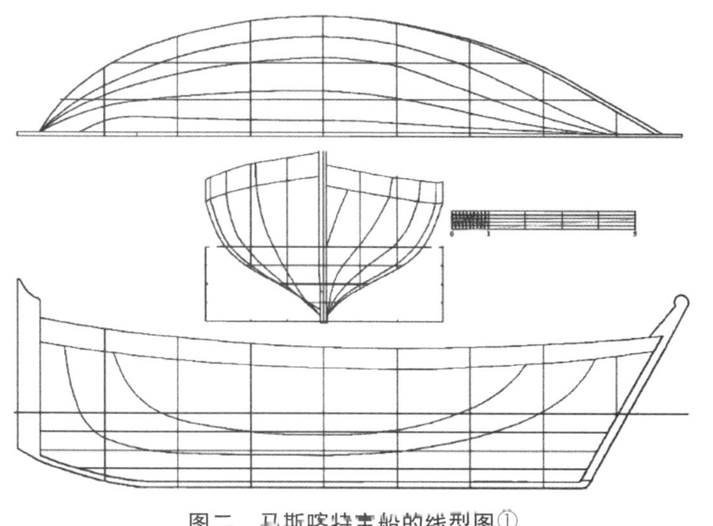

图二　马斯喀特宝船的线型图①

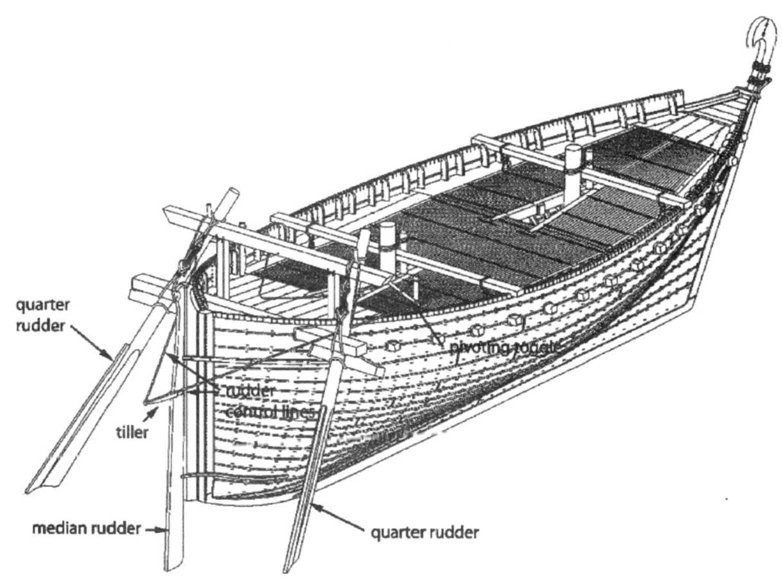

图三　马斯喀特宝船的立体效果图②

相似。最后考虑到安全因素，决定把主尺度取得比原型略小：全长 18 米，横梁长度为 6.5 米。而且，龙骨和内龙骨的截面尺寸也显著加大了，这从 BBC 拍摄的纪录片中可以清楚地看到，但具体尺寸不详(图四)。

(三) 科学研究

复原重建项目很幸运地有足够的资金进行科学研究。英国专家根据他们的设计建造了两艘比例大约为 1∶10 的模型船，沃斯莫在南安普顿大学分别用船模试验水池和风洞对这两艘模型船进行了测试(图五)。

① *Shipwrecked*, *Tang Treasures and Monsoon Winds*, p.126.

② Ibid., p.135.

图四　马斯喀特宝船模型①

图五　拖曳水池实验②

① *Shipwrecked*, *Tang Treasures and Monsoon Winds*, p.125.
② https://jewelofmuscat.tv/images/testing/.

根据这个设计，团队还专门制作了一艘结构模型。构建该模型的过程揭示了工艺和结构上存在的问题，这些问题随后就可以以较小的代价得以解决。这个模型对于印度和阿曼的造船公司来说也是一个方便的参考工具，因为那些造船工匠们不习惯在工作中使用图纸。在重建项目开始时，造船工人和绳索工人围绕模型进行了一次热烈的讨论，讨论了设计特点和造船程序。在建造大船的过程中，经常对照模型进行审查，便于学习和改进。

五、复原船的建造

(一) 首柱、龙骨和尾柱

首柱的根部具有从其下侧突出的凸榫。它被安装在龙骨前端的一个狭槽中，船尾柱也作了类似的安排，然后将首柱和尾柱缝合到龙骨上。

(二) 船壳板加工与缝合

本船是缝合木板船。为了把这些船壳木板和其他构件缝合在一起，全船共计钻了大约 37 000 多个孔，消耗了大约 120 公里长的椰壳纤维绳，和大约 1 000 个椰壳作纤维填料。

其工艺流程大致包括了以下几个步骤：船壳板的弯曲、船壳木板边缘修正、船壳板边缘的钻孔、敷放填料、缝合。详述如下：

1. 船壳板的弯曲。因为船壳板不能在预先搭建好的框架上进行弯曲，所以在连接到船上之前，这些木板必须被预先扭曲或弯曲到正确的形状。

船壳板的弯曲方法有几种：水浸法、火烤法和汽蒸法。

经过几种方法的比较试验，最后确定用汽蒸法。团队建造了一个可密封的长木箱，长 7 米，宽 40 厘米，高 50 厘米。木箱的一端有个可拆卸的盖子。采用两个金属锅炉提供蒸汽。

用短管把锅炉和木箱连接起来。点燃锅炉提供了大量的蒸汽，再将 1～3 块木板放置在箱体内。将这些木板进行大约两个小时的蒸汽浴。蒸过的木板比较柔软，但必须在 2 分钟内用工具弯曲或扭曲到位，等冷却以后木板就硬化定型了。

2. 船壳木板边缘修正。因为缝合后的木船不能用传统的方法进行捻缝，所以上下船壳板之间必须严丝合缝，误差控制在大约 1 毫米之内，所以每一块船壳板需要反复试装检查再修正，直到满意为止。在船内多处安置样板，供船壳板试装修正时作为预期船体形状的依据(图六)。

3. 船壳板边缘钻孔。沿着每块木板四周，在离开边缘大约 20 毫米处钻出一圈直径大约 10 毫米的孔，相邻孔距为 55 毫米。

图六　按照样板试装并修正船壳板边缘①

4. 放填料。在相邻两排船壳板的缝隙内外各放置一条直径约 5 厘米的椰壳纤维填料。

5. 船壳板的缝合。进行缝合工作的工匠，每两个人为一组，一个在船外，另一个在船内，相互配合操作。工匠们用直径 3 毫米的椰子纤维绳穿过船壳板上的孔，再从另一个孔里穿回来，线迹成锯齿形，而第二遍成反向的锯齿形，最后形成Ⅰ和Ⅹ组成的连续线迹，把上下两层船壳板和船壳表面的防水敷料都紧紧地绑扎在一起（图七、八）。

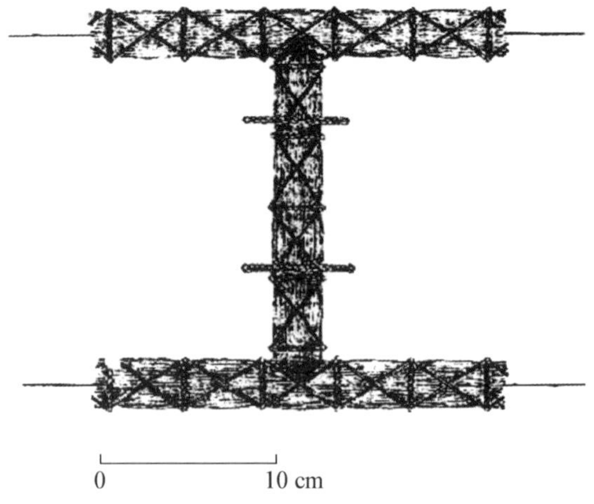

图七　用绳索把船壳板以及防水敷料绑扎在一起②

① https://jewelofmuscat.tv/images/construction/.

② Michael McCarthy, *Ships' Fastenings-From Sewn Boat to Steamship*, p.18.

图八 “马斯喀特宝船”的船头①

（三）安装肋骨、横梁、承梁架

复原船保留了原船肋骨间距不规则的特点，意图在于复原船要保留原船的这个特色。

（四）甲板处理

历史资料表明，当时的阿拉伯船只通常没有甲板。忽里洞沉船的考古证据证实了这一点。但在船的首尾还是各装上一个为操作水手准备的小平台。而中间的船舱都是朝天开口，再铺上活动木板作为活动场地。

（五）密封剂与涂装

对于“黑石”号的考古结果表明，船壳板之间的接缝被涂上了作为密封剂的一层石灰腻子。用腻子对船壳板上缝合绳穿过的圆孔进行密封。这种暗灰色的腻子用白垩粉混合了融化的树脂和鱼油，这是该地区使用的一种传统的油灰。船壳板、板缝内外的填料和捆扎的绳索全部涂上鱼油，以保护全部木结构并使得填料在吸饱鱼油后可以真正起到密封作用。水线以下涂上了一层防护层来阻止海洋生物的附着。这种防护层由石灰粉加上山羊脂肪混合而成。密封结束后，复原船采用10吨铅锭和15吨石块作为压舱物。

（六）桅杆与索具

忽里洞沉船现场没有发现桅杆、帆和索具。当然也就无法知晓这艘船

① *Shipwrecked*, *Tang Treasures and Monsoon Winds*, p.120.

原先到底有几根桅杆。但考虑到种种原因，团队决定安装两个桅杆。首先，两个桅杆会将桅杆的质量分成两部分，从而更均匀地分布在缝制的船体上。第二，两根桅杆上的帆面积可以比一根桅杆上的帆面积大，桅杆可以短一些，有利于船的横向稳定。第三，可能需要更少的人来处理每个桅杆上的索具。第四，根据风的强度和方向，两个桅杆将为帆的操作提供更大的灵活性。

（七）帆形设计

与人们的普遍看法相反，在古代的西印度洋上既没有阿拉伯三角帆，也没有截去前角的三角帆。在9世纪，矩形帆一直占据着主导地位，直到1500年左右才有所改变。所以，复原船采用矩形帆。这样，这艘“马斯喀特宝船”也和在20世纪80年代初复原建造的阿拉伯三角帆的“苏哈尔”号仿古帆船区别开来了。

六、重建缝合船的价值

这艘复原船的建造，生动再现了阿拉伯缝合船的完整工艺过程，尤其是向我们展现了与我们熟知的中国造船方法所完全不同的例证。

如前所述，在设计阶段应用了风洞和拖曳水池进行科学研究。其中水池试验是在英国南安普敦大学的拖曳水池中测试船体形状模型。结果发现船尾附近形成了漩涡，这被认为是由船尾附近的船体形状的突然变化引起的。漩涡产生了相当大的阻力。

另外还在南安普顿大学的风洞中，对船帆的形状、大小、尺寸和桅杆间距进行了测试。通过这些测试，发现开始设计的桅杆太靠近了，可能会使得后帆过多地阻挡来自船后方的风。桅杆的间隔距离增加后，船员能更有效地同时操作这两片船帆。

安装了两套舵装置。在9世纪，船的转向系统正在从舷边舵桨（操纵桨）向中心舵转变，这个过渡过程延续了大约300年。而且一些古画也显示了当时的船只同时装备了两套舵装置，即同时使用舷边舵桨和中心舵。所以，团队决定在复原船上也这么实施，便于借机测试比较一下。

在建造过程中，建造者不满足于缝合时使用椰壳纤维绳索的现成知识，对缝合船用的4种绳索材料（木槿纤维、黄麻、马尼拉麻和椰壳纤维）进行了耐腐蚀测试，比较的结果还是椰壳纤维耐腐蚀性能最好。

另外，还对板间密封剂进行了渗透比较试验。“黑石”号的考古结果表明，船壳板之间的接缝被涂上了一层石灰腻子作为密封剂。团队试验了几种不同的配方，再在一米见方的木箱上做渗漏比较实验。最后确定了以树脂为主的密封剂配方。

七、"马斯喀特宝船"远航

2010 年 2 月 16 日，马斯喀特宝船缓缓驶出马斯喀特进入茫茫大海，船上共有 17 名来自不同国家的船员，船长是阿曼人萨利赫·阿加布里。

当天，超过三百名观众在苏丹卡布斯港(Port Sultan Qabos)的码头上列队，欢送"马斯喀特宝船"。"马斯喀特宝船"从阿曼首都马斯喀特的苏丹卡布斯港启航，中途停靠了印度的柯钦、斯里兰卡的加尔港、马来西亚的槟城，最后到达新加坡。

整个航程在海上耗时 68 天，共计 3 580 海里。中途参加了停顿港口的庆祝活动并在中途进行了修理工作。

航行途中，经历了风速达到 52 节的热带气旋(10 级台风)，一个船员被断裂的桁材砸中而牺牲。

航行期间，船上试用了阿拉伯的古代航海仪器卡梅尔 kamal(类似于中国古代的"牵星板")。但由于没有经验的积累无法进行船舶定位的实际应用，这一操作仅仅是一种体验而已。

航行期间，还对操纵桨和船尾中心舵进行了比较试验。结果是，除了船在明显侧倾时，下风侧操纵桨稍优外，中心舵操作方便表现平稳，全面占优。

最后，在启航 138 天后，"马斯喀特宝船"于 7 月 3 日，在新加坡的吉宝湾码头，受到新加坡总统、外交部部长和代表阿曼领导人的皇室成员和数千名群众、考古及航海界同行和朋友的热烈欢迎，接着是阿曼和新加坡社会人士举办的招待会，以及阿加布里船长向新加坡总统纳丹正式交接"马斯喀特宝船"。

"马斯喀特宝船"已经被永久性珍藏于新加坡海事博物馆，参观者可由此了解这艘船的建造过程以及它从阿曼抵达新加坡的历史性航程(图九)。

八、"马斯喀特宝船"远航的启示

参考海难沉船残骸水下考古的成果，仿照其形制建造一艘复原船，在设计与建造过程中开展各种科学与工艺研究，再在类似于古代的技术条件下进行实际航行，这就是"黑石"号考古项目一个完整的过程(图一〇)。

这个完整过程，包含了水下考古、科技考古和实验考古等综合内容，其意义比单项内容的考古活动大得多。今天的人们，通过实验手段重建过去的船舶，来研究古代人类在海上的生产方式、生活方式及思维过程。而只有通过科学实验和航海实践，人们才能更深刻地理解在水下考古活动中所获得的信息，这和纯粹的纸上谈兵是不可同日而语的。

图九　在新加坡海事博物馆展出的“马斯喀特宝船”①

图一〇　在航行途中，试用阿拉伯的古代航海仪器卡梅尔 **kamal**（类似于中国古代的“牵星板”）②

① https://upload.wikimedia.org/wikipedia/commons/6/69/Jewel_of_Muscat%2C_Maritime_Experiential_Museum_%26_Aquarium%2C_Singapore_-_20120102-02.jpg.

② Megan FurMan, *Jewel of Muscat On the High Seas in a 9th-century Sailing Ship*, Lingua Franca Television Ltd, 2015, p.66.

首先，通过这个“黑石”号考古项目，人们从中学到了许多古代阿拉伯船舶和航行方面的知识，体会到了在原始条件下进行造船与航海实践活动的艰辛。在 1 200 年前的 9 世纪，阿拉伯航海者还没有指南针，对于海洋、风浪和天文等知识的认知还相当模糊且有限，就凭着相当简陋的船只，冒着生命危险历经艰辛，横跨辽阔的印度洋，去联络沟通亚洲东部的民族和国家。

其次，航海活动是一个海上的团队集体活动，考古证据表明“黑石”号上有来自中国、爪哇和阿拉伯的船员，而“马斯喀特宝船”上共有船员 17 人，来自 9 个国家：印度、斯里兰卡、马来西亚、新加坡、意大利、澳大利亚、美国、英国和阿曼。尽管语言不同、文化不同，还要克服许许多多的困难：船上空间狭小、天气炎热、睡眠不足、补给困难、风浪太大(10 级台风)等等。但是船员们相互尊重、同心协力，为了一个共同的目标努力奋斗。只有这样，人们才能在相当简陋的航海设备与物质条件下，克服生理与心理上的许多困难来完成艰巨的远洋航海任务。

九、阿拉伯船与中国船

在大航海时代到来之前，这条海上丝绸之路的主宰是阿拉伯人和中国人，双方都制造了一些当时最为先进的船只。在这条航线上，不同的船只在这里穿梭往来，不同的人们在这里交流贸易，他们互相打量彼此评论，不同的文明在这里交汇传播。因此，在这篇小文即将结束时，把这两大文明背景下产生的船舶进行比较也是顺理成章之事。

从风帆方面来说，阿拉伯船经历了一个从横帆向三角帆转换时间长达约 300 年的过渡过程。和横帆相比，三角帆迎风航行的性能很出色，但是，这种三角帆的操作极其耗费人力。因为是软帆，所以只能在下风侧才能正常工作。在帆船戗风转向时，需要进行船只受风方向的换舷，那就要把三角帆转换到下风方向。具体过程如下：帆布收拢，把倾斜的长帆桁竖直后从桅杆后面绕到另一侧，把长帆桁恢复到倾斜位置，再次张开帆布。在逆风状态做连续的“之”字形航行时，就需要反复进行许多次这样的操作，于是，就不得不配备更多的船员来从事这种高强度的劳作。

中国船使用的是带有撑帆竹的“硬”帆，所以在使用时，无论风从哪里来，都可以平展伸开；因为有抱桅索，可以绕着桅杆左右转动自由换舷；且因为部分帆面积在桅杆前面，所以帆面受力平衡，操作起来轻巧灵便。中国帆的好处还有很多，这里不赘述。

在船体建造方面，阿拉伯船与中国船则是走了完全不同的工艺路线(表一)：

表一　阿拉伯船与中国船工艺路线的对比

船　型	阿拉伯船	中国船
工艺顺序	船壳优先	骨架优先
构件连接件	绳索、木钉	木材的榫卯结构、各种铁钉和锔钉
密封材料	树脂或鱼油、石灰、椰壳纤维组成的敷料	桐油、石灰、麻絮组成的捻料
密封方法	敷料紧贴在船壳板拼缝侧面，用绳索绑扎	用工具把捻料塞进船壳板拼缝中间
备注	绑扎绳索寿命短，每隔几年必须重新绑扎	船体牢固，容易向大型化发展

众所周知，在木船建造方法中有两大类完全不同的工艺方法：骨架优先法(skeleton-first)和船壳优先法(shell-first)。[①] 欧美船体的结构围绕一副由龙骨和肋骨等部件组成的骨架为基础，而中国船则以龙骨与隔舱壁等组成的骨架为基础。[②] 而在缝合船建造时，则采用"船壳优先法"，即船体外壳先行，以龙骨为中心组装起来，待船壳基本成型以后再安装肋骨，因为不可能在已经有肋骨的地方缝合船壳板。

顺便说一句，中文翻译版《加利利海的船》[③]的译者无视 shell 就是"船壳"的意思，而把 shell-first construction 翻译成"框架先置造船技术"，这就有混淆两种不同造船工艺概念的嫌疑。

16 世纪以后，阿拉伯船建造时也在一些重要部位使用铁钉。但这是受了谁的影响所导致的呢？学者们见仁见智：有人说这是受了葡萄牙人的影响，[④]也有人说是受了中国人的影响。[⑤] 究竟如何，还有待于进一步研究才能得出明确结论。

---

① Shelley Wachsmann, *The Sea of Galilee boat*, Springer Press, 1995, pp.15、16.

② 何国卫：《中国古船建造法考述》，《国家航海(第十三辑)》，上海古籍出版社，2015 年，第 58 页。

③ [美] 谢利·瓦克斯曼著，曹明玉译：《加利利海的船》，商务印书馆，2015 年，第 14、15 页。

④ Megan FurMan, *Jewel of Muscat On the High Seas in a 9th-century Sailing Ship*, p.12.

⑤ Michael McCarthy, *Ships' Fastenings-From Sewn Boat to Steamship*, p.40.

From the Wreckage of Belitung to the "Jewel of Muscat": A Review of the Batu Hitam Archaeological Project

Abstract: In 1998, an ancient Arab wreck, known as the Batu Hitam, was discovered near the sland of Belitung in Indonesia. A large number of Chinese Tang Dynasty porcelains and gold and silver products were found on board. As a result of joint collaboration between the governments of Oman and Singapore, a wooden sailboat was built on the prototype of the sunken Beltung vessel and named the *Jewel of Muscat*, after the Omani capital. Scientific and technological means such as wind tunnels and towing pools were used in the process of design and development. The replica set sail from Oman, and successfully crossed the Indian Ocean and arrived in Singapore. This feat, which combines underwater archaeology, scientific and technological archaeology, and experimental archaeology, spans a wide space-time dimension and reproduces the glorious days of shipbuilding and navigation along the maritime Silk Road over a millennium ago.

Keywords: Belitung Shipwreck, Jewel of Muscat, Batu Hitam, Sewn Boat, Experimental Archaeology

大航海时代世界经济体系与政治架构的变动及其启迪

孙光圻*

摘　要： 本文以全球历史的视野，论析大航海时代世界经济体系和政治架构的变动，指出直至今天，海洋依旧是世界政治与经济竞争的主要舞台，海权依旧是世界强国的主要标志。

关键词： 大航海　世界经济体系　政治架构　海权

一、大航海时代的形成背景与标志事件

（一）形成背景

应该说，亚欧大陆的经济与文化交流溯源极远，由于陆域相连，海域相通，彼此在公元前就建立了海陆交往。西汉武帝时期张骞通西域"三通三绝"，以及由此而引发的东亚至南亚的"汉使航程"的开辟，说明其时陆海"丝绸之路"已经形成。但由于陆路交通环境极其复杂、变动的政经文化结构和艰辛难度的崇山峻岭与荒漠戈壁，故自东汉与东罗马时期开始，"海上丝绸之路"便日益成为沟通亚欧大陆的主要交通渠道。

整个中世纪，在以中国人与阿拉伯人为主体的航海者的努力下，西太平洋与北印度洋上云帆飘扬，舟辐交错。许多阿拉伯与地中海地区的商人、僧侣与旅行家纷纷经海道前往东亚，特别是13世纪晚期，威尼斯人马可波罗长达17年的中国之旅，以其归撰的《东方见闻录》（又称《马可波罗游记》）而闻名。他绘声绘色的描述，使西欧人对中国、日本等用金银建宫筑屋的富裕程度垂涎欲滴。15世纪，西欧金融从银本位转向金本位，于是到东方去寻找黄金成为西欧国君、贵族、商人乃至平民百姓挥之不去的美梦。

然而，当时从西欧通往中国的海陆商路关卡重迭，艰险难行。一是海路上，西欧人沿途要经过意大利人、阿拉伯人、拜占庭人、波斯人的层层盘剥；

---

*　作者简介：孙光圻，大连海事大学教授、中国海外交通史研究会顾问。

二是陆路上，自 15 世纪中叶起，奥斯曼土耳其帝国先后占领小亚细亚和巴尔干半岛，对传统商路课征重税。这种海陆交通路线上的贸易运输态势，使运往西欧的商品价格飙升 8～10 倍，使西欧人苦不堪言，迫使他们不得不另辟蹊径，去探寻避开传统商路而到达东方的海上新航路。

（二）标志事件

在海上新航路开辟中充当“领头羊”的是西欧南部业已完成政治经济统一、建立中央集权统治的封建国家葡萄牙和西班牙，正是它们揭开了以地理大发现为主要标志的大航海时代序幕。

葡萄牙这方面的代表人物是有“航海家”之称的阿丰索·亨利王子以及巴尔托洛梅乌·迪亚士与达·伽马两位船长。亨利将组织远洋探险和海外掠夺作为毕生事业。他在葡萄牙南部的萨格雷斯创办了航海学校，研究航海技术，招罗航海人才，并积极组织大西洋探险队，大力推进西欧沿海的岛屿探险和沿西非海岸的南向航行，企图绕过非洲南端大陆进入印度洋。走在前头的是迪亚士，他在 1445 年绕过佛得角，到达塞内加尔；1488 年他又率领 3 艘小船发现了非洲南端风暴猛烈的好望角，并越过它继续东行 500 多海里，成为世界史上第一个由大西洋驶入印度洋的第一人。伽马则在此基础上继续前行，他于 1497 年 7 月从里斯本启航，率领 4 艘海船，从西非沿岸航线深入南大西洋，11 月 22 日绕过好望角，于次年 3 月到达东非的莫桑比克和肯尼亚的马林迪，并由阿拉伯领航员马德瑞德引航至印度西南岸的海港城市卡利库特（即中国古籍上的古里）。这是世界航海史上第一支由欧洲出发，取海路直达印度的船队。

西南欧的另一海洋强国西班牙也不甘示弱，其代表人物是王后伊莎贝拉以及航海探险家克利斯多弗·哥伦布和费尔南德斯·麦哲伦。伊莎贝拉于 1492 年收复被阿拉伯占领的失地，统一西班牙，成为西欧强国的统治者后，即全力推行海外扩张的国策。由于当时葡萄牙将其开拓的西非印度洋航线视为自己的禁脔，因此西班牙只得寻求从大西洋出发直航亚洲的海上新航线。1492 年 8 月 3 日，意大利人哥伦布在伊莎贝拉的支持下，率领 3 艘轻帆船从巴罗斯港出发，准备向西直航印度。10 月 12 日船队越过大西洋，来到中南美洲的巴哈马群岛的萨马纳岛（今萨尔瓦多）。然而哥伦布以为此地就是印度，并将当地原住居民称为“印第安人”。虽然其后又于 1493、1498、1502 年连续西航并登陆美洲大陆，但他至死仍以为到达的是亚洲的印度。真正从西班牙经大西洋和太平洋航抵亚洲并完成环球航行的，则是其后继者葡萄牙人麦哲伦。1515 年与 1516 年，他的西航方案两度为本国君主拒绝。1519 年 9 月 20 日麦哲伦在西班牙国王查理一世的扶持下，分乘 5 艘海船，从塞维利亚外港启航，1520 年 1 月到达南美洲的拉普拉塔河口，接着，沿岸南下，探寻越过大陆继续西航的海路。10 月 24 日至 11 月 28 日，他历尽艰险，穿越了后来以他姓名命名的麦哲伦海峡而进入“大南海”（即今太平洋）。1521 年 3 月，船队抵达菲律宾，麦哲伦因进攻宿雾岛而被杀。其后，由其手下继续西航，横渡印度洋，绕行好望角北上，回到西班牙原出发港，完成了人类历史上第一次环球航行。

之所以说上述几次海上航行开辟了“大航海时代”，一是因为它的“新”，完全突破了原有的航海旧格局，创造了人类航海史上前所未有的业绩；二是它的“长”，其中麦哲伦船队开辟的环球航线，超越包括之前所有人类海上航线的长度，也包括中国明代郑和下西洋的由中国到达东非的远洋航线；三是因为它的“难”，面对全然陌生、风险莫测的异域海洋，航海者向全世界展示了人类所具有的探索与进取精神。

在此之后由荷兰、英国等国家继续推进的全球性航海活动，基本上是大航海时代的一种补充和完善。

二、经济体系的变动

（一）沟通了全球三大洋的交通航线，打破了原先洲际的封闭经济格局

在15世纪中叶之前，海上交通多为在已知海洋中的洲内区域性航行。亚洲地区主要是从东亚至东北亚，或经东南亚、南亚至西亚。郑和与阿拉伯船队虽曾远达东非海岸，但并未绕过非洲南端，仍停留在西太平洋与北印度洋的水域间。而欧洲方面，虽然早期的北欧维京人和后来的汉萨同盟有过不错的远航记录，但也仅是沿着西欧海岸，在大西洋东岸从北到南往返的沿海航线。这些传统航线主要沟通的是欧亚旧大陆的海上交通，并没有冲破洲际的交通屏障。

但是，哥伦布发现美洲之旅与麦哲伦环球航行，使大西洋、太平洋和印度洋之间实现了直达航行，将南北美洲大陆与欧亚及非洲大陆连成一线，导致原先的海上交通格局发生了根本性的变化，使整个世界区域性的经济活动融会贯通，成为一个整体。正如马克思、恩格斯在《共产党宣言》中所说的：“过去那种地方的和民族的自给自足和闭关自守状态，被各民族的各方面的互相往来和各方面的互相依赖所代替了。”①原先距离遥远的各民族之间产生了全新的接触与交往，形成了经济一体化的世界市场。

（二）国外市场的开拓，国际分工与合作逐步形成，全球资本主义贸易和生产的格局开始出现

因为新航路打破了洲际地理障碍，开拓了新的国外市场，使商品贸易的

① 马克思、恩格斯：《共产党宣言》，《马克思恩格斯选集》第1卷，人民出版社，1972年，第255页。

品种大幅增加，很多新的商品加入了世界范围的流通，使人类的经济与物质生活水平得到了很大的提高，“明显地表明了资本主义进步的历史作用”。如西班牙人给欧洲和亚洲市场带来了美洲的糖、可可、苏木、宝石、珍珠、洋红、烟草、棉花、花生、向日葵、马铃薯、西番茄、蓝靛、香油、皮革、银元等，中国的丝绸、茶叶、纸张、铁器、橘子、荔枝等，也经由菲律宾马尼拉中转，远销欧美地区，印度的布匹、南欧的玻璃制品、东方各国的宝石、香料，如丁香、肉桂、胡椒、生姜、樟脑、檀香等，也通过跨洋越洲的全球性新航路转销异域他乡。

“美洲的发现、绕过非洲的航行，给新兴的资产阶级开辟了新的活动场所。东印度和中国的市场、美洲的殖民化、对殖民地的贸易、交换手段和一般商品的增加，使商业、航海业和工业空前高涨，因而使正在崩溃的封建社会内部的革命因素迅速发展”。而这个革命因素，就是脱胎于欧洲封建社会、伴随资本原始积累而发展起来的新生资本主义的生产商与贸易商。在他们跨国生产与销售的组织与统筹下，各大洲的商品生产与加工基地的经营和管理也开始分工明确，并趋相对稳定，出现了世界性相互依存的经济关系。在这种新的经济浪潮的重大冲击下，各类远方的商品往往供不应求，交易量快速增加，原先那种封建行会式的手工业生产方式已无法适应日益扩大的世界市场的需求，从而使资本主义的生产与贸易方式得到了前所未有的广泛发展。

（三）传统的商业格局发生重大变化，出现了新的经济与航运中心

随着海上新航路的开辟，在大洋越洲商路的挤压下，旧有的欧亚河道运输体系和地中海商路失去了传统意义，世界贸易商路的重心开始转移到印度洋和大西洋上，从而使比利牛斯半岛上的海港处于世界商路的中心地位，海船由此东航通向亚洲，西航通向美洲，并经由直布罗陀海峡将葡、西、荷、英、法、德等国联结起来，推动了欧洲资本主义的发展。

大西洋西行直达亚非的全球航线成功开辟后，南欧、西欧地区的沿海地区成为大西洋和太平洋的交通要冲，加剧了欧洲列强争夺世界贸易霸权的竞争，导致葡萄牙的里斯本，西班牙的塞维利亚，荷兰的安特卫普和阿姆斯特丹，英国的伦敦、布里斯托尔、利物浦、曼切斯得等海港城市，渐次成为东西方贸易与航运中心，对资本主义世界核心经济地区的形成起了重要的作用。

（四）商业活动的架构与机制新陈代谢，资本主义集中性的自由贸易迅速发展

全球性海上航线的开通与活跃，导致商品交易的品种和地域空前广泛。由于越洋航海对欧洲与美洲、亚洲和非洲殖民地的复杂影响，加之海洋环境的变幻莫测，商品交易价格的巨大波动，产生了巨大的投资风险性和竞争投机性。这就非但使得传统的封建契约式商业活动黯然失色，而且使自由贸

易的资本高度集中到私人手中，成为资本主义迅猛发展的前提。

为独享垄断性的超额利益，一些国家还组建了由政府特许、官商合一、带有武装的垄断性海外贸易组织，如荷兰、英国的“东印度公司”等，使带有欧洲资本专制和海外殖民色彩浓郁的重商主义政策大行其道，对整个世界的经济结构产生了重大影响。

（五）引发欧洲的“价格革命”，对资本主义生产关系与经济体系的形成产生了重大的推动

跨大西洋美洲航路的开辟，使西班牙殖民者通过直接掠夺和无偿劳动的开采，获得了大量成本低廉的金银贵金属。由于金银不断流入欧洲，使工农业与手工业的商品价格持续上升，打破了16世纪之前百年间欧洲物价的相对稳定，引起了所谓的“价格革命”。到16世纪末，西班牙的物价飙升4倍，英、法、德等国的物价也上涨2～2.5倍之多。

在如此巨大的物价上涨的浪潮冲击下，一方面导致城乡雇佣工人的实际工资下降30%以上，日常生活倍感艰难，另一方面使按传统方式收取定额货币地租的欧洲没落封建主入不敷出，财富与地位每况愈下，失去了与新兴城市资产阶级争雄竞胜的能力，原来的贵族阶层走向破产，成为雇佣劳动力的后备军。而新兴的城市资产阶级和及时调整租金适应形势的新富农与新贵族则因之而日益增强了个人集中资本的能力。在价格革命的双重刺激下，欧洲的资本原始积累得到重大发展，加速了封建制度的解体和资本主义生产关系的发展，使整个世界的经济体系进入到一个全新的历史阶段。

三、政治权力格局的变动

海上新航路的开辟，不但使世界的经济体系发生了重大变化，而且对世界的政治格局也产生了深刻的影响。

（一）世界上出现了第一次势力范围的划分，使国家之间的政治权力关系开始进入一个契约式竞争的新时期

中世纪及之前，各地区强国都是靠武力征服来建立和维护自己的势力范围。若两强相持不下，为避免两败俱伤，则最后的可能就是交战双方谈判议和，各自收兵，但此时还没有出现过具有协调能力或仲裁权威的第三方。然而，随着大航海时代的来临，情况和机制发生了变化。在海上新航路开辟过程中，奉行殖民政策的葡、西两国，都将所到之处宣布为本国领土，彼此间发生了激烈的冲突。当时欧洲关于谁先发现谁先占领的原则是针对陆地发现而言的，在海洋上尚未得到应用，因此，为寻求新航路发现的合法化，这两个基督教国家，都请求罗马教廷进行协调，最后在教皇亚历山大六世的调停

下，两国在 1494 年 6 月签订了《托尔德西里亚斯条约》，约定在佛得角群岛以西 370 里格（1 里格等于 5.92 公里，370 里格约合 2 194 公里）处（即西经 46 度），从北极到南极分一条分界线（又称“教皇子午线”），线东“发现”的非基督教土地归葡萄牙，线西归西班牙。

然而，葡、西两国得陇望蜀，他们不仅要求对发现的陆地，而且对其所经过的海域也取得所有权。于是，罗马教皇又发布了经过修改的训谕，将原先分界线向西移动至摩鹿加群岛以东 17 度，使葡西两国各自对联结本土与新领地之间的海上航线也拥有控制权。

这两次“教皇子午线”的划分，对当时和此后世界政治权力的架构与配置产生了深刻的影响，西方世界的全球扩张与势力范围的划分与竞争，正是始于此种强国之间的某种契约。当然，随着形势的变动，这个协调和仲裁强国之间利益冲突的“第三方”，逐步演变成某种国际机构或国际公约及协议。

（二）海权超越陆权，海洋成为世界强国的主要角逐平台

在大航海时代之前，所有的世界强国几乎都是控制陆权的国家，如罗马帝国、汉唐帝国、阿拉伯帝国、拜占庭帝国、奥斯曼帝国、蒙古帝国等。但自 15 世纪中叶后，世界政治权力结构发生了根本变化，只有能控制海洋、掌握海权的国家才能成为世界强国。

海权由古希腊历史学家修昔底德首创。他在《伯罗奔尼撒战争史》中说：“凡是知道如何征服及利用海洋的人，海洋就会把权力赐给他。”但第一个真正对海权进行系统理论阐述的是美国学者马汉。他在《海权论》中指出，海权就是“利用海洋的权益和控制海洋的权势”，是以控制海洋交通线为核心的国家权力，是“一国的海军、商船队、基地和海外殖民地等的总和，是一国征服和使用海洋的整体力量”。

世界历史的发展，完全证实了海洋成为世界强国主要角逐平台和海权战胜陆权的进程。17 世纪上半叶，荷兰以海军击败了原先的海洋强国葡萄牙与西班牙，以“海上马车夫”的角色，成为海洋新霸主和世界强国。接着，英国又在 1652 年、1665 年和 1672 年先后通过三次英荷战争，从海上击败荷兰，攫取了海洋的控制权，建立了殖民势力范围横跨全球的“日不落帝国”，成为 18、19 世纪新一代世界强国。挟两洋而立的美国在独立战争胜利后，即以马汉海权论确立了建设海洋国家的基本国策，全力拓建蓝色海军与远洋商船队，终于通过两次世界大战，从 20 世纪中叶起成为第一海洋强国和世界超级大国。

（三）没落的封建专制制度彻底走向崩溃，新兴的资本主义制度登上世界政治的中心舞台

大航海时代对世界政治权力架构产生的最深刻的影响，体现在整个世界社会制度的重大变化上，即从封建主义转向资本主义，并进而导致资本主义与社会主义两种基本社会制度的对抗与竞争。

如前所说，海上新航路的开辟，使新兴的资产阶级成为社会财富和资本的主人，而广大劳苦民众和没落破产的旧贵族沦为出卖劳动力的无产阶级。自此以后，资产阶级与无产阶级的斗争以及帝国主义和殖民地斗争的态势与结果，成为世界政治权力格局调整和重组的核心内涵。正如恩格斯于《1847 年 11 月 30 日在伦敦德意志工人教育协会的演说》中所示："三百五十年前克里斯托弗尔·哥伦布发现美洲时，他大概没有想到：他的发现不仅会推翻那时的整个欧洲社会及其制度，而且也会为各国人民的完全解放奠定基础；可是，现在越来越明显，情况正是这样。由于美洲的发现，找到了通往东印度的新航线，这就完全改变了欧洲过去的贸易关系；结果，意大利和德国的贸易关系完全衰落，而其他国家则上升到前列；西方国家掌握了贸易，因此英国开始起主导作用。在美洲发现之前，各个国家，甚至欧洲，彼此还很少来往，整个说来，贸易所占的地位很不显著。只是在找到通往东印度的新航线之后和在美洲开辟了对欧洲商业民族有利和广阔活动场所之后，英国才开始越来越把贸易集中在自己手中，这就使其他欧洲国家不得不日益紧密地靠扰。这一切导致大商业的产生和所谓世界市场的建立。欧洲人从美洲运出的大量财宝以及总的说来从贸易中取得的利润所带来的后果，是旧贵族的没落和资产阶级的产生。与美洲的发现联系着的，是机器的出现，从而开始了我们现在所进行的不可避免的斗争—无产者反对有产者的斗争。"

以海上新航线开辟为主要标志的大航海时代，距今已经五个半世纪了，但是其对世界经贸体系和政治权力架构的影响至今未消。海洋依旧是世界上各种政治与经济势力竞争与较量的主要舞台，海权依旧是养成和界定世界强国的主要标志。

不过，着眼未来，我们应该深信，在和平与发展日益成为世界主旋律的新时代，海洋终究会成为人类和谐合作与协同发展的伟大平台，成为架构人类命运共同体的伟大舞台。

Big Changes of the World Economic System and Political Structure in Great Maritime Era and Their Enlightenment

Abstract: From the point of view of the global history, the great changes of world economic system and political structures in the great maritime era are analyzed. It is pointed out that until today, the sea is still the main stage of the world's political and economic competition, and sea power is still the main sign of the world's great powers.

Keywords: Great Maritime Era, World Economic System, Political Structure, Sea Power

上海金山船舫的泊船

——兼谈江南水乡的船舫、船棚文化

叶　冲　翟　杨　赵　荦　李世荣*

摘　要：2016年，上海金山区朱泾镇待泾村一处临河遗迹在基建过程中被发现，后经考古勘探和试掘，确认其为清代中晚期的船舫遗址。在上海方言中，"船舫"指河边专门用于停船、泊船的棚子，也称船棚、船坞。在江南水乡，一些富家大户或临河居民常在河边搭建船舫、船棚用以停船，以避免木船遭到日晒雨淋和夜露，同时方便照看木船。从现有文献看，上海、苏州及温州、东莞等中国南方的水网密布地区都有船舫、船棚的记载及相关故事。至今，在江苏同里、浙江嘉善仍有保存较为完好的俞家湾船坊和钱氏船坞。据调查采访，金山船舫以前曾是一位管理松江、金山、嘉善三地的朱姓官员的私家船舫，所泊之船正是他出行的交通船。

关键词：朱泾镇　金山船舫　江南水乡　船棚文化

2016年，地处上海金山区朱泾镇待泾村的一处临河遗迹（图一、二）在基建过程中被发现，后经上海市文物保护研究中心和金山区博物馆联合考古，确认其为清代中晚期的船舫遗址（图三），是极具江南水乡①文化韵味的乡土建筑。这次考古活动出土一批陶瓷器、金属器和竹木器，生动再现了清代中晚期上海地区的水乡生活与文化面貌②。

"船舫"③主要有两种含义：指一种仿船造型但不具备船舶航行功能与用途的建筑，常见于陆上园林、富贵人家宅院内或滨水而建筑的公共景观建筑，供游玩、唱戏、观景等之用；上海莘庄、西南地区等方言中指"（河边）专门

---

* 作者简介：叶冲，上海中国航海博物馆副研究馆员；翟杨，上海市文物保护研究中心研究员；赵荦，上海市文物保护研究中心副研究馆员；李世荣，上海船模研制工作者。

① 江南水乡，多指长江下游及其以南一带的水网密布地区，一般译作"South of the Yangtze""the lower Yangtze River"。

② 翟杨：《金山船舫——江南文化的印记》，《门泊东江万里船——上海金山船舫遗址出土文物》，上海书画出版社，2018年。

③ 关于船舫的概念、类型及实例等，可详参陈月华、游嘉：《说舫》，同济大学出版社，2015年。

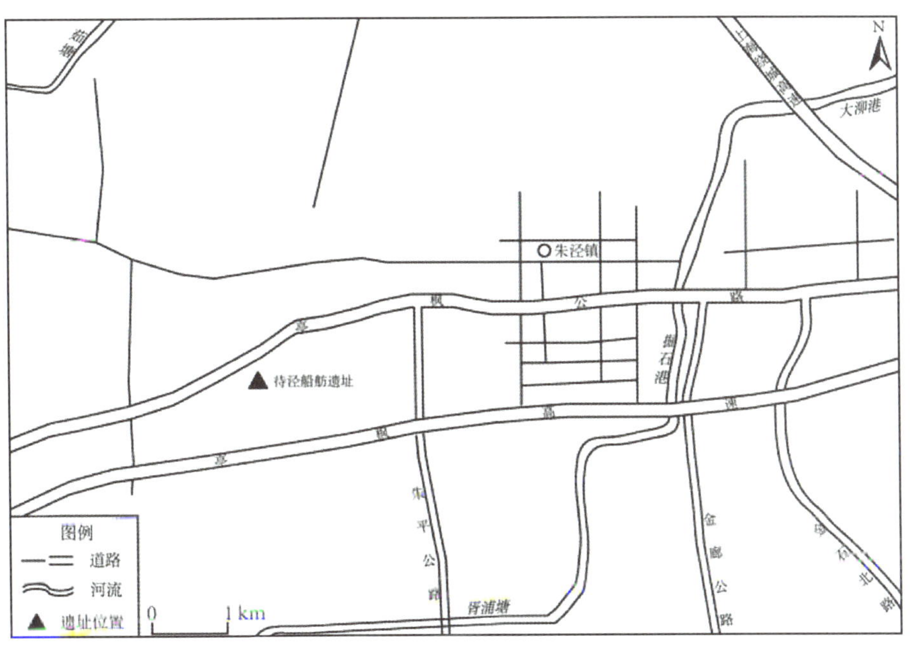

图一　金山船舫(又称“待泾船舫”)遗址位置示意图①

图二　金山船舫遗址发掘前状况②

---

① 上海市文物保护研究中心研究部:《上海金山待泾清代船舫遗址试掘简报》,《南方文物》2018 年第 3 期。

② 翟杨:《门泊东江万里船——上海金山船舫遗址出土文物》前言,第 1 页。

图三　金山船舫遗址复原后状况

（叶冲拍摄）

停船的棚子”。[①] 金山发现的船舫，就是用于泊船的船棚。

据考古复原，金山船舫系石木结构，其主体由棚顶、石柱、石驳岸和木桩四部分构成。其中，棚顶为停泊之船遮阳挡雨；石柱 8 根，呈南北两排对称分布，构成东西长 10.35 米，南北宽 4.75 米的舫室，形成泊船空间；石驳岸有北、西和南三段，呈曲尺形沿河而建，东西总长约 17.65 米。其中，北驳岸东侧砌 10 级台阶，组成单落水式河埠，供居民汲水、洗菜淘米、洗衣等之用。值得一提的是，河埠侧面上层条石表面凿出直径约 20 厘米的圆圈，中穿牛鼻孔，用以系拴泊船，这块条石被称为缆船石（图四）。

一、金山船舫的泊船

金山船舫作为石木结构的固定建筑，可以根据现有的遗迹遗物、位置关系、年代类型等，对船舫本体进行复原。但该建筑内停泊的木船是移动、演变的，此次考古勘探和试掘未见泊船的踪迹。

为探究金山船舫的泊船，2018 年 4 月 23 日、5 月 17 日，笔者对当地村民进行了 2 次口述采访（图五），了解到如下信息：

---

① 褚半农：《上海西南方言词典》，上海人民出版社，2006 年，第 194 页；褚半农：《上海闵行莘庄文化丛书 莘庄方言》，学林出版社，2013 年，第 141 页。

图四　金山船舫保留卜来的缆船石①

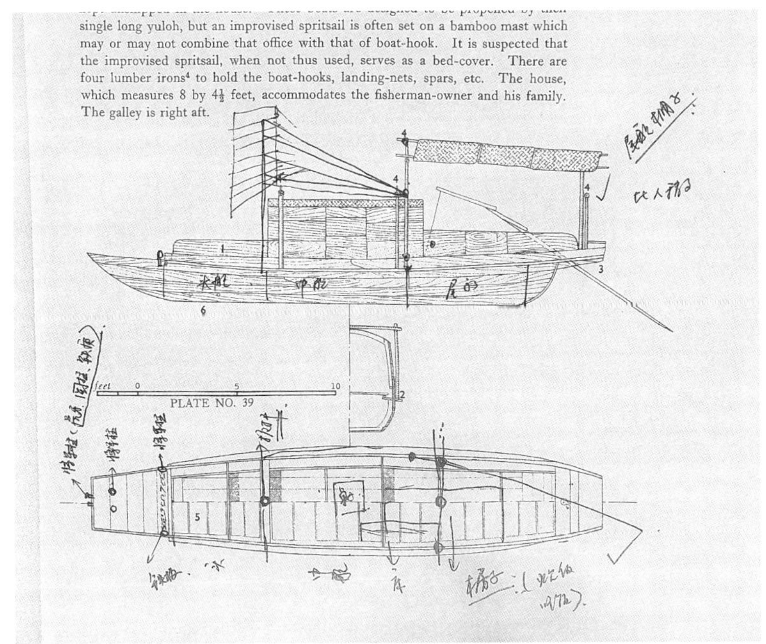

single long yuloh, but an improvised spritsail is often set on a bamboo mast which may or may not combine that office with that of boat-hook. It is suspected that the improvised spritsail, when not thus used, serves as a bed-cover. There are four lumber irons[4] to hold the boat-hooks, landing-nets, spars, etc. The house, which measures 8 by 4½ feet, accommodates the fisherman-owner and his family. The galley is right aft.

图五　口述调查记录

（叶冲记录）

大概在清代（具体应该是晚清）②，朱泾的朱姓家族有位官员，管理松江、金山、嘉善三地。金山船舫是朱家的船棚，所泊之船，正是那位官员出行至

① 据《上海金山待泾清代船舫遗址试掘简报》图版三改绘。

② 受访者朱林龙，1942年生，系金山船舫旁边的村民，称其爷爷见过那位朱姓官员的交通船。据此推算，朱林龙所称的朱姓官员及船舫的泊船应在晚清时期。

其管辖地区的交通船。

该朱姓官员的交通船，样式大体类似嘉兴南湖的红船。船长9米左右，宽2米多，深约1.5米，吨位约5吨。船有3舱：头舱、中舱和梢舱（即后舱），每舱都能装货，且舱底均有铺板（即舱底垫板），各舱上面均搭有拱形的篾质船篷。[①] 船上配帆、橹、舵各1，锚2具，竹篙2根，跳板2块。

船的甲板是全平的，舷墙高度约15厘米。从船首至船尾，大致分为：(1) 船首区域起翘的船身及甲板面；(2) 头舱及其上面的船篷；(3) 中舱及其上面的船篷；(4) 后舱、起翘船尾及其上面的船篷；(5) 虚梢。尾部的船篷最高，中舱的船篷其次，头舱的船篷最低，船篷内部，空间相通。船篷外侧两边较窄，是供船工行走的通道（即舷伸甲板）。

船首区域起翘的船身及甲板面：(1) 船首甲板上，有前后2排共4个将军柱。前排的2个将军柱，靠近船头，后排的2个，则靠近头舱。将军柱的顶端面呈八角形，柱身至底端均为圆柱形；(2) 两具铁锚，皆为四爪锚。大锚配于船尾，小锚配在船首。小锚在不抛锚时，卡在船头的卡锚口（首封板最上端的粗壮扁木上安装有4个铁质小圆柱）上，其铁质锚链先在前排的将军柱上绕几道，再系至后排的将军柱上固定，以防铁锚松动滑落；(3) 供上下船所用的跳板，通常放在船首区域的甲板上。两块跳板的长宽基本一致（每块跳板长约5米，宽约0.1米），两块跳板既可分开使用，也可通过几块铁片固定拼连在一起；(4) 两根竹篙，从船首区域穿过舷伸甲板至船尾放置。每根长10米左右，均由整根毛竹制成。一根用于撑船，另一根的一端带有钩子，有时，船上东西掉落水里，可用这根带钩的篙子去钩捞；(5) 停船系泊所用的缆绳，有“啤酒瓶口”那般粗。

头舱及其上面的船篷：头舱深约1米，船篷只有1片，篷底直接起自甲板，篷顶距甲板高约0.6米，人需弯腰进入头舱甲板上的船篷空间，船篷侧面无开窗。

中舱及其上面的船篷：因中舱较长，船篷一般用3片较大的拱形篾篷。中舱位置的船篷，不像头舱那样篷底直接起自甲板，而是先用木板搭起一定高度的船篷底座。拱形船篷及其木质底座，在侧面也都没有开窗。在3舱中，中舱最深，深约1.5米。中舱区域无甲板，但舱内有分层隔板，将1.5米深的中舱分成上下两部分：隔板以下是中舱的下层，深约0.7米，放一些船上用品，如渔网之类；隔板以上至甲板位置，深约0.8米。自甲板位置至篷顶也大概为0.8米。因此，中舱自分层隔板以上至篷顶，形成了一个高度达1.6米的空间，作为船上的主要休息区。这位朱姓官员的交通船，在中舱休憩区设有桌子和床。

---

① “船篷”一词，一般有2种含义：一是覆盖在船上的遮蔽物，用来遮蔽日光和风雨；二是指船上的帆装，因“帆”“翻”同音，故我国沿海渔民船民也称“帆”为“篷”。本文所谓“船篷”则指前者。

后舱、起翘船尾及其上面的船篷：后舱的深度也在1米左右。在后舱上方的甲板左侧，搭有用来烧饭的小房间，小房间对面的右侧空间为摇橹操作区。后舱、起翘船尾上方的船篷，由四个柱子撑起，由三四片较大的船篷覆盖。甲板至篷顶的高度，比正常人的身高要高一些，这样方便船工站立摇橹。橹由3段组成，各段用竹藤箍紧。橹支点在船尾断水梁中间靠右一侧。橹、舵的形状与南湖红船的琵琶橹、升降舵几乎一致。

虚梢是船尾部向外悬伸出来的平台，朱泾当地称"翘梢"。朱姓官员的交通船，其翘梢长度为1.5米左右。当升上风帆，船工就坐在翘梢处掌舵。

关于帆装：朱姓官员的交通船配1桅1帆。桅的位置在头舱和中舱的交界处，并位于船体的中心线上。两舱连接处的缝隙，用一块打了洞的木板覆盖，桅杆则从木板洞中穿过。当桅杆竖起来的时候，头舱上面的船篷就不用了，需要用的时候再套上。当风大和顺风的时候，该船用风帆，或根据实际情况决定是否扯起风帆。帆用老七布制成，以竹竿为帆竹。帆的形状呈长方形，系平衡帆。布帆两侧各有8根缭绳，两边的缭绳最后集中绑在后舱船篷的前边两根支柱之间的横梁中间。当船需要停入船舫时，需眠桅。

朱泾当地造船，流行用江西木(属硬木)。船底板约6路，用上好的木材。舷侧板约8路。船板之间，以铁钉拼合。从船头至桅杆一段的船底、舷侧板，一般横向包裹铁皮。木船造好后，抹上桐油(当地称"青油")即可，船身不涂色。船篷因受风吹、日晒及雨淋，一般先用桐油抹好再上清漆。船篷上的桐油，上得比较厚，一直抹到不会滴下来的程度。

根据上述口述调查，并参考相关船型，初步绘制了金山船舫朱姓官员泊船的复原草图(图六、七)。

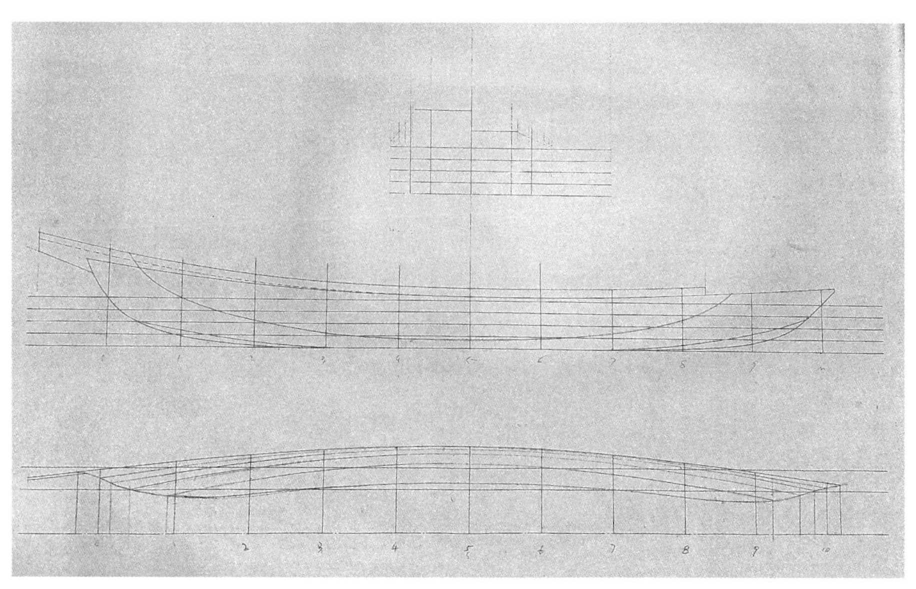

图六　金山船舫朱姓官员泊船的线型草图

(李世荣绘制)

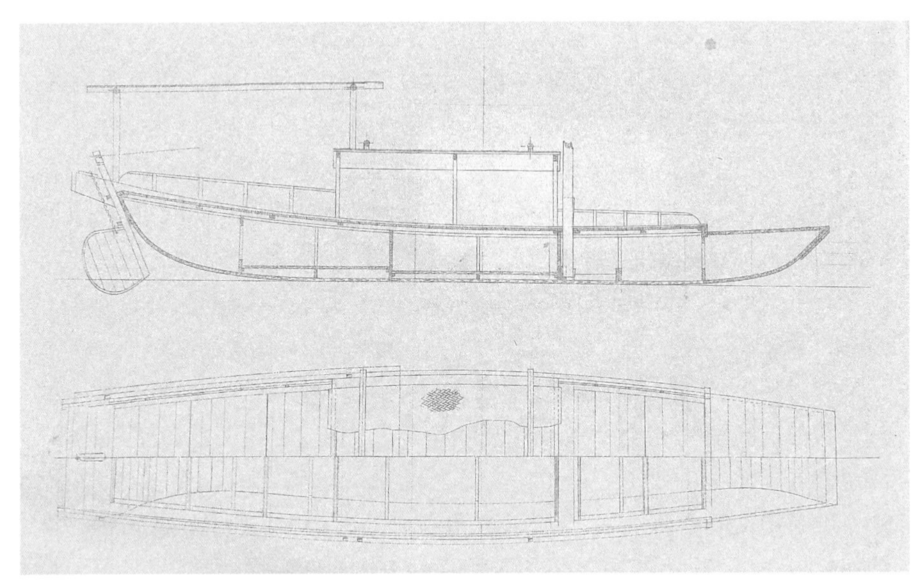

图七　金山船舫朱姓官员泊船的基本结构草图

（李世荣绘制）

二、江南水乡的船舫、船棚文化

据南宋《绍熙云间志》记载，公元前11世纪，西周的第三代君王周康王曾在上海南边的大金山北麓筑城，名为“康城”，这是上海地区最早建立的古城。据东晋黄庭熙于永昌壬午年(322)年所绘《吴郡康城地域图》，在青龙江东岸至柘海湖的平原上，有官府、民宅和船舫，在青龙江西岸有油坊、盐坊，反映了康城百姓煮盐耕作、下海捕鱼、经商贸易的繁荣景象。① 康城里的“船舫”可能是指造船的作坊，也可能指停船之处。

现今关于明代的人物故事中，已明确提及停船的船舫、船棚。明代生活在苏州的才子祝枝山(即祝允明，1461～1527)流传有一则《智斗金胖子》的民间故事，讲述祝枝山在苏州城东的小桥浜，见一位金胖子敲诈一位行船的老汉，便仗义相救。当时，河浜边搭了许多船棚，而金胖子家的船棚比别家都搭得大，占去河面一大半②。明嘉靖年间流寓于鹿城(今昆山)、娄东(今太仓)一带的魏良辅(1489～1566)去拜访昆山才子张大复时，在片玉坊(今南街)南的大河滩看到停在岸边船棚里的张大复的息舫。③ 江阴马镇的南旸岐

① 陈沈良主编，胡方西等编著：《海洋与金山的发展》，世界图书出版公司，2006年，第75～78页。

② 潘君明、高福民：《苏州民间故事大全》第4册，古吴轩出版社，2006年，第131、132页。

③ 陈益：《昆山幽兰满庭芳：昆曲发源地人物传》，上海古籍出版社，2016年，第47～50页。

村为明代徐霞客的故里。昔日的南旸岐，实际上是徐家的一处庄院，周围有河流池塘、芦苇荡田，外出全靠舟楫。南旸岐村南边有圣塘河，建有徐家码头和供停舟楫的船棚。①

今上海地区也有不少关于明清时期船舫、船棚的记述。今上海奉贤柘林镇东海村的"小城头"徐家宅，相传为明嘉靖朝首辅徐阶及其弟徐陟和其子孙故里。当时，徐家宅子北面跨河建有遮阳避雨的船棚，此为专收田租及债务的账房船、妻女们的游览船以及徐家运货船等船只停泊之处。② 如崇明人民口头创作的杨瑟严(生活于清乾隆嘉庆年间)民间故事中，有一则叫《智拆船棚》，讲述崇明有位名叫施品高的地主，在施翘河中段南岸建有一座大宅，开有三家商铺，自备一艘货船，为便于货船的停泊，在宅后的河滩上私建一座船棚。施家船棚的立柱竖在大河中，挡道肇事，杨瑟严使计智拆施家船棚。③ 晚清时期，位于今淀山湖西侧金泽镇王港村蒋寿祺家族的宅第规模宏大，坐北朝南，前河后巷，有三厅三进及附属的厢房、书房等，其西厢房外曾有一条60米长的备弄堂，直通筑有河埠、船舫和水墙门的后港。④ 上海松江区的九亭镇，水网密布，河汊四通八达，因此多数人家均有小木船，上镇粜米、卖柴、购物等，皆摇船走水路，一些人家还在水桥边建有泊船的船舫。⑤ 1922年8月13日起，今浦东地区的杨园镇发生风灾，"飓风连刮2昼夜，水车棚、船舫吹坍不计其数，水稻摧折过半"。⑥ 另外，恰有一张照片记录了20世纪20年代上海周边地区河边的一处船棚，以木为架，覆盖稻草或茅草，甚是简陋(图八)。1937年上海"八一三"抗战爆发后，日本敌机轰炸嘉定南翔镇，南翔红十字救护队为保护医药用品，曾雇木船将药品转移到石岗门镇附近的船棚内泊船隐蔽。⑦

江南水乡农家一般都有木船，用于罱河泥、送粪肥、运稻草、粜米卖谷等，因此房子大多建在河边，这样吃水、洗刷、照看船等都比较方便。有船人家一般都要在河边搭船棚以停船，船棚多用竹子为架，稻草披顶，而比较富有的人家，则以木材、条石做架子造船舫，这种建筑一半在水里，一半在岸上，以便住人看船。⑧ 苏州城里一些大户人家以及苏州、同里等地农村许多人家的屋后水码头上，都建有船棚(图九)，棚内停着木船。⑨ 苏州相城区渭塘

---

① 唐汉章:《江阴文物胜迹》，上海古籍出版社，2011年，第249、250页。

② 上海市奉贤区《柘林志》编纂委员会编:《柘林志》，方志出版社，2011年，第742、743页。

③ 施仲君、黄文元:《崇明机智人物杨瑟严》，学林出版社，2009年，第136、137页。

④ 上海市青浦区博物馆:《青浦望族》，上海人民出版社，2016，第606页。

⑤ 张金弟:《九亭镇志》，上海辞书出版社，2012年，第460页。

⑥ 《杨园镇志》编纂委员会:《杨园镇志》，上海社会科学院出版社，2006，第69页。

⑦ 中国人民政治协商会议上海市嘉定区委员会文史资料委员会:《嘉定文史(第十二辑)》，1996年，第39页。

⑧ 姜彬:《稻作文化与江南民俗》，上海文艺出版社，1996年，第221页。

⑨ 陆文夫:《老苏州·水巷寻梦》，重庆大学出版社，2015年，第56页；蔡利民:《苏州民俗采风录》，古吴轩出版社，2014年，第212页。

图八　可能是20世纪20年代上海周边地区河边的船棚①

图九　苏州水乡村庄里的船棚(可能摄于1932年)②

镇拾联村的娄子头，民国年间沿永昌泾河形成一条不满百米长的街，街上各类店铺林立，街前河边有2座船舫，专供前来赶集的顾客停靠船只。③ 20世

① 原题为：Riverside boat shelter and bridge(Probably near Shanghai，1920～1927)，引自英国布里斯托大学中国历史老照片数据库。

② 徐刚毅：《苏州旧街巷图录》，广陵书社，2005年，第53页。

③ 张必武主编，《渭塘镇志》编纂委员会编：《渭塘镇志》，上海社会科学院出版社，2006年，第17页。

纪六七十年代，苏州农村的生产队中还能见到一些简易的船棚。

除江南水乡以外，中国南方一些水网密布的地区，也有搭船棚以停泊木船的记载。如温州典型的水乡地带下河乡，就有明代官员王瓒（1462～1524）的传说故事。据说，王瓒年轻时在下河乡一带划船卖盐，当时天色已晚，见河边有一处用野树架起、以稻草覆盖作歇船用的船棚，船棚下还系着两三只木船，便划船进船棚过夜，还引出一段姻缘。① 另，广东的东莞水乡，尤其是万江一带的农村，号称水网地区。旧时，几乎每家都有一条船，富人家有好几条船。一个村落，旱地有多少屋，水边就有多少船棚。②

江南水乡地区用于存放、停泊船只的船舫、船棚在历史上曾经大量存在，但现存数量较少。据前述调查，金山船舫应该是清代私家所建，其泊船曾经作为朱姓官员的交通船，反映了该建筑满足家庭（族）日常出行与水乡生活的需要，这与朱泾镇在金山地区的社会经济发展、水路交通网络中的地位密切相关。金山船舫所在的朱泾镇位于金山区北部，明正德年间（1506～1521）成镇。清乾隆二十四年（1759 年），金山县署从金山移驻朱泾后，朱泾更是成了金山的中心巨镇，“烟火稠密，商贾辐凑，有城市气象”。金山南面滨海，古东江、青龙江贯穿南北，境内水网密布，向以水路交通为主。朱泾镇的东西南北有掘石港、秀州塘、胥浦塘、泖港环绕。“朱泾以姓得名”，“由松江至嘉兴，自南而西为秀州塘。朱泾在塘之转折处”，③所处的位置正在水路往来要冲。根据 1951 年的一份地契，当时以朱姓为首的数户人家仍公用这处船舫④，这反映了金山船舫在使用功能方面的演变与发展。

除金山船舫外，另有两处遗存：一处是浙江嘉善的钱氏船坞（图一〇），是嘉兴地区在全国第三次文物普查中发现的，位于嘉善县干窑镇长生村，是清道光年间当地首富钱仲樵所建宅院的一部分。钱宅原占地 30 余亩，建有民宅、花园、池塘、船坞等建筑。20 世纪 60 年代，花园、池塘被毁，民宅部分被拆，仅余船坞和少量民房。20 世纪 90 年代，船坞西侧一间坍塌。2010 年，干窑镇政府对钱氏船坞进行维修。2011 年 1 月公布为省级文物保护单位。船坞以条石、青砖、木材为材料建造，占地 108 平方米，坐东朝西，通面宽 7 米，进深 13 米，共四间，东首第一间砌砖，供船工居住，西面三间供船停泊，有屋内河埠。⑤ 另一处是江苏同里的俞家湾船坊（图一一），俗名浜底下船棚，位于同里镇叶建村俞家湾，建筑面积约 108 平方米，由 12 根花岗岩石柱支

① 中国人民政治协商会议温州市瓯海区委员会文史资料委员会：《瓯海文史资料》第 11 辑《塘河文化》，2005 年，第 179～182 页。

② 东莞市万江文化站：《一往情深 谭汉新文学作品选》，2002 年，第 28 页。

③ （乾隆）《金山县志》卷一《疆域・镇市》（清乾隆刊民国重印本）。

④ 翟杨：《金山船舫——江南文化的印记》，《门泊东江万里船——上海金山船舫遗址出土文物》。

⑤ 《钱氏船坞时代：清地址：嘉善县干窑镇》，《嘉兴日报嘉善版》2011 年 6 月 10 日第 B5 版。

图一〇　浙江嘉善钱氏船坞

（叶冲拍摄）

图一一　江苏同里俞家湾船坊

（叶冲拍摄）

撑，木梁架构，周边砌有驳岸、石河埠。据调查，该船坊建于清乾隆年间，原为村里朱氏大户人家的私产。中华人民共和国成立后，船坊归公所有。2012 年被列为吴江市文物保护单位。2014 年由苏州市人民政府明确为苏州市文物保护单位。另外，2018 年 5 月，笔者也曾在上海青浦朱家角附近的小河边见到一处极其简易的农家小船棚（图一二）。

图一二　青浦朱家角附近小河边的简易船棚

（叶冲拍摄）

三、小　　结

尽管金山船舫朱姓官员泊船的船型现在仍难确定，但口述调查所获取的信息已经为图纸复原该船提供了一定的基础，这将补充我们对于上海地区江南水乡船型的认识。

从现有文献看，至少从明代以来，中国南方水网地区，尤其是江南水乡地区（包括今上海地区），已大量出现关于船舫、船棚的记述及相关故事。

从结构及用材看，既有以竹木等为架，稻草披顶的简易船棚，也有一些官家富户，以石、木、砖等为材料搭建的船舫。简易的一般称"船棚"，豪华的一般称"船舫"、"船坞"。这些船舫、船棚，既有一个家族独占私用的，也有多户合资建造共用的。

金山船舫、浙江嘉善钱氏船坞、江苏同里俞家湾船坊，是江南水乡现存的较有代表性的船舫、船棚实物。

Boatsheds (Chuanfang) in Jinshan District of Shanghai: A Discussion of the Culture of Boat Shelters in the Jiangnan Area

Abstract: In 2016, a boat shed (chuanfang) from the mid- to late-Qing period was discovered by chance in Daijing Village, Jinshan District of Shanghai. Across the lower Yangtze basion and other places with dense water networks, wealthy households or riverside residents often built such structures on the banks for their boats to berth, helping them avoid the sun, rain, and night dew. Records of boat sheds are found in the historical literature on Shanghai, Suzhou, Wenzhou, and Dongguan. There are still well-preserved relics, such as at Yujiawan in Jiangsu and the Qian Clan Dock at Jiashan, Zhejiang. An investigation of the Jinshan boat shed reveals that it was probably the private property of the Zhu clan. The shed managed the private boats of the Zhu clan in Jinshan, Songjiang, and Jiashan.

Keywords: Zhujng Town, Jinshan Boat Shed, Lower Yangtze River, Boat Shelter Culture

更路簿的形成与发展

赵珏琪*

摘　要：更路簿是海南渔民在南海及诸岛礁从事渔业生产的实践经验总结。它的形成是历史、地理、文化等多方面共同作用的结果。海南渔民在使用更路簿的过程中，亦不断传抄、修订、补充及梳理，形成了一个动态的发展模式，使其克服了纸质文献难以存续的弊端，在18世纪初至20世纪中期的两百余年间焕发出强大的生命力。
关键词：更路簿　形成　发展　南海

海南渔民在出海捕捞的几百年间，逐渐总结出一套系统性的、指导渔业生产的航海指南，即为广义上的更路簿。其集中分布于海南东部沿海的琼海、文昌等地，内容以南海诸岛之间的航路（更路）与水文情况为主，部分版本载有往返于外罗（今越南）、星洲（今新加坡）等地的更路，体现了"详于南海，略于国外"的特点。本文论述的对象为广义上的更路簿，除说明外，非特指某一版本的《更路簿》纸质文献。

一、更路簿的形成

（一）地理环境

更路簿之所以集中分布于海南琼海的潭门、长坡以及文昌的清澜、会文、东郊等地，与当地特殊的地理环境密切相关。

其一，这些地方均处于东亚季风区的核心地带，季风与海流的规律性较为显著。冬季有东北季风，海流由东北流向西南，渔民此时乘船出海，可顺风顺水直至西沙、南沙群岛。夏季则有西南季风，海流由西南向东北，渔民此时可顺风顺水回到出发港。在缺乏机动设施的年代，风力、水流等自然力是渔船航行的动力，特殊的地理环境为此地的渔民出海提供了便利。

*　作者简介：赵珏琪，中国（海南）南海博物馆助理馆员。

其二，这些地方处于珊瑚礁滩密集的海滨，海沙堆积，耕种难度较大。当地居民为求生计，陆续踏上出海捕捞之路，初为浅海渔捞，而后航程渐远，直至西沙、南沙群岛。

海南渔民出海从事渔业生产的实践活动，是其逐渐认识海洋、积累航路情况的基础，直接影响更路簿的形成。但笔者认为地理因素只是一方面，在其形成的漫长过程中，亦受各个历史时期的局势所影响。

（二）历史背景

历代文献中缺乏对更路簿产生时代的明确记载，其现存版本众多且存在相互传抄现象，因此学界在判定其产生时代上有"形成于明代初年，盛行于明中叶、清代及民国初"、①"开始形成于明代中期，完成于清代"②等多种说法。

根据对现存各版本《更路簿》的考证，其成书时代大多在18世纪以后，如陈启汉考证苏德柳《更路薄》抄本的"编成的时间在康熙末年"。③ 民间对生产经验的系统性总结存在一定的滞后性，成书于清的更路簿应是汇总整理了前代所积累的航海知识与航线信息。笔者由此推想，更路簿的形成或可上溯至宋元时期。

1. 海上丝绸之路的影响

南海航路是海上丝绸之路中重要的一段，原有东线与西线之分：西线从徐闻、合浦出海，沿海南岛西部海岸线航行，经中南半岛到东南亚，再经马六甲海峡西行；东线则从广州、徐闻、合浦出海，经海南岛东部的西沙、南沙群岛抵达东南亚，再经马六甲海峡西行。早期航船多选择航线较长但较为平稳的西线；至宋代，造船与航海技术明显提高，险滩较多但方便快捷的东线便成为南海航路上的首选。④

海南岛东部是更路簿集中分布之处，恰与南海航路东线所经之处吻合。经此往来的远洋商船带来了先进的航海技术与航线编制方法，亦使沿海渔民在潜移默化中形成了冒险、开拓的性格，这些都对更路簿的形成起着重要作用。

2. 闽地移民的作用

两宋之交，战乱频繁，导致中原人口大量南迁，"四方之民云集二浙，百倍常时"。⑤ 巨大的人口压力使迁入地的百姓生计艰难，被迫移民，其中有不少人落籍海南。据詹长智、张朔人分析：南宋时期，海南移民以福建人为主

---

① 周伟民：《更路簿形成、盛行和衰亡的年代及其性质、用途》，《海南大学学报（社会科学版）》2015年第2期。

② 赵全鹏：《我国历代渔民在南海诸岛上的活动》，《新东方》2011年第3期。

③ 陈启汉：《中国渔民是开发南海诸岛的主人》，《广东社会科学》1993年第6期。

④ 张一平：《海上丝绸之路上的海南岛》，《新东方》2005年第2期。

⑤ 李心传：《建炎以来系年要录》卷一五八，中华书局，1956年，第2573页。

体……依托着这条东移航线，福建人开发海岛东北部的时代到来。[①] 其后，元代进入海南岛的汉人从南宋时的 10 万人增加到 17 万人，明代更增加到 50 万人之多，这其中闽籍人士仍占大多数。[②]

闽地移民的聚居之处，亦与更路簿集中分布之处相吻合。闽地先进的造船技术随之传入，使海南渔船得以改良。《道光琼州府志》就晚明所造的渔船作如是评价："渔船于诸船中，制至小、材至简、工至约……以之出海，每载三人，一人执布帆，一人执桨，一人执鸟铳……"从中可看出民间制造渔船工艺虽然简单，但已突破单一的人力系统，开始利用自然力。[③] 渔船的改良使海南渔民具备了前往南海诸岛捕捞作业的条件，从而促进了更路簿的形成。

3. 沿海弛禁的推动

明朝初年施行严苛的海防政策，明太祖朱元璋在《劳海南卫指挥敕》中谕示：海之旷……必加严备。[④] 然而以防御倭寇为名的海防政策，实际实施的对象却是沿海的商人与渔民，致使"海滨民众，生理无路……穷民往往入海从盗，啸集亡命"。[⑤] 明中后期，海禁渐驰，但直到清康熙二十三年（1684 年）才正式弛禁。

严苛的海防环境限制了渔民的出海捕捞活动，也在一定程度上影响了更路簿的形成；而沿海弛禁则使渔民出海捕捞的机会增多，并可从中积累航行经验，加深对季风、海流的认识，这对更路簿的形成是极为有利的。

4. 航海针经书的辅助

航海家在航行中有记录航线、水文、气象等内容的书籍，统称为航海针经书，向达先生校注整理的《顺风相送》即是较为完备的航海针经书之一。据向达考证，《顺风相送》的成书时间当在 16 世纪，即明朝中期。[⑥]

现存许多版本的更路簿中都有从南海诸岛至东南亚的更路，如《苏德柳抄本》第五篇中有"自大横去小横，用辰戌"的记载。大横、小横等地名，在《顺风相送》中也曾出现，且据《柬埔寨南港往笔架并彭坊西》一条的记载："……用单戌十更取大横山。用辛戌五更取小横山"[⑦]，可知大横至小横间的针位为辛戌。从罗盘针位（图一）可知，《苏德柳抄本》所载"辰戌"针位与《顺风相送》所载"辛戌"针位所差无几。

由此可以推想，海南渔民根据自身需要，借助其他航海针经书上记载的航

---

① 詹长智、张朔人：《中国古代海南人口迁移路径与地区开发》，《华中科技大学学报（社会科学版）》2007 年第 2 期。

② 伊秋雨：《海南移民史略》，《海南档案》2014 年第 1 期。

③ 张朔人：《明代海南文化研究》，南开大学博士学位论文，2012 年。

④ 朱元璋：《明太祖御制文集》卷八，台湾学生书局，1965 年。

⑤ 顾炎武：《天下郡国利病书》，上海科学技术文献出版社，2002 年。

⑥ 向达校注：《两种海道针经》，中华书局，1981 年，第 4 页。

⑦ 同上书，第 81 页。

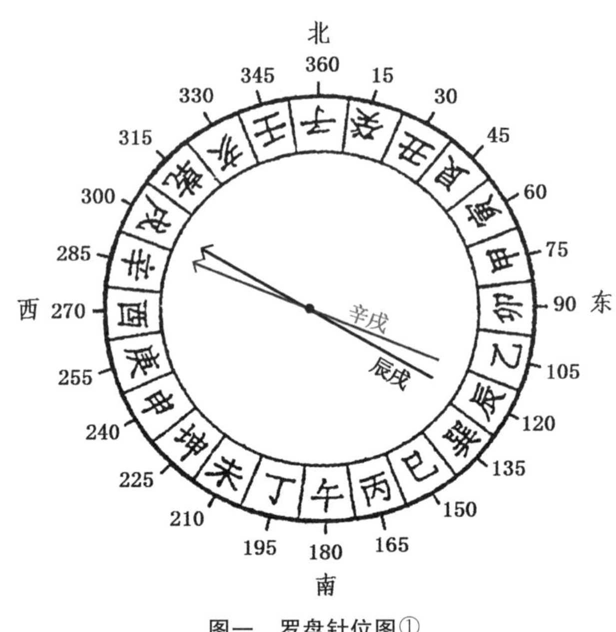

图一 罗盘针位图①

海、地理知识，开拓了前往东南亚的远洋航线，从而使更路簿的内容更为丰富。

孕育于宋，成书于清，更路簿的形成经历了漫长的过程，受到地理环境、海上丝绸之路、闽粤移民、沿海弛禁、其他航海针经书等多种因素的共同作用。在其成书之前，较可能是以口头传承或零散记录等形式存在，这当是更路簿的雏形。此后，在实践与认识的相互作用下，更路簿得到了进一步的发展。

二、更路簿的发展

（一）数量变化

更路簿现存版本较多，详略不一，但有些版本之间的传承关系较为明确。对于同出一源的更路簿，其更路数量上的变化（表一）应是体现更路簿发展最直观的表征。

表一 现存部分《更路簿》及其记载的更路数量

更路簿版本	书中各部分的更路数量	更路总数
《苏承芬祖传抄本》	东海：29；北海：115；驶船更路定例：10	144 条
《苏德柳抄本》	东海：29；北海：106； 广东、海南岛、中南半岛、南洋更路：54	189 条

① 原图为曾昭璇摹，有改动。摘于《清〈顺风得利〉（王国昌抄本）更路簿研究》，《中国边疆史地研究》1996 年第 1 期。

（续表）

更路簿版本	书中各部分的更路数量	更路总数
西、南沙更簿(《陈永芹抄本》)	西沙：16;南沙：83	99 条
去西、南沙水路簿(蒙全州口述,麦穗整理)	西沙：13;南沙：74	8/ 条

苏承芬与苏德柳同出一族,二人手中的更路簿源于同一个祖本,而后据个人航海经历予以增补、修改。《苏承芬祖传抄本》记载的北海更路共 115 条,比《苏德柳抄本》中多 9 条;《苏德柳抄本》中有广东、海南岛、中南半岛、南洋更路 54 条,这是《苏承芬祖传抄本》中没有的。而《苏承芬祖传抄本》中有 10 条驶船更路定例,这又是《苏德柳抄本》中所没有的。

《陈永芹抄本》最初由蒙全州处传抄而来,①又在蒙本基础上增加了 3 条西沙更路,9 条南沙更路。

由此可见,海南渔民善于利用前人留下的航海知识与更路信息,却又不拘泥于此,并且能够根据自己的航海经历与实际需要,对其进行取舍及补充。这既反映了海南渔民对南海开发程度的不断加深,也体现了使用者个人的特色。

(二) 内容变化

除了更路数量的变化,不同使用者还会对前人所记载的内容加以修订,使之更加准确、完备。这种现象在时代较晚的更路簿中尤为常见,如《潭门出海更路簿》手写本。该簿原以毛笔小楷竖行抄写,而后又用蓝色钢笔加以修改(图二)。

左起第二条更路原为"三峙去三曠用壬丙己亥三更半收",后来的使用者在三更半旁边写了个四更半,修正了更路的距离。

左起第七条更路原为"三峙去大曠用艮坤四更",后来的使用者划掉"四更"改为"五更",又把针位改成了"艮坤丑未"。艮坤是 45 度,丑未 30 度,艮坤丑未是取两线中间值,即为 37.5 度,提高了航线的精确度。

(三) 行文用词变化

海南渔民从潭门、清澜等港口出发,乘东北风前往西沙群岛,因此取东北风的"东",称先到的西沙群岛及其附近海域为"东海";又取东北风的"北",称后到的南沙群岛及其附近海域为"北海",②这是海南渔民在出海捕捞时,以海南方言、地质形态、重大事件等方式为南海诸岛礁所取的传统地名。

---

① 韩振华:《我国南海诸岛史料汇编》,东方出版社,1988 年,第 367 页。

② 刘南威:《南海诸岛琼人俗名考》,《华南师范大学学报(自然科学版)》1985 年第 2 期。

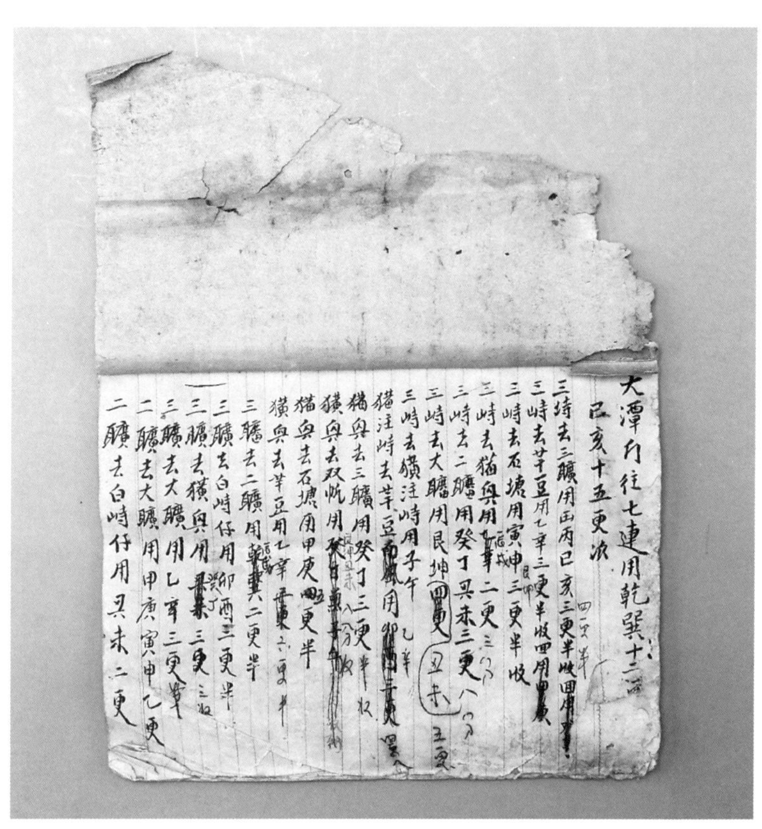

图二 《潭门出海更路簿》

（中国（海南）南海博物馆藏）

《苏承芬祖传抄本》、《苏德柳抄本》等均使用传统地名，而《蒙全州抄本》、《陈永芹抄本》等则出现传统地名与官方定名并用的现象。不同时代的海南渔民以不同的行文方式记下南海更路，这是更路簿随时代变迁而不断发展的又一明证。

（四）航行范围的变化

传统更路簿以西沙、南沙各岛礁的航路为主，而苏承芬自创的《中沙水路簿》，则将海南渔民出海捕捞的航行范围扩大至中沙群岛。

《中沙水路簿》记载了 68 条航路，既有从永兴岛、浪花礁、潭门等地去往中沙各沙礁的航线，也有中沙岛礁之间往来的航线；涉及中沙岛礁 26 个，占总数的 78%以上。如“永兴至西门暗沙，用辰戌对，89 海里，119 度”[①]这条航路，记录内容仍是起点、终点、航行角度与航程四项，延续了传统更路簿行文简洁的特点。但在地名称呼上，传统本将永兴岛称为“猫注”，[②]此处则直

---

① 《南海更路簿》编委会：《南海更路簿》，海南出版社，2016 年，第 41 页。

② 永兴岛被称为猫注，有两种说法，一是谓其岛形如猫蹲之像；二是谓岛上多鼠，渔民在岛上养猫。

接称为“永兴”；在航行角度上，仍然保留了辰戌针位，又特别注明“119 度”，更加精确；在航程上，没有使用“更”这一传统的计程单位，而是直接记为“89 海里”。

中沙群岛附近海域养分丰富，盛产金带梅鲷、旗鱼、箭鱼、金枪鱼等多种水产，但因其岛礁几乎全部隐没水下，无法“站峙”，[①]所以海南渔民少有涉及。这本《中沙水路簿》是难得一见的中沙海域渔业生产经验总结，也将更路簿的发展推向了一个新的高度。

从数量、内容、行文、航行范围等方面来看，更路簿的发展都是显而易见的。在“边使用，边发展”的动态传承模式下，更路簿逐渐克服了纸质文献难以保存、难以持续发展的弊端，在 18 世纪初至 20 世纪中期的两百余年间焕发出强大的生命力。

20 世纪中后期，随着导航设施的普及、机动帆船的更替，更路簿的使用者急剧减少。然而，其内容丰富，涉及自然、地理、历史、法律、文学、哲学等多个学科，犹有广阔的研究空间；且其中所体现的冒险、开拓的精神，对现代年轻人的教育和培养亦有重要的意义。

综上所述，更路簿孕育于宋，成书于清，是地理环境、海上丝绸之路、闽粤移民、沿海弛禁、其他航海针经书等多种因素共同作用的结果。18 世纪初至 20 世纪中期的两百余年间，海南渔民借助更路簿开发南海，又在开发南海的过程中不断修订、补充更路簿。目前虽少有渔民使用更路簿，但其仍有研究价值与精神价值。如何立足于当下，延续更路簿的生命力？这是一个可以深入探讨的问题。

① 站峙，指常年居住或季节性留居。每年十一二月间，海南渔民乘东北季风从潭门、清澜等港口出发，经西沙群岛时，部分船只停留于此进行渔业生产，捕捞马鲛鱼、金枪鱼、石斑鱼等。永兴岛、赵述岛、甘泉岛、晋卿岛、琛航岛等岛屿是海南渔民的居留地，海南渔民在这些岛上就地挖井，种植椰子、地瓜等植物，畜养牛羊，还在岛上建了妈祖庙、兄弟庙等。因此，站峙是海南渔民耕海牧渔常用的方式。

The Formation and Development of the Sea Route Manual (Genglubu)

Abstract: The sea route manual (Genglubu) reflects the practical experience of Hainanese fisherman in the South China Sea and its islands. They update it continuously on the basis of previous edits, revisions, and supplements. This dynamic development model, which overcomes the disadvantage of paper documents, allows the manual to thrive for more than 200 years, from the beginning of the 18th century to the middle of the 20th century.

Keywords: Genglubu, Formation, Development, South China Sea

早期国际博览会上的“无锡快”

——以1904年圣路易斯国际博览会的船模为中心

赵　莉*

摘　要：“无锡快”是近代往来于上海与周边地区的内河船。作为上海口岸的代表船模之一，“无锡快”以“西式座船”(Foreign House-boat)的名称参加了1904年美国圣路易斯国际博览会。其外观结构具有中国传统舟船特征，又兼具西式理念。除此之外，其“西式”内涵更多意指19世纪后期寓沪西人乘船旅行狩猎的生活风尚，反映出近代上海作为外侨西式生活空间的窗口效应。在早期国际博览会的背景下，纵观三十多年间“无锡快”作为江南本土座船与西式座船的形象展示，对于进一步思考上海口岸城市的图景变迁具有启发意义。

关键词：无锡快　西式座船　外侨生活　国际博览会

一、1904年美国圣路易斯国际博览会中的上海船

20世纪初，为纪念圣路易斯购地100周年，美国于1904年在密苏里州圣路易斯举办圣路易斯国际博览会。本届国际博览会自1904年4月30日开幕，至1904年12月1日落幕，共有60个国家参展，参观人数达到1 969万人次。清政府通过南北洋大臣向各通商省份以及各口岸海关摊派，共计筹款75万两作为本次参展经费，并派出了以贝子溥伦为正监督、候选道黄开甲和东海关税务司美国人柯尔乐(Francis A.Carl)为副监督的官方使团。这也是清政府首次简派皇室成员、以官方使团身份出现在国际博览会。参展展品主要由海关总税务司承办，来自22个开放口岸城市的中国展品集中在人文艺术宫展示(图一)。展品紧密围绕博览会主办方的分类目录，涉及中国社会的农业、林业、渔业、矿业、交通运输、商业、人文艺术等领域，其中尤以

*　作者简介：赵莉，上海中国航海博物馆副研究馆员。

图一　1904 年圣路易斯国际博览会人文艺术宫中的中国展品①

外销类商品、工艺品为热门，多获博览会大奖。

舟船，作为具有代表性的中国展品之一，主要分布在本届博览会第七大类交通运输之第 75 组“商船航海的材料与装备”、第 76 组“军事航海的材料与装备”以及第十二大类渔业狩猎中第 122 组“渔业装备与产品”中。② 当时，共有来自中国 16 个口岸城市的 171 艘舟船船模参展，数量多、规模大、类型丰富，实为早期国际博览会中国舟船船模之大观。各口岸城市参展船模数量详见表一。

表一　1904 年美国圣路易斯国际博览会的参展中国舟船船模统计表

口岸	牛庄	天津	芝罘	重庆	汉口	九江	镇江	上海	宁波	温州	福州	厦门	汕头	广州	琼州	蒙自
数量	4	8	5	8	36	9	4	13	20	3	31	1	11	12	5	1

资料来源：
《哈佛大学图书馆藏未刊中国旧海关史料（1860～1949）》第 221、222 册。

这些凝聚了中国各地传统造船智慧的船模，向世人展示了近代中国极具特色的水上交通运输场景，勾勒出中国沿海、沿江区域的地理景观、贸易

① 居蜜：《1904 年美国圣路易斯国际博览会中国参展图录 · 中国参展文化交流篇》，第 47 页。

② 吴松弟主编：《哈佛大学图书馆藏未刊中国旧海关史料（1860～1949）》第 221、222 册，广西师范大学出版社，2014 年。

往来、水上生活与风俗民情，荣获当年国际博览会的银奖与铜奖。在本届国际博览会上，来自上海口岸的舟船船模（本文统称其为“上海船”）①共计有13艘，详见表二。

表二　1904年美国圣路易斯国际博览会中的上海船

序号	展品目录编号	隶属组别	船名（英文）	船名（中译）
1	592	第75组“商船航海的材料与装备”	Five-mastered Sea-going Junk	五桅海船
2	593	同上	Three-mastered Sea-going junk	三桅海船
3	594	同上	Ferry-boat called Sampan	被称为“舢板”的摆渡船
4	595	同上	House-boat used by officials	官员座船
5	596	同上	House-boat used by wealthy class	豪华座船
6	597	同上	House-boat used small	小船屋
7	598	同上	River Junk	内河船
8	599	同上	Guard-boat	护卫船
9	600	同上	Foreign House-boat	西式座船
10	601	同上	Cargo-boat-Foreign type	西式货船
11	602	同上	Cargo-boat-Native type	本地货船
12	603	同上	Ballast-boat	压舱船（本地小货船）
13	607	第76组“军事航海的材料与装备”	Model of War Junk	战船

资料来源：
《哈佛大学图书馆藏未刊中国旧海关史料（1860～1949）》第222册。

与汉口、福州、宁波等口岸城市相比，上海船的数量虽然不多，但体现出中西兼容的鲜明特色。上海船中既有以沙船为代表的上海地区海运木帆船，也有活跃于上海港口、黄浦江码头装卸货物、作短驳之用的中西驳船、舢板，还有广泛行驶于太湖流域，往来于上海与周边地区的内河座船等，其中包括本土与西式不同风格的座船。在1904年的海关展品目录中，上海船以

① 本文将这些来自上海口岸的舟船船模统称为“上海船”。这是以哈佛大学图书馆未刊旧海关史料1904年圣路易斯国际博览会展品目录中将口岸城市作为展品来源的编辑思路为基础的，集中探究当年来自上海口岸的参展舟船模型。因此，本文的上海船并非特指由上海本土建造的某一类船，而是指20世纪初活跃在上海港口码头、江河湖海并被征集至美国圣刘易斯博览会参展的各类船只，是一个地域概念相对集中但外延比较宽泛的概念。

foreign 与 native 的命名方式形成中西船式对照，这在 16 个参展口岸城市的舟船命名中是独一无二的现象。

二、1904 年美国圣路易斯国际博览会中的“无锡快”

（一）结构特征

根据旧海关史料《1904 年美国圣路易斯国际博览会展品目录》、《1905 年比利时列日两届国际博览会展品目录》中上海船的编号，并对照比利时安特卫普前国家海事博物馆编撰《摇船寄帆：中国传统造船大观》（*Shaky Ships: the Formal Richness of Chinese Shipbuilding*，图二）一书中该馆馆藏晚清百年船模图录编号，发现其中编号为 600、命名为“Foreign House-boat”的西式座船以“无锡快”的名称为人们所熟知（图三）。

图二 *Shaky Ships: the Formal Richness of Chinese Shipbuilding*

（《摇船寄帆：中国传统造船大观》书影）

从图中可见，这艘座船具有鲜明的中西交流之特征。从船型上看，这是一艘典型的中国内河座船，平底，船头方而宽，船尾略翘而窄，船头悬伸，尾部向后延伸。客舱位于船体中间部位，客舱为平顶。比较鲜明的中式特征包括帆、橹、舵、以及披水板等在内的属具构件，船舷两侧各有狭长木板，设舷伸甲板作走廊之用。左舷与舱室之间有过道。客舱后面亦有平台，供摇橹操舟之用。船舷两侧悬挂的披水板则是为了防止船只横漂。就船模的涂装而言，则体现出强烈的西式色彩，比如沉入水中的船体为铜色，船体上部的舷墙、甲板、舵为棕红色，尤其是客舱被涂成了白色。客舱的窗户为左右推拉式的百叶窗，与传统舟船窗式迥然不同，客舱顶部的气窗似为玻璃材质，这些都体现出了西式座船元素。

旧海关海务部巡江事务长夏士德（G.R.G.Worcester）对于长江流域的近现代舟船有精深研究。根据他的研究，命名为“西式座船”的“无锡快”船

图二　西式座船

（比利时安特卫普河边博物馆网站藏品图录）

型源自中国内河的官船，是在中式内河座船的基础上，根据西人对于船行速度与船舱舒适度的需求，由中国造船师在西方造船师的指导下改装而成。这类船一般长约20(67)、宽约4(14)、吃水深1.2米(4英尺)，通常船体分为3个隔舱。在他看来，西式座船"无锡快"在船体结构方面，比较鲜明的中式特征主要包括向后方延伸的船尾（古文献中称之"虚梢"，①即近现代中国内河船中常见的"假尾"）、升降舵以及呈斜面的前舱门。② 据《稀见上海史志资料》载，无锡快座船"船舱之门为斜面，略如满江红"。③ 但从图中看，"西式座船"的客舱门相对平直宽敞，而且客舱整体面积比较大，占据船体三分之一还多，也许正是为了适应西人身材而如此设计的。客舱中一般有一个议事厅，桌边可围坐八人。船舱内有五人铺位。租船的主人一般住在上面一层，仆佣们的铺位在通向前甲板的阶梯两边，船员的住处一般在船尾遮雨棚处，厨房位于船尾甲板下方。此外，在夏士德看来，"无锡快"在结构上最显西式特征的是占据舱室顶棚一大半面积的气窗。气窗本为客船舱室采光和通风之用，西式座船气窗面积之大可能出于外国人对新鲜空气的强烈需求。

总之，在船式结构与外观上，西式座船"无锡快"体现了中国传统造船与西人理念的融合，实现了"座船舱室舒适度、中国水上浮具风格以及普通人共同理念"。④

① 席龙飞：《中国造船通史》，海洋出版社，2013年，第172页。

② G. R. G. Worcester, *The Junks and Sampans of the Yangtze*, p.206.

③ 熊月之：《稀见上海史志资料丛书》第1册，上海书店出版社，2012年，第629页。

④ John Otway Percy Bland, *House-boat Days in China*, p.38.

（二）功能特色

气窗、窗户等构件体现了“无锡快”在结构方面的西式特征，使用功能方面的特色则体现在西式座船“无锡快”“通常为近代寓沪的外国人所租用。西人乘坐‘无锡快’从上海到太湖流域的郊野进行狩猎休闲”。①

1843 年上海开埠后，伴随对外贸易、租界拓展、城市经济结构性转型，世界各地的移民纷至沓来。开埠近 70 年时，上海租界外侨人口从 1843 年的 26 人增加到 1 910 的 15 012 人。1895 年《马关条约》签订后，上海兴起“外资兴业”的热潮，外国工业资本大规模涌入，从而带动外侨人口急剧增加。本文讨论的圣路易斯国际博览会举办于 1904 年，正值西人大举入沪阶段。

西人来到上海，自然也将西方的生活方式带到了上海。一方面，他们将母国市政建设经验移植到租界的道路、桥梁、交通辅助设施、水电煤气等公用事业上，另一方面他们在衣食住行、文化娱乐、消遣活动方面竭力保持西式风范，甚至形成一种炫耀式的消费心理，有学者将其称为外侨的“上海心理”。② 这在当时上海外侨中非常普遍，尤其在商行、洋行大班阶层更为流行。外侨形成一个相对封闭的外来社会，在这个小社会中他们开展各类丰富多彩的休闲娱乐生活，催生了沪上跑马场、影院、舞厅、咖啡厅、弹子房、健身房等各类西式休闲场所。除了上述休闲方式，还有一些室外消遣方式，比如赛马、赛舟、赛花、狩猎等。这些竞技赛事、狩猎等是洋行大班们尤为热衷的活动。

开埠初期，上海郊野尚未开发，芦苇丛生，野鸭鸟类甚多，是西人打猎的好去处。洋行大班们常在秋冬季节，于礼拜前一日，结伴骑马到郊野打猎休闲。与狩猎同时，西人还举行竞技赛事。一些大型的竞技活动会对当地农田造成损失，赔偿却非常微薄，有时仅是一瓶啤酒。③ 近代上海有竹枝词专门描述了西人狩猎情形：“缓带轻裘猎骑骄，氐羌漫拟霍嫖姚。相啸劲犬狰狞甚，日暮归来兴尚饶。”④

19 世纪后期，伴随长江流域以及其他内河的进一步开放，可供上海外侨狩猎的区域范围越来越广，西人狩猎的范围从上海近郊逐渐拓展到太湖流域、长江流域，甚至远至芜湖。西人将这些宜于狩猎竞技的地方视为乐土。

---

① National Maritime Museum, *Shaky Ships*, p.60.

② 所谓“上海心理”是指在条约口岸制度的背景下，西人的工作生活与华人有着不可割裂的关系，但作为胜利外来者，特权赋予他们的优越感使他们不愿意主动融入华人世界。在这种矛盾心态下，西人转而寻求文化上的出路，通过竭力保持西式生活方式、在异国营造西方化的生存空间，来确立身份的认同感，保持在华人世界中的文化优越性。参见熊月之、周武：《上海——一座现代化都市的编年史》，上海书店出版社，2009 年，第 125 页。

③ G. R. G. Worcester, *The Junks and Sampans of the Yangtze*, p.206.

④ 顾炳权：《上海洋场竹枝词》，上海书店出版社，2018 年，第 55 页。

为了方便“在长江流域和运河沿岸地区狩猎，还特别设计了一种华丽的船只，供外侨狩猎、游山玩水和休息之用”。①显然，“无锡快”便属于西人“特别设计的华丽的船只”之一，成为在沪西人狩猎旅行的交通工具。西式座船“无锡快”装饰华丽，因此连船带人（驾驶船只的人员）整体租赁，一天的价格为12美元左右。

旧海关总税务司录事司、上海英租界工部局秘书长濮兰德（John Otway Percy Bland）曾有过在中国乘船旅行的经历。他在出版于1909年的纪实作品《中国船屋时光》（House-boat Days in China，图四）中详细记述了19世纪末、20世纪初西人在太湖流域打猎竞技的场景。西人们乘坐着“无锡快”，形成船队，从上海出发至苏州、无锡、湖州等地。船队沿着外滩苏州河顺流而下，船队一般由6艘船组成，每艘船大约有3～6位船员，浩浩荡荡，颇为壮观。如果赶上节假日，则需要提前预订租赁船只。“无锡快”从上海到苏州，日夜兼程，大概需要16个小时，第一天下午4点出发，第二天上午8点到达。返程需要计划好时间，以便准时返回不耽误上班。

图四　*China House-boat Days*

（《中国船屋时光》书影）

伴随时代发展、政治和经济条件的变迁，20世纪30年代以后，西式座船“无锡快”渐行渐远，逐步淡出了人们的视野。但是近代西人热衷于乘船旅行狩猎的记忆永远被定格在濮兰德的《中国船屋时光》一书中。作为一种具有代表性的上海舟船，西式座船“无锡快”被征集至1904年美国圣路易斯国际博览会，向世人展示了近代西人在上海的生活，勾勒出西风东渐下近代上海的社会形态与生活风尚。

三、“无锡快”在近代太湖流域航运中的发展

溯源中国参展国际博览会的舟船记录，发现西式座船并非上海参展的第一艘“无锡快”。早在1873年维也纳国际博览会上就展出了来自上海口岸

① 熊月之、周武：《上海——一座现代化都市的编年史》，第131页。

的"无锡快"(Woo-seih-kwae)。与本届国际博览会不同的是,三十年前展出的"无锡快"还没有"西式座船"一说。作为上海乃至江南区域的代表船只,当时它与沙飞船(Sha-fei-ch'uen)、葡鞋头(Poo-heae-tow)、沙船(Sha-ch'uen)、划子船(Hwa-tsze-ch'uen)等中式船模共同出现在第 17 组航海模型(Nautical Model)中。① 可见,19 世纪 70 年代,"无锡快"就被征集至国际博览会予以展示。

"无锡快",又名管庄船(管庄为今宜兴),为无锡人广泛使用的内河船,主要用于载人。船只大小素以"档数"为计。据《稀见上海史志资料丛书》所载:"档者,舟师之代名词也。其言档也,曰几个档,即几个人也。"②因此,所谓"档数",即乘船人数。"无锡快"一般根据所载人数多少分为大中小三种。"无锡快"的航行范围遍及太湖流域,包括当时江苏的苏州、松江、常州、镇江、太仓,浙江的杭州、嘉兴、湖州,即今天我们理解的江南区域。上海地处长江三角洲前哨,位于太湖流域东端,开埠初期为松江府辖,黄浦江及其支流吴淞江同太湖流域的水网紧密相连。上海与周边苏州、无锡、常州、杭州、嘉兴、湖州等地的交通以水路为主。"无锡快"也是频繁往来于上海与周边地区的船只。

由于船身装饰华丽,客舱居住舒适,乘坐"无锡快"的人群多为江南地区的富裕人家。他们与亲朋好友相约,乘坐此船作休闲娱乐、短途旅行。乘坐"无锡快"的乘客除了购买船票之外,还需出资支付酒饭以及煤炭费用。饶有趣味的是,乘客就餐的菜肴中必有一道青菜,其由船主眷属亲手烹制,味道上佳,独成特色。③ 明清时期的江南为中国的经济中心,经济富庶繁荣、文化精致典雅,促生了江南地区富裕阶层奢侈的消费方式,加之江南地区纵情山水、怡情养性的文人传统,"无锡快"作为一种区域性的消费载体亦不足为奇。

19 世纪中期以后,近代汽船的发展对传统木船航运造成冲击,"无锡快"优势渐失。为提升行船速度,人们常以小汽船拖拽"无锡快"行驶。根据拖行范围、船只大小,价格也不同。因常被拖带于小轮船之后,因此"无锡快"也被称为"拖船"。④

时至 19 世纪末 20 世纪初,随着 1895 年《马关条约》的签订,沙市、苏州、杭州等内河城市被辟为通商口岸,外国船只被准许进入中国内河,专营内河航线的外资轮船公司相继成立。面对内河航运权丧失,民族内河轮运开始兴起。包括招商局、上海大达轮步公司等在内的华商轮船公司相继开辟了

---

① 《中国海关提供的中国各港口参加 1873 年维也纳奥匈帝国世界博览会展品目录》(目录序号:1662～1666),《美国哈佛大学图书馆藏未刊中国旧海关史料(1860～1949)》第 211 册,第 652 页。

② 熊月之:《稀见上海史志资料丛书》第 5 册,第 209、210 页。

③ 熊月之:《稀见上海史志资料丛书》第 1 册,第 629 页。

④ 同上。

轮运航线，上海也成为最大的内河轮运中心。在这样的背景下，以无锡快、蒲鞋头、南湾子、乌山船等为代表的江南船只承担了大量内河支流的客运与货运。根据1896～1901年的杭州海关报告："本地区各方向都有运河支流，主要靠小船运输货物，运输的数量和种类非常多……在这个时期，各种各样大小不一的无锡快是附近最主要和最有用的船，几乎都被轮船公司用来运载乘客和货物到上海和苏州。有时几条无锡快被租用几个月，跑一趟运输，偶尔也租用几天，运价2～3元，视船只大小和货运要求而定。这些船由住在船上的船主及其家人驾驶，如果运载的客人增加，他们就再雇用别人，这些雇工工钱是一天一角并提供伙食，船运的利润估计是运费的10%。"①

江南地处太湖流域，向以水乡著称。境内地势低洼，水网密布，塘浦纵横，与很多水系有河道相通。舟船是江南区域之间以及与外部进行物资和人员交流的主要工具。从早期被江南富裕阶层租赁载客，到近代轮运背景下的"拖船"，再到内河开放后成为内河支流客货载运的主力船型，"无锡快"在近代江南水上交通运输中发挥了重要作用。与此同时，"无锡快"还是寓沪西人旅行狩猎的交通工具，承载了西人在近代上海及周边地区的生活记忆。

四、思考余论

众所周知，早期国际博览会不限于单纯的经济活动，而且是以商品交流为核心和基础的人类文明的交流，"透过展品的物的外壳，我们看到的是更为广袤和实质性的不同文明形态"。② 纵观1873年至1904年晚清参与的国际博览会，尤其在以西人为主导的晚清海关税务司承揽博览会展品背景下，"无锡快"曾经作为中式座船与沙飞船、蒲鞋头、沙船、划子船等具有典型本土特征船模并列展示，后来又作为"西式座船"与本土船只形成对比视野。其间，"无锡快"传递的文化内涵发生了微妙变化，对我们进一步探究西人视野下以上海为代表的近代口岸城市图景具有启发意义。

---

① 陈梅龙等：《近代浙江对外贸易及社会变迁——宁波、温州、杭州海关贸易报告译编》，宁波出版社，2003年，第233～235页。

② 马敏：《中国走向世界的新步幅——清末商品赛会活动述评》，《博览会与近代中国》，华中师范大学出版社，2010年，第3页。

Study of the Foreign House-boat (Wuxikuai) Exhibit at the 1904 St. Louis Exposition

Abstract: The Wuxikuai, a river boat that sailed between Shanghai and the neighboring cities around Lake Taihu, was exhibited at the 1904 St. Louis Exposition under the name of Foreign House-boat. A combination of Chinese traditional shipbuilding and European ideas, it vividly reflected the leisurely life of foreigners around Lake Taihu during the late nineteenth century.

Keywords: Wuxikuai, Foreign House-boat, Foreigners', Life Exposition

中式传统帆船三角前帆之类型、分布及其起源年代初探

周海斌[1]　肖良福[2*]

摘　要：1960 年版的《中国海洋渔船图集》记载了多种使用三角前帆的中式传统帆船，这些船型的前帆区别于常见的中式帆船前帆，而与欧洲帆船之 Stay sail 相似，同时中国沿海造船工匠之船模作品、西方摄影师的照片中亦有使用三角前帆的中式传统帆船。此类帆装是模仿学习自西式帆船的 Stay sail，还是中国本土的独立发明？其出现在什么年代？本文对这些问题进行了探讨。

关键词：中式传统帆船　三角前帆　三角艇　封舟　《宣和奉使高丽图经》　三角帆

一、《中国海洋渔船图集》中使用三角前帆的船型

1960 年出版的《中国海洋渔船图集》①中收录了 7 种使用三角前帆的船型：1. 分布在辽宁、山东沿海的鱼雷排子(拖网渔船)(图一)；2. 分布在海南潭门、清澜、青葛、排港的飞鱼船(图二)；3. 分布在海南澄迈、儋县的临高拖风船(图三)；4. 分布在雷州半岛以西北部湾的三角艇(图四)；5. 分布在海南三亚、海口等地的鲨鱼钓船(图五)；6. 分布在海南儋县的红骨钓船(图六)，7. 分布在海南潭门、排港、青葛的西沙特产船(图七)。

---

* 作者简介：周海斌，香港中华传统舟船协会会长；肖良福，廉江市博物馆馆长、馆员。

① 第一机械工业部船舶产品设计院、黄河水产研究所、上海水产研究所：《中国海洋渔船图集》，上海科学技术出版社，1960 年。为行文简便简称为"《图集》"，下引该书的资料，只具页码，不再详注。

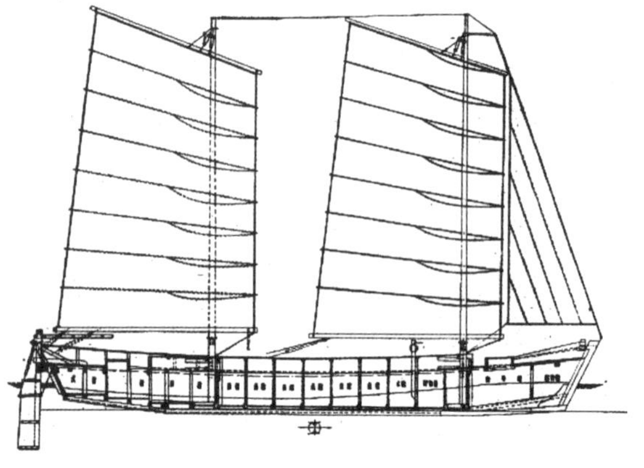

图一　鱼雷排子帆装图①

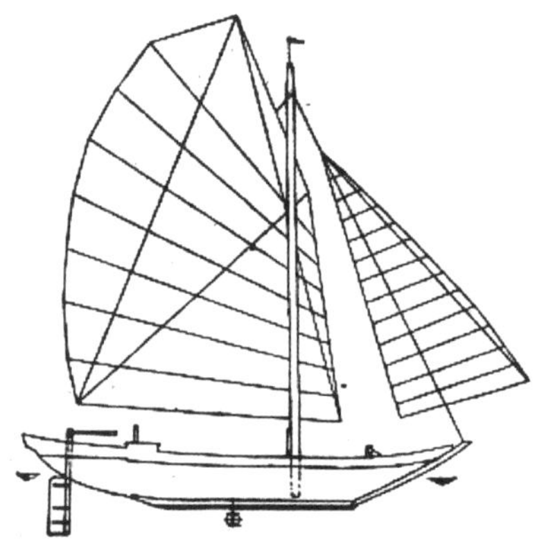

图二　飞鱼船帆装图②

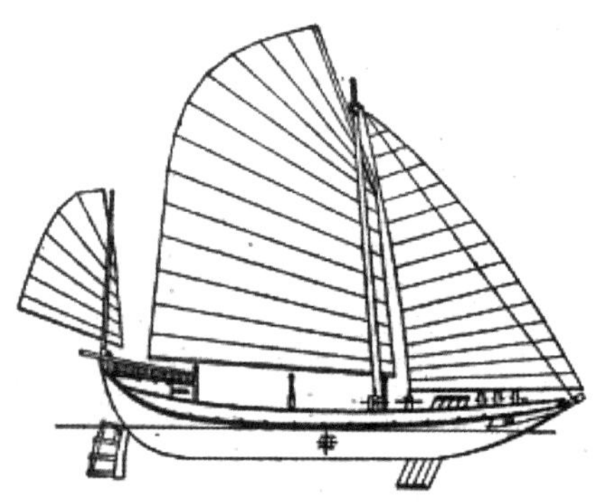

图三　临高拖风船帆装图③

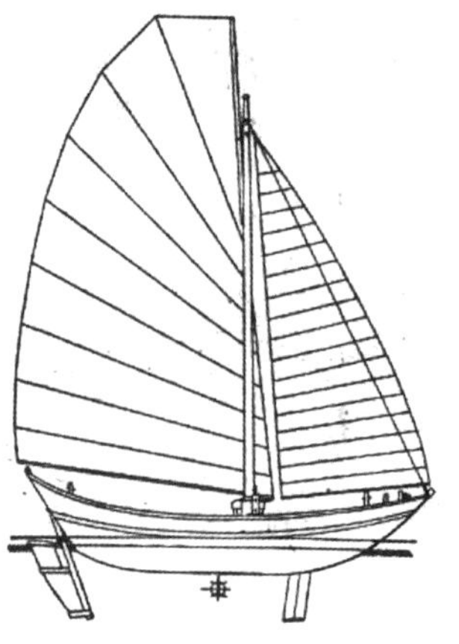

图四　三角艇帆装图④

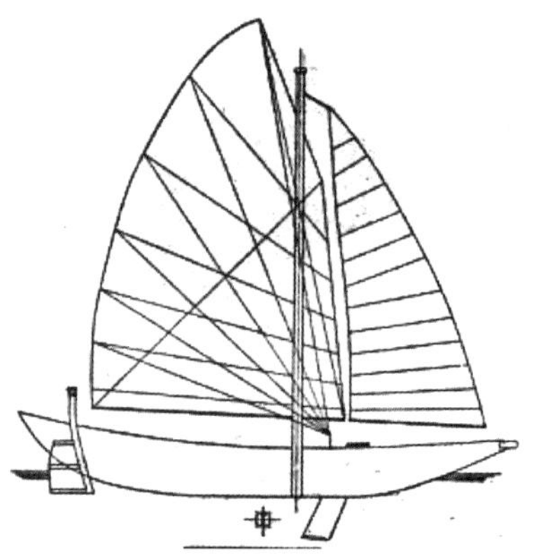

图五　鲨鱼钓船帆装图⑤

---

①　《图集》,第 34 页。

②　同上书,第 198 页。

③　同上书,第 221 页。

④　同上书,第 223 页。

⑤　同上书,第 230 页。

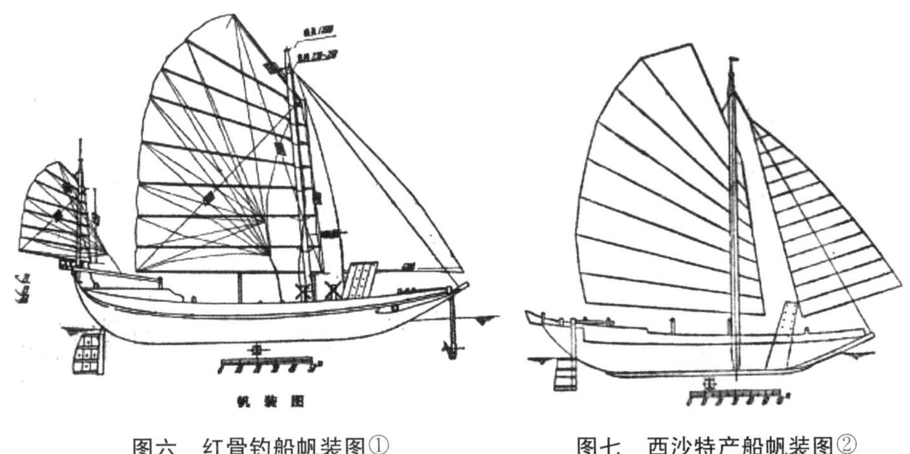

图六　红骨钓船帆装图①　　　　图七　西沙特产船帆装图②

二、使用三角前帆的中式传统帆船模型

2017年中国航海博物馆举办了第一届中式木帆船模型展评大赛，廉江市博物馆选送了蔡华连先生根据其曾经建造过的实船制作的一艘“三角艇”船模（图八），该船模即是《中国海洋渔船图集》中的三角艇船型。

图八　廉江市蔡华连先生制作的三角艇船模

《中国海洋渔船图集》中对三角艇的介绍如下：

三角艇（粤西）：雷州半岛以西的北部湾海区……渔船以三角艇拖

① 《图集》，第232页。
② 同上书，第234页。

网船著名……三角艇水线面呈炮弹头，吃水浅，平底，首尖呈瓢形，尾呈马蹄形，近乎浙江型。适航性特好。中前方设插板，尾舵狭长。单桅，悬三角形硬篷，展弦比特大，首部另悬一三角形软篷。①

2018 年夏，笔者至蔡华连先生住处调研，看到其制作的"廉渔一号"船模（图九）。据他介绍，该船模以其亲手建造的两桅四帆的大型三角艇为原型。如《中国海洋渔船图集》中的文字介绍，该船模在主桅前部的三角帆之前还有一个斜三角软篷。

图九　廉江市蔡华连先生制作的廉渔一号船模

2019 年 1 月在防城港市博物馆的协助指引下，笔者到防城港市黄国珠先生处调研，看到其制作的三角艇船模（图一〇），与前述三角艇的前帆不

图一〇　防城港市三角艇船模

① 《图集》，第 184 页。

同,其主桅前的三角帆没有多根帆桁,属软篷。据黄先生介绍,当地该类船型的主桅前三角帆,亦有使用帆桁的,早年两种形制都有使用。

舟山市岱山县的中国海洋渔业博物馆陈列有一艘岱山中流渔船船模(图一一)。该船使用一面三角前帆,未见帆桁,应为软篷。

图一一 舟山市岱山中流渔船船模

二、照片资料中使用三角前帆的中式传统帆船

Stephen Davies 所著的 *A Coasting Past: The Last of South China Coastal Trading Junks Photographed by William Heering* 一书中,有两张分别拍摄于 1990 年(图一二)和 1992 年(图一三)使用一种独特三角前帆的中式传统帆船的照片,该船型在澳门被称为"大眼鸡"(与香港的"大眼鸡"同名,但船型不同),其主要用于将猪、水果、土豆等从雷州运送至澳门。[①] 照片显示,该"大眼鸡"有尾桅,与前文蔡华连先生的"廉渔一号"船模形制很是相似。

澳门海事博物馆销售的明信片中也有相似船型照片(图一四),但拍摄的地点和时间笔者尚未考证。

英国人 Reginald F.C. Hedgeland 在中国拍摄了一张使用三角前帆(软篷)的中式帆船照片(图一五),拍摄地点不详,拍摄时间估计在 1913～1930 年间。根据主帆及船型判断,该中式帆船很可能属于两广一带之船型。

---

① Stephen Davies, *A Coasting Past: The Last of South China Coastal Trading Junks Photographed by William Heering*, Hong kong Maritime Museum Ltd, 2013, p.62.

图一二　1990 年 12 月 William Heering 摄于南沙①

图一三　1992 年 1 月 William Heering 摄于海口②

① Stephen Davies, *A Coasting Past: The Last of South China Coastal Trading Junks Photographed by William Heering*, p.65.

② Ibid., p.64.

图一四　澳门海事博物馆明信片上使用三角前帆的中式传统帆船

图一五　Reginald F.C. Hedgeland 拍摄的中式传统帆船

另一位英国人 Oliver H. Hulme 在中国拍摄了一张使用三角前帆(软篷)的内河中式帆船照片(图一六),拍摄地点可能在长江流域,拍摄时间估计在 1905～1915 年间。该中式帆船应为长江船型。

另有一张拍摄年代及拍摄者不详的使用三角前帆的可能为山东威海卫货船的照片(图一七)。

图一六　Oliver H. Hulme 拍摄的内河中式传统帆船

图一七　可能的山东威海卫货船

四、使用三角前帆之中式传统帆船的类型与分布

通过上述《中国海洋渔船图集》、船模以及照片资料可以发现，中国传统帆船的三角前帆存在多种形制：1. 主桅前船首内带有帆桁的三角形硬篷；2. 主桅前船首内不使用帆桁的三角形软篷（布帆）；3. 使用撑杆撑出船首的斜三角形软篷（布帆）（该帆型与西方的与船首斜桅相连的 Jib sail 高度相似）。

同时，上述三种帆型在某些具体船型上（如三角艇）存在混合使用的情况。

从分布区域来看，使用三角前帆的上述船型广泛分布在辽宁、山东、浙江、广东、广西、海南以及长江流域。

五、有关中式传统帆船三角前帆起源的讨论

有关中式传统帆船使用三角前帆的记载与研究很少，William Heering 认为其所拍摄照片中的中式传统帆船（图一一、一二）是一种"混血"品种的"老闸船"船型。①

Stephen Davies 发现，除了 William Heering 的照片，有关使用三角前帆的中式传统帆船唯一的一项记载出现在 Barbosa Carmona 根据 20 世纪 20 年代研究所著的 *Lorchas, Junks and Other Vessels Used in South China, in fishing in Macao and Cargo Carrying* 一文中，但其中并未提及该船型（帆型）的起源。②

Stephen Davies 认为，珠江三角洲一带的中式传统帆船使用三角前帆可能是受西方帆船的影响。他推断，在 19 世纪末 20 世纪初，一些心灵手巧、有独创性的中国造船工匠在西式船体中式帆装的老闸船的前桅腐烂或折断，且无法找到替换前桅时，想出了此种修改前帆形状后继续使用前帆的主意。③

但 Stephen Davies 亦阐述了图一一、一二照片中的中式三角前帆与西式三角前帆的区别，首先其有与典型中式帆装相同的均匀分布整个帆面的帆桁，其次西式三角前帆是前沿边缘与前帆支索相连，而图一一、一二中的

---

① Stephen Davies, *A Coasting Past: The Last of South China Coastal Trading Junks Photographed by William Heering*, p.64.

② Ibid., p.62.

③ Ibid., p.64.

中式三角前帆与前帆支索相连接的位置较前帆前沿向后约 5%，就好像前帆支索被当作一根向后倾斜的桅杆对待。① 这是与西式三角前帆完全不同的结构。

值得注意的是，Stephen Davies 亦记载，大量中国人认为中式三角前帆是中国自身创造的，而非学自西方。② 这些口述传统观点的存在是有原因的，中国人使用三角前帆的历史较为久远。清代徐葆光所著《中山传信录》中记载出使琉球的封舟即使用了三角前帆："头桅上布篷名头幞，上尖下方三角形。"③该著作之封舟图（图一八）中亦绘有头幞。

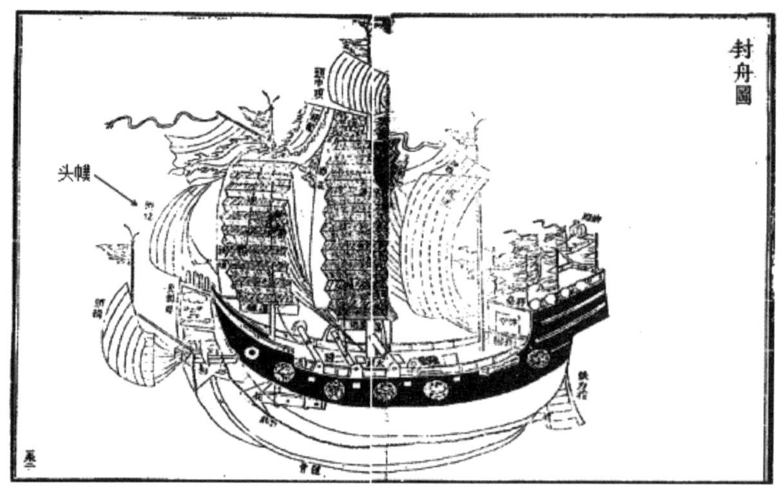

图一八 《中山传信录》之封舟图

徐葆光于康熙五十八年（1719 年）农历六月奉命出使琉球，按《中山传信录》记载，其所用封舟并非新造之船，而是"取自浙江宁波府属，皆民间商舶"。由此可见，1719 年之前，中式传统帆船的三角前帆在中国民间已有成熟的应用，而中式传统帆船的三角前帆的起源时间应远早于 1719 年。

西式帆船中与中式传统帆船的三角前帆相似的是三角支索前帆，图一九为多种支索帆的示意图。图二〇为使用三角支索前帆的一艘纵帆船示意图。而已知最早使用支索帆（Staysail）的年代为 1661 年。④ 1719 年与 1661 年之间相差仅 58 年，且中国与欧洲相隔遥远，1661 年开始在欧洲应用的一项新的帆装发明应不会在 58 年以内传播至中国并为中国船所用，加上 1719 年之前，中式传统帆船的三角前帆在中国民间已有成熟的应用，其起源时间应远早于 1719 年，因此中式传统帆船的三角前帆不应是学习自欧洲。

---

① Stephen Davies, *A Coasting Past: The Last of South China Coastal Trading Junks Photographed by William Heering*, p.62.

② Ibid., p.62.

③ 徐葆光：《中山传信录》卷一《封舟》，大通书局有限公司，1997 年。

④ https://www.merriam-webster.com/dictionary/staysail#h1.

图一九　多种支索帆的示意图
（深色的即为多种 Staysail）

Cheſtertown and Baltimore,
PACKET-BOAT.

THE Subſcribers reſpectfully inform the public, that they continue running a Packet-Boat, which is now in excellent order. The Cabin is large and commodious, well calculated for the Accomodation of Paſſengers. Merchandiſe, Produce, &c. carried on the loweſt Terms. From experience they can aſſuredly ſay, that the Packet is ſafe, and ſails remarkably well --Will regularly leave Cheſtertown, every MONDAY at *Nine* o'clock, A. M. and ſet out from Baltimore, every THURSDAY, at *Nine* o'clock, A. M.

John Conſtable,

Maſter of ſaid Boat, and one of the proprietors, will uſe all poſſible Diligence to accommodate Paſſengers, as well as be careful to execute, with punctuality, every truſt committed to his charge.

JOHN CONSTABLE,
JAMES PIPER.

Cheſtertown, May, 17, 1793.

图二〇　1793 一艘使用三角支索前帆的纵帆船在报纸上的广告

北宋徐兢所著《宣和奉使高丽图经》中，详细记载有主帆（利篷）与辅助帆（布帆、野狐帆）：

> 大樯高十丈，头樯高八丈，风正则张布飊（帆）五十幅，稍偏则用利篷，左右翼张以便风势，大樯之巅更加小帆十幅，谓之野狐帆，风息则用之，然风有八面，唯当头不可行，其立竿以鸟羽候风所向，谓之“五两”，大抵难得正风故布帆之用不若利篷翕张之能顺人意也。①

由此可见，中国使用布帆、野狐帆等辅助帆的年代至少可以追溯至北宋宣和六年（1124 年），因此，中国传统帆船的三角前帆作为辅助帆的一种，其起源时间应介于 1124 至 1719 年间，甚至可能早于 1124 年。其具体起源出现的时间有待进一步研究论证。

六、三角帆与三角前帆

以上对作为辅助帆的三角前帆进行了探讨，还有必要对形状相似的三角帆（Lateen Sail，图二一）进行对比研究。关于 Lateen Sail 的出现年代，西方学者存在一些争议，Lionel Casson 等学者认为，Lateen Sail 最早出现在早期罗马帝国时期的地中海；比利时海事历史学家 Basch 认为早在公元前 1 世纪（希腊化的埃及），Hypogeum 遗址的壁画中就出现了最早的 Lateen Sail；而由 Levent Zoroglu 教授在 1992 年于土耳其梅尔辛省发掘的公元 5 世纪的 Kelenderis 马赛克装饰画中，发现了接近于 Lateen 三角帆的帆型②（图二二）；Friedman Zaraza、Zoroglu Levent 基于对 Kelenderis 马赛克装饰画的研究认为，Lateen 三角帆大约在希腊化的埃及时期由地中海传入印度洋区域。③

John M. Hobson 等学者则认为，Lateen Sail 应起源于波斯或阿拉伯地区，后被传入西地中海区域；George Hourani 提出了东南亚起源的观点，认为 Lateen Sail 的三角帆形与东南亚南岛语族所使用的古老的蟹爪帆非常相似（图二三）；陈仲玉教授针对“亮岛人”人类遗骸的研究表明，“福建沿海明显为已知南岛族母系起源地”，④因此南岛语族的蟹爪帆的起源亦有可能与中国东南沿海的远古航海族群有关。

---

① 徐兢：《宣和奉使高丽图经》卷三四，《文渊阁四库全书》第 593 册，台湾商务印书馆，1987 年，第 892 页。

② POMEY. P., *The Kelenderis Ship: A Lateen Sail*, The International Journal of Nautical Archaeology, 2006, 35(2), pp.326 - 335.

③ Friedman Zaraza, *Zoroglu Levent*, *Kelenderis Ship. Square or Lateen Sail?*, The International Journal of Nautical Archaeology, 35 (1), pp.108 - 116.

④ 陈仲玉：《亮岛人 DNA 研究》，连江县政府，2013 年，第 20 页。

图二一　使用 Lateen Sail 的帆船

图二二　Kelenderis 马赛克装饰画中的近似 Lateen 三角帆

图二三　南岛语族所使用蟹爪帆

七、小　结

综上所述，单从辅助帆来看，及至近现代，使用三角前帆的中式传统帆船广泛分布在自东北至广西、海南的整个中国沿海地区，同时在内河—长江流域亦有分布；使用三角前帆的中式传统帆船的船型，据目前掌握的资料，应不少于10种，其中以海南的船型最为丰富；从三角前帆的帆型分类来看，中国传统帆船的三角前帆存在多种形制，其中有与西式三角前帆相似的主桅前船首内不使用帆桁的三角形软篷（布帆）以及使用撑杆撑出船首的斜三角形软篷（布帆），也有与西式三角前帆在结构上完全不同的带有帆桁的三角形硬篷；中式传统帆船的三角前帆起源时间应介于1124至1719年间，甚至更早。因此，单就三角前帆而言，笔者认为，中式传统帆船的三角前帆不应是学自欧洲，而是在中国历经至少800年以上的发展，形成多种分类，应用在多种船型之上，分布广泛、自成体系的帆装发明。

但与三角前帆形状相似的三角主帆（Lateen Sail/蟹爪帆等），其起源时间从历史记录来说，远早于作为辅助帆的三角前帆，其起源年代和地区存在多种不同的学术观点：地中海、波斯、阿拉伯、东南亚以及中国东南沿海。笔者认为，三角前帆的起源与三角帆存在直接关联，而三角帆在欧亚多个地区中，是多地独立发明，还是一地发明应用后，再交流传播至其他地区？这有待进一步的研究与论证。

Preliminary Investigation of the Types, Distribution, and Origin of the Triangular Jib Sails of Ancient Chinese Junks

Abstract: The *Atlas of Chinese Maritime Fishing Boats*, published in 1960, recorded a variety of Chinese junks using triangular jib sails. The jib sails on these ship models differ from those commonly seen in Chinese vessels. Instead, they were similar to the stay sails of European sailing ships. However, the ship models used by coastal shipbuilders in China and the photos taken by Western photographers also included junks with triangular jib sails. Was this type of sail an imitation of the stay sail of Western sailing boats, or did it have native antecedents? When did it first appear? This article examines these questions.

Keywords: Ancient Chinese Junk, Triangular Jib Sail, Triangular Craft, Tribute-bearing Vessel, *Xuanhe Fengshi Gaoli Tujing*, Lateen Sail

招商局与东北亚航运发展

朱晓萌*

摘　要：东北亚航运是招商局早期航运体系的重要组成部分，主要表现在招商局与中国东北、日本、朝鲜之间的航运关系。本文通过梳理1872年以来招商局与东北亚的联系，为今天招商局与东北亚全方位深入合作，中国与朝鲜、韩国、日本等国建立自由平等的贸易关系提供一定的借鉴。

关键词：招商局　大豆运输　中朝贸易　战后运输　新蛇口

东北亚航运是招商局早期航运体系的重要组成部分，其缘起要追溯至轮船招商局创办之初。1872年，李鸿章创办中国第一家民用轮运企业——轮船招商局。为广招股份，扩大营业，1873年招商局开始组建分支机构，除上海总局外，相继设立了牛庄、长崎、横滨、神户等19个分局，①1875年又设立了营口分局。这些是招商局在东北亚地区的最早分支机构，也是招商局经营东北亚航运体系的第一步。

一、小试牛刀：招商局与外商在营口展开激烈竞争

营口港位于中国东北地区南部，辽东半岛西侧，在清末就已发展为东北地区的重要港口。营口的兴盛，是继牛庄之后，伴随辽河航运业的繁荣和辽河航运中心的下移发展而来的。

牛庄和营口两个地名，在近代史上经常被混为一谈。牛庄和没沟营（营口的旧称）是辽河下游的两个不同的码头，清前期都曾作为海船停泊的港口。由于辽河的不断淤塞，辽河海船贸易的重心逐渐下移，最终从牛庄移至离海岸最近的没沟营海口。在清代，没沟营属于牛庄地方政府管辖，所以外

---

*　作者简介：朱晓萌，招商局历史博物馆助理馆员。

①　其他设置分局的地方分别是：天津、烟台、福州、厦门、广州、香港、汕头、宁波、镇江、九江、汉口、新加坡、槟榔屿、安南、吕宋。

省商人仍然习惯称没沟营为“牛庄”。第二次鸦片战争后，牛庄被迫开埠，但此时的牛庄已经因为辽河的淤塞，海船无法进入。辽河海口真正可以停泊船舶的码头是营口。此时条约已生效，英国政府“以条约文字不便改易”为名，将营口港称为“牛庄”港。从此，营口以牛庄之名在世界航运史上沿用了近 70 多年。①

营口开埠后，外国资本侵入，洋商更加积极地参与对华贸易，各类“洋货”大量涌入，同时，大豆作为东北传统的大宗出口商品，出口量快速提高，占输出总额的 70～80%以上。② 从营口出口的大豆、豆饼、豆油主要被运往广东、福建、上海、香港等国内各港口。1869 年，清政府解除大豆不能运往国外的禁令。随后，运往上海和香港两地的部分东北大豆就被外商运往国外。

在商业和贸易繁荣的刺激下，外国资本争相在营口买地、建房、修建码头、仓库，争夺船舶运输、船舶代理、营口港航线等。1864 年，美国旗昌洋行在营口开设分店，成为第一个开辟营口—上海航线的外商。1866 年，英国太古洋行进入中国，同时在营口开设支店，经营营口—广州定期班轮航线，一时成为营口港与广东省大豆运量最多的航运企业。1877 年，英国怡和洋行同样开始经营营口—广州航线，获利颇丰。1890 年，日本人跻身营口，开办三井洋行，也是日本在营口实力最为雄厚的企业。

这样一来，中国的民族资本在营口的发展空间受到严重挤压。直至 1873 年，轮船招商局创办第二年，营口港才有中国人的轮船进行经营活动，这就是招商局的轮船。招商局是在营口投资最多的中国公司，开设有营口港至中国沿海各港的航线，以及营口—东南亚航线。③ 1874 年，有 7 艘招商局轮船进港，在营口港众多的外国轮船中扬起了中国船舶的旗帜。④ 招商局在中国东北沿海和外商展开激烈的轮运竞争。

在早期招商局的主要业务是运输漕粮。在清代，漕粮是被视为“天庾正供”的“一代之大政”。这是因为京城的皇家、官民、军民的口粮俸米全仗京杭大运河运送供应。随着运送漕米的主要交通工具——沙船的没落，李鸿章把漕运视为创办新兴轮船公司的前提条件，“承运漕米，兼揽客货”是李鸿章给招商局规定的营业方针，漕运在招商局早期的轮运活动中占有非常重要的地位。1872 年，李鸿章对运漕事宜作了具体部署，调拨浙江省漕米 20 万石，由招商局轮船运往天津。1873 年 3 月底，招商局“永清”轮首航天津，承运江苏漕米 9 000 石，这是招商局第一艘行驶北洋航线的船只。船只到达天津后空船而归，造成巨大的运输成本。于是，招商局在 1873 年，派“福

① 李玉颖、孙福海：《设立营口开港纪念日研究》，《辽宁师专学报（社会科学版）》2006 年第 4 期。

② 亦然、洪钧：《略谈营口开埠设关及其经济地位的兴衰》，《社会科学辑刊》1993 年第 2 期。

③ 《营口港史》编委会：《营口港史》，人民交通出版社，1995 年，第 113 页。

④ 同上书，第 61 页。

星”轮[①]开辟“沪、烟、津、牛(庄)线”，船在天津卸货后继续向北行驶到达营口，然后装载着东北的大豆、豆油、豆饼等传统农产品返回上海，转销东南各省，招商局遂加入中国传统的豆石运输贸易当中。此时，外商轮船已染指我国豆石转口贸易10余年。

1880年招商局“美利”号[②]又开辟了“上海、营口、烟台线”。招商局开辟营口航线有两个主要原因，一方面出于经济利益考虑，避免从北方驶返时空船而归；一方面为维护民族利益，与外国在华商船争夺民族航运权。

1895年《马关条约》签订后，在中国各口岸进出的外国船只总吨位以更快的速度增长，中外进出口贸易总额大幅度上升，这也进一步刺激了中国民族资本的发展，加快了招商局的轮船运输的发展速度。从1896～1907年，招商局陆续添置新轮，船舶状况得到改善，船价实值也有所上升。为了使港航设施更加协调配套，从1895年开始，招商局码头栈房“颇多扩展”，不仅在上海、香港、天津这些重要港口增建栈房、办公楼，还于1902年在东北营口购买栈房及地产，[③]改善招商局的江海航运条件。

营口港每年12月至第二年3月为封冻期，在此期间，辽河封冻，内河航线停运，营口港与东北腹地间的物资运输就要完全靠陆路完成。1903年，中东铁路全线通车，水路和铁路的联合运输水到渠成。招商局开辟了4条水陆联运路线，其中两条都是由营口转运，一是上海水运至营口，转运奉天；二是广州水运至营口，转运奉天。为保证铁路与水路“衔接一气”，招商局采取了一些行之有效的办法。如在营口等重要中转口岸设立了专用趸船，为双方提供了方便。招商局的水陆联运是中国近代史的第一次，标志着中国近代运输方式的重大变革和进步。1933年以后，水陆联运进一步发展，开始成为招商局与铁路部门之间经常性的协作形式。

二、时近时远：招商局与日本、朝鲜

招商局一向重视开辟和经营远洋航线，主张“中国商船出洋，揽载客货水脚，以分洋商之利”。[④] 1873年，招商局总办唐廷枢委派商董陈树棠前往

---

① “福星”轮原名“其波立克有利”号，总吨位532吨，由信洋行(Glover and Company)经手从苏格兰购进，航速10海里/小时，载重1.7万石，船价高达7.4万两。1875年“福星”轮由上海驶往天津途中在傣木洋被怡和公司的“澳顺”轮撞沉，溺亡63人，损失漕米7 200余石。

② “美利”号，总吨位472吨，先是在1878年开辟香港、海口线，1880年开辟上海、营口、烟台线，1883年3月在越南海面突遇大风，淹死大副7人，损失漕米数百吨。

③ 《本局各地产业简述》，《国营招商局七十五周年纪念刊》，第37页。

④ 招档：《盛宣怀、沈能虎、马建忠会禀北洋商宪》，光绪十六年三月初七日(1890年4月25日)，档号：四六八②/119。

日本，筹备货运业务；同年8月初，"伊敦"轮正式开航到达神户、长崎，这也是中国商轮首次开辟国外航线。之后，"伊敦"轮主要行驶南洋航线。除了客运之外，招商局还在日本航线上经营货运业务。1875年11月下旬，招商局派"成大"夹板船前往长崎，运输煤炭。长崎煤炭价格比较便宜，有利于招商局降低航运成本。① 据记载，这是"成大"轮唯一一次到达日本。

和日本相比，招商局和朝鲜的关系显得更为亲密和主动。1637年，朝鲜与清朝建立了宗藩关系，而封贡和互市构成了维持宗藩体制在政治和经济上的两大支柱。这种情况一直持续到19世纪末期。新兴的日本为发展其资本主义经济，迫切需要割断中朝之间的宗藩关系，将朝鲜纳入势力范围。1881年，日本在朝鲜发动兵变，清军东渡朝鲜帮其平定战乱。招商局奉清政府之命，派船4艘自山东登州运载清军六个营赴朝鲜，这是招商局轮船第一次到达朝鲜。

1882年，中朝两国签订《中朝商民水路贸易章程》。此后，两国长达200多年的海上贸易封禁被解除，华商开始频繁出入朝鲜，两国经济联系变得紧密起来。华商进出朝鲜，除了少部分选择传统陆路外，多由海路通行。华商所乘轮船，有的属于日本公司，有的为中国公司所属。其中，轮船招商局专门开设了上海—芝罘—仁川的定期航线，以满足华商需求。

为了满足不断扩大的运量，1883年轮船招商局与朝鲜统理衙门签订《朝中轮船往来合约章程》及其续约，约定"招商局专派轮船一只，常川往来上海朝鲜，或绕走烟台、仁川、釜山、长崎、上海，或绕走长崎、釜山、远山、烟台、上海，惟视有多货客水脚之埠绕走，周而复始，一年为限，不论次数"。② 随后，轮船招商局差"富有"号负责这一航线的轮船航运，促进两国海上贸易的开展。

根据两国后续条约，清政府在朝鲜仁川、釜山、元山等地开设清租界，使得华商在朝鲜的商务活动有了基本据点。随着商人的大量涌入和租界设施的进一步完善，在朝华商利用自身优势，在朝鲜的对外贸易中崭露头角。华商逐渐将原本控制在日本商人手中的大宗洋货（主要是英国棉布）贸易转移到自己手中；同时，中国也超过日本，成为朝鲜黄金的最大输出国。

中朝贸易不断发展，尤其是在袁世凯就任驻朝鲜通商大臣后，他积极发展清朝在朝鲜的商务。随着中法战争爆发，负责朝鲜航线的"富有"号被征调，招商局不得不中断朝鲜航线，华商只能搭乘外国轮船前往朝鲜。

到了19世纪80年代末，中朝贸易达到鼎盛。为了鼓励华商赴朝贸易，打破日本对朝鲜沿海运输权的垄断，清政府重新开设了中朝之间的定期航线，仍由招商局派船，从上海经烟台直赴仁川，不再经过日本，这一措施使许

---

① 《申报》光绪元年十月二十七日（1875年11月24日）。

② 韩国高丽大学校亚细亚问题研究所：《旧韩国外交文书》卷八《清案》1，第32号，第19页。

多中国商人不再受制于日本邮船株式会社的高昂船费和恶劣态度，并可以避免经过日本，缩减了运输成本，从而大大增加中国转口洋货的竞争力。为了保持该航线的稳定经营，清政府总理衙门与总税务司议定，从 1888 年开始，由江海关和东海关每年补贴 1.2 万两白银给招商局。[①] 在清政府的财政支持下，轮船招商局的船只开始定期往返上海仁川之间，大大方便了华商赴朝和货物运输，也结束了朝鲜海上大宗客货运输由日本一家包办的局面。此条专线一直运营到甲午战争时才被迫停止。

尽管如此，这仍然无法改变日本航运企业对朝鲜航线的影响力。首先，华商赴朝鲜贸易，主要以棉布、丝绸等换取人参和黄金等，虽然他们使用轮船将大量棉布、丝绸运到朝鲜，但人参和黄金轻便易携，可以直接放入商人行李中，以逃避关税。导致每当满载货物的中国商船到达朝鲜后，常常是空船而归，这样中国商船面临巨大亏损，以致难以扩大业务规模。其次是招商局自身的局限性。1885 年后，招商局开始将产业扩大至许多经济领域，如创办船舶保险、设立关栈等，远洋运输发展缓慢。更为严重的是，80 年代后，清政府基本上停止了对招商局的大规模资助，转而对其进行勒索。招商局除了要运输漕粮外，还要承担赈粮运输、盐运等，负担沉重，在实力上无法与日本邮船株式会社相匹敌。

19 世纪 80 年代中后期，怡和、太古等外资航运公司更加起劲地反对招商局恢复和发展外洋轮运业务。以醇亲王奕譞为代表的封建官僚，对招商局派轮航行外洋持消极怀疑态度。在这样的背景下，招商局在朝鲜航线的表现仍然属于比较积极的。直到甲午中日战争后，招商局前往朝鲜的航线才被彻底中断。此后，轮船招商局只好把轮运活动范围收缩到中国内河近海，使远洋运输陷入长期停顿萎缩的状态。

第一次世界大战期间，大量外国船只撤回本土，外国在华航运势力受到一定程度的削弱，对中国民族航运业的压迫有了较明显的减轻，中国江海航线的轮运竞争相对缓和下来，这给招商局轮运活动的发展带来了有利条件。招商局积极经营南北洋航线，曾经长期停航的南洋、日本航线也得到恢复。1915 年，海参崴商会函请招商局调拨船只往来烟台与海参崴之间，但因该局运力不足而未能实现。[②]

一战结束后，外国轮船卷土重来，在中国从事远洋运输的外籍轮船进出口总吨位迅速上升，1920 年为 2 438 万吨，1922 年为 3 124 万吨，1924 年猛增到 4 061 万吨，是 1918 年的 2.8 倍。招商局为应对一战后出现的航运竞争，开始订购新船，维系东北亚轮船营运。尽管如此，招商局船只仍然十分短缺。1919 年，招商局奉交通部令拨船行驶门司、朝鲜、海参崴，皆因无船可拨而未成行。1923 年前后，招商局终于为大连—汕头航线配备了

---

① 李鸿章：《李鸿章全集》卷一〇，时代文艺出版社，1998 年，第 10 页。
② 招档：《招商局六十周年局史草稿》，无页数。

"同华""爱仁""遇顺"轮进行运输。此时,招商局总体营运规模出现萎缩,发展速度缓慢。

由此可见,招商局从创办之日到国民政府成立之前的50余年之间,一直在努力地经营沿海及远洋航线,尤其是日本、朝鲜航线。在招商局成立的前十年,清朝政府政权相对稳定,战乱也少,加之招商局的航运发展得到清政府的大力支持,因而发展迅速。其中,招商局对朝航线的经营更多是配合清政府维持中朝宗藩关系的政治行为,随着《马关条约》的签订,该航线被迫中止。

三、国营整顿:招商局东北亚航运从恢复走向高潮

1927年,国民政府在南京成立,招商局进入官督整理时期。国民政府交通部参事赵铁桥任招商局总办,开始对招商局进行航运管理体制的调整与改革。为了加强营运,招商局分别于1928年和1931年对各分局进行等级划分,颁发了《管理分局章程》,凡营业额在25万两以上者为一等分局,15万两以上者为二等局,10万两以上者为三等局,10万两以下者为四等局。营口在等级划分中属于四等局。1932年,在刘鸿生的改革中,营口分局地位再次下降,改为营口代理处。这说明招商局在营口的轮运业务开始下降。

经过一段时间的休整,招商局轮运业务逐渐得到恢复,相继恢复和开辟了一些新的航线,其中新增了大连地区的轮运业务。大连与天津隔渤海相望,从该埠运往上海的大豆、豆饼、油饼等货物逐渐增多,大连开始取代营口的航运和贸易地位。于是招商局在大连设立代理处,并命往来天津的货轮绕道大连,大大增加了货运收入。①

日军侵华期间,招商局船舶、局产遭受巨大损失,江海各埠的分局(办事处)绝大多数被日军侵占或破坏,仓栈遭焚,码头被炸,所有正常营运都被迫停止。战争期间,招商局总局从上海迁往重庆,主要承担战时联运协作、沟通后方物资交流和军事运输的任务。

抗战胜利后,招商局在国民政府的支持下,接收大量敌伪船舶,并在国外购买了大批剩余船舶,官僚资本迅速膨胀,经济实力得到极大加强。战后,招商局的资产额持续增长,1945年达到17 412万元(法币),相当于抗战前夕的561倍,其中地产价值最大,占全部固定资产总值的47%。② 1945年10月23日,招商局总局正式返沪办公,随后,在长江及沿海各埠的分局与办事处也次第恢复。分支机构恢复重建后,共设立18个分局,11个办事处。

---

① 《招商局半月刊》,1928年11月15日、12月1日。

② 招档(汉):《国营招商局财产目录》,1948年9月30日。

营口代理处再次成为营口分局，汤传篪①任负责人。

据 1947 年统计，营口的地产面积为 15.01 亩，价值 105 084 金圆券；码头 1 座，仓库 2 座，分别位于营口二道街和营口永世街（图一）。② 这一年，招商局在北洋航线上还增加了葫芦岛为营运港埠，很快将葫芦岛办事处改为葫芦岛分局，直接隶属于总局管理。

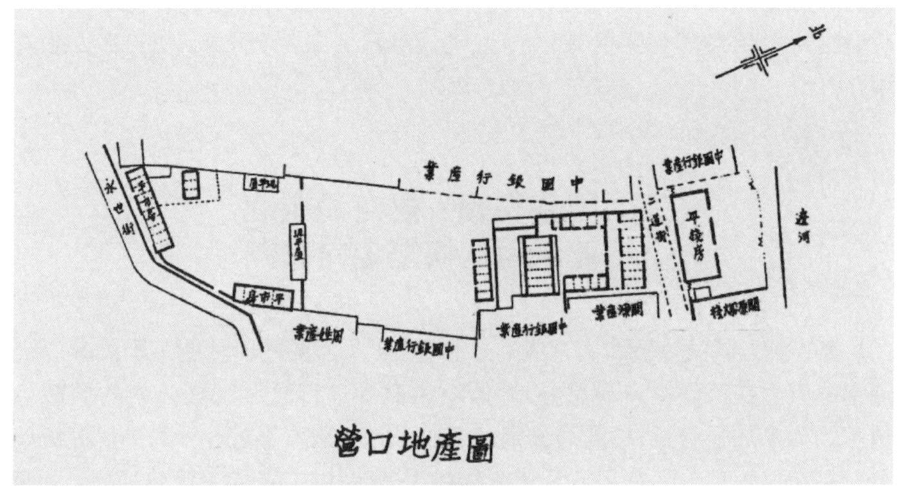

图一　营口地产图③

招商局凭借国民政府给予的特权地位和官僚资本的巨大力量，迅速恢复远洋运输，其中日本航线居重要地位。一方面，招商局承担起运送日俘回国、战争赔偿物资的军事责任；另一方面，向日本运输矿砂、食盐、食糖、桐油等大宗货物。

1946 年底至 1948 年 9 月，招商局先后派出“海陇”“海黔”“海康”“海辽”等轮前往日本冲绳、佐世保、神户、横须贺、大阪等地承运日本的战争赔偿物资，并接运侨胞回国，同时将日俘、日籍船员运回，并装运桐油等物资往日本。

1947 年 6 月，上海—神户线开航。④ 1948 年 2 月，招商局在东京成立分

---

① 汤传篪在 1942 年 8 月进入重庆招商局，任购料组副组长。又先后在宜宾、泸州、九江、营口、天津等各分局担任经理和副总经理职务。1948 年 3 月，始任香港招商局副经理。1949 年 10 月，已撤离上海的招商局总局（改称招商局台湾总管理处）命汤传篪代行香港招商局经理职权。1950 年 1 月 15 日，汤传篪、陈天骏率领香港招商局全体员工和集聚香港的 13 艘海轮共 600 多人正式宣告起义。1950 年 1 月 19 日，招商局（上海总公司）正式任命汤传篪为香港招商局经理。1952 年汤传篪调北京海外运输公司工作。从 1953 年至 1983 年，先后在广州海运局、港务局，广东海运厅等单位任职。历任二、三、四、五、六届全国政协委员，曾当选为第五届广东省人民代表大会代表。

② 《国营招商局产业总录》，1947 年，第 209、210 页。

③ 《国营招商局产业总录》，1947 年，第 210 页。

④ 招档：《国营招商局 1947 年度营业决算书》，三类，卷 11。

局,在横滨、神户成立办事处,派郑自荣、陈士金、张耀担任分局经理与办事处主任。3月,招商局经中国驻日代表团向驻日盟军总部领到了准其在日本设置分局的开业执照,招商局在日本正式设立了办事机构,轮运活动的开展得到了初步保证。这一年,招商局增辟了由矿砂出口地湖北大冶与海南榆林至日本八幡、川崎、斧石的航线。

招商局与其他民营航运企业组成海外联营处,负责将海南岛榆林砂矿25万吨运往日本,6月开始启运,到10月提前完成这批砂矿的运输。接着又继续订约承运第二批、第三批,各为20万吨,到1949年5月,第三批尚未运完,即因形势变化而停运。另外,招商局派船把大冶矿砂运往日本。1948年9月3日,"海玄"轮在大冶装载矿砂7 986吨赴日,这是大冶矿砂战后首次向日本出口,在此之后,招商局又多次派轮往日本运输大冶矿砂和马鞍山矿砂。

食盐是二战后中国向日本出口的另一主要货物。1948年10月,中国盐务总局产销处与驻日盟军总部商定,中国向日本销售食盐60万吨,其中2/3交中国轮船承运。1948年,第一批运往日本的食盐7万吨,由招商局的"海宿"等轮与益祥公司的"福裕"等轮从高雄港运往日本,12月运竣。中国向日本运输食盐一直持续到1949年5月。

糖也是中国向日本出口的大宗货物之一。1949年1月,首批糖2万吨由招商局"海地""海天"轮(各载8 500吨)与益祥公司"利民"轮(载3 000吨)运往日本。招商局运往日本的糖约10万吨。①

此时,招商局的官僚资本发展到了顶点,它拥有一支总吨位达40万吨的庞大商业船队和大量港航设施,资产总额达到1 5亿美元,拥有员工1.5万余人。不仅恢复了国内沿海沿江航线,还陆续恢复了朝鲜、日本等东北亚远洋国际航线,并把轮运范围扩大到了南、北美洲。此时,招商局在实际上成为全国江海运输和水空联运的中心。②

1948年,国民政府面临财政经济的崩溃,为摆脱困境,国民政府行政院作出了出售国营企业资产的决定,将招商局改组为招商局轮船股份有限公司。公司改组后,经营规模还在扩大。总公司仍在上海,在国内外的分公司、办事处、代理处共达43个,其中东京被列入一等分公司;神户、横滨各设一办事处;葫芦岛③被列为三等分公司。营口、大连的分局、办事处被取消。这是国民政府对招商局管理机构做出的最后一次调整。国民政府时期的招商局,经历了整顿后恢复发展的10年和战乱的10年,在东北亚航线的表现

① 张厚铨:《招商局史》,中国社会科学出版社,2007年,第482页。

② 招档(汉):《招商局扩大业务会议决议案》,1948年10月11日,卷148;《业务通讯》第1号,1948年10月11日,第12页;《业务通讯》第16号,1949年3月11日,第7页。

③ 据1948年9月30日的《国营招商局移交招商局轮船股份有限公司接收财产目录》,葫芦岛分公司有车库、宿舍、厕所和油库等面积194平方米,有道奇牌中吉普1辆、自行车3辆。

总体上处于萎缩状态，只在 1945 年的战后，在日本航线上有过短暂的繁荣。很快，随着国民党政权的崩溃，招商局管理陷入瘫痪状态。

1949 年 10 月，招商局留存大陆的船舶、码头、仓库等，均由人民政府军事接管。招商局在体制结构上解体，其总分支机构经过改组成为沿海与长江线上的港航单位，为新中国水运事业的建立和发展奠定了基础。

四、重归东北亚：招商局与辽宁省携手共建“新蛇口”

1978 年，中国迎来改革开放，招商局抓住这一机遇再创辉煌：目前招商局是香港四大中资企业之一，以综合交通、金融服务、城市与园区综合开发三大产业为主，管理总资产 8 万亿元，在央企中排名第一。

营口港经历新中国港航业转型、改革开放 40 年以来的发展，成为我国东北地区最大的内贸集装箱枢纽港、“一带一路”中欧物流海铁联运重要的中转港，也是被辽宁省确立为沈阳经济区“6 + 1”模式的出海港；大连港是我国东北地区最大的集装箱枢纽港、最大的油品和液体化工品储运分拨基地、重要的矿石分拨中心、重要的散杂货转运中心。营口、大连两港口所在的辽宁省，正在围绕习近平总书记提出的振兴东北发展战略，寻求外部合作、强强联合，对港口、煤炭、钢铁等重点产业进行整合。

2015 年 4 月，大连港集团开始与招商局集团高层接触，双方达成合作意向，希望在海外投资平台建设方面加大力度，在“一带一路”战略大环境下，寻找海外投资的合作契合点。10 月，大连港集团与招商局集团二级公司招商局国际、吉布提港务公司签署了三方在吉布提共和国境内联合开发港口及相关物流领域项目的合作备忘录，迈开了合作的第一步。

2018 年 11 月 3 日，招商局集团与辽宁省政府在北京举行辽宁港口合作项目增资协议签约仪式。招商局集团通过增资方式入股辽宁东北亚港航发展有限公司，并取得 49.9%的股权。经过一年的酝酿，2019 年 1 月，辽宁港口集团有限公司成立，成为中央企业和地方企业重组整合标志性的范例。此后，招商局将与辽宁省在港口运营、物流运输、园区开发、金融服务等多个领域开展深入合作，扩大沿渤海、黄海两翼开放，带动辽宁沿海城市的发展壮大，为辽宁全面振兴、全方位振兴注入新的活力与动力。

辽宁希望借助招商局集团的综合资源优势和管理经验，使辽宁的港口资源发挥出良好协同效应，并进一步带动自贸区建设和产业园区开发，同时以港口为支点，借助招商局的翅膀，全面对接“东北振兴”、“长江经济带”、“京津冀协同发展”、“一带一路”等国家战略，实现地方与企业共同发展，支持辽宁省经济转型发展。

招商局集团近年来的发展与国家战略高度契合，“前港—中区—后城”

的商业模式在"一带一路"沿线国家和地区得到复制,凭借成熟的蛇口区域开发经验和商业模式,招商局再次助力东北亚航运的发展。只是这一次,双方以港口业务为切入点,合作范围将扩大到区域综合开发、金融服务与投资、高速公路与智能交通、综合物流以及大健康等新兴产业,建设东北亚"新蛇口"。结合朝鲜正在实施"改革开放"的外部机遇,招商局与东北亚的合作对中国在全球的战略发展都有历史性的意义。

五、结　论

历史上招商局与东北亚的关系,为今天招商局与东北亚全方位深入合作,中国与朝鲜、韩国、日本等国建立自由平等的贸易关系提供一定的借鉴。第一,航运体系的核心是航运企业,一个港口城市进驻的航运企业越多、航线越密集,带动的港口物流链条就越大。从自身发展来讲,东北亚的航运体系需要有像招商局这样拥有与时俱进的海洋意识、强大的航运发展实力的企业,招商局的加入必将推动东北亚国际航运枢纽的发展;同时,东北亚国际航运体系是招商局完善世界港口布局、扩大港口物流链条的必然选择。第二,东北亚地区政治局势复杂,航运活动的发展必将带动整个东北亚经济、政治秩序的整合,对维护海洋权益、推进区域和平发展有着举足轻重的地位。第三,21 世纪,中华民族迎来了民族复兴的伟大历史时期,中共"十八大"将中国建成海洋强国上升到国家战略的高度,招商局发展东北亚航运是国家海洋强国战略的践行者,也是重振民族航运业的领军者。

China Merchants and the Development of Shipping in Northeast Asia

Abstract: Northeast Asia formed an important part of the early shipping system of China Merchants, which connected Yingkou, Dalian, Japan, and Korea. This paper sorts out the relationship between China Merchants and Northeast Asia since 1872. It provides a historical background for the free and equal trade that the company currently enjoys with the Democratic People's Republic of Korea, the Republic of Korea, Japan, and other countries in the region.

Keywords: China Merchants, Soybean Transportation, Sino-Korean Trade, Postwar Transport, New Shekou.